TRENTE ANS D'ENSEIGNEMENT
AU COLLÈGE DE FRANCE

1849-1882

TRENTE ANS D'ENSEIGNEMENT

AU COLLÈGE DE FRANCE

(1849-1882)

COURS INÉDITS

DE

M. ÉDOUARD LABOULAYE

PUBLIÉS

PAR SES FILS

Avec le concours de M. Marcel FOURNIER
Agrégé à la Faculté de droit de Caen

PRÉFACE

Par **M. Rodolphe DARESTE**, Membre de l'Institut

PARIS

L. LAROSE ET FORCEL

Libraires-éditeurs

22, RUE SOUFFLOT, 22

—

1888

PRÉFACE

L'enseignement de M. Édouard Laboulaye au Collège de France a jeté trop d'éclat et rendu trop de services pour qu'il soit permis d'en négliger le souvenir. Des nombreux cours qu'il a professés, deux seulement ont eté publiés par lui : l'un sur la constitution des États-Unis d'Amérique, l'autre sur le gouvernement de la France avant 1789. Mais ce n'est là qu'une faible partie de son œuvre. Esprit sagace et curieux, Édouard Laboulaye n'était pas homme à se renfermer dans un sujet pour y passer sa vie. Tout l'intéressait, tout l'attirait, et on peut dire que son horizon n'avait pas de limites. Les notes dont il se servait pour ses leçons, et qui remplissent environ trente volumes, témoignent de sa prodigieuse activité. On ne pouvait songer à publier ces notes, encore moins à les rédiger pour en faire des livres ; on a pensé toutefois qu'il y avait inté-rêt à réunir quelques fragments, certaines leçons qui se sont trouvées écrites en entier et qui, rangées pas ordre de dates, servent comme de jalons pour mesurer la route parcourue. On pourra ainsi suivre le professeur à différentes époques, passer avec lui d'un sujet à un autre, recueillir enfin les idées fondamentales et pour ainsi dire la substance de son enseignement.

D'autres, en montant pour la première fois dans leur chaire, se sont trouvés soutenus et comme portés par une longue tradition. Édouard Laboulaye a eu tout à créer. La chaire même qu'il occupait était toute récente. Au lendemain de la révolution de Juillet, le 12 mars 1831, une ordonnance royale avait institué au Collège de France trois chaires nouvelles : une d'archéologie pour Champollion le jeune, une d'économie politique pour J.-B. Say, et enfin une d'histoire générale et philosophique des législations comparées pour Eugène Lerminier. La mode était alors aux généralités vagues et déclamatoires. Pour éviter cet écueil il aurait fallu beaucoup de savoir et d'expérience, une autorité incontestable. Le nouveau professeur n'était qu'un homme de talent. L'abondance et la témérité de son langage lui donnèrent d'abord un succès qui à la longue ne se soutint pas. Depuis plusieurs années déjà le cours était fait par un suppléant lorsque éclata la.révolution de 1848. Le professeur se démit de ses fonctions, et la chaire devenue vacante fut donnée à Édouard Laboulaye sur la présentation unanime du Collège de France et de l'Académie des sciences morales et politiques. La tentative de 1831 n'avait pas réussi. Il s'agissait de recommencer l'épreuve.

Les conditions, cette fois, étaient meilleures. Quoique jeune encore, à trente-huit ans, le nouveau professeur entrait au Collège de France avec une abondante provision de connaissances variées et précédé par une réputation déjà faite. L'Institut, après l'avoir couronné trois fois en sept ans, l'avait appelé dans son sein en 1845. Et pourtant ce n'était pas sans appréhension qu'il prenait pour la première fois la parole en public, à un âge où, disait-il, la facilité ne s'acquiert plus. Il ne s'attendait pas, alors, aux succès oratoires qu'il devait obtenir un jour et qui ont infligé à sa modestie le plus éclatant démenti.

Il avait été nommé le 20 mars 1849. Il fit sa première leçon le 5 mai, et ce fut une déclaration de principes. L'école historique, fondée par Savigny, florissait alors en Allemagne. En France, l'enseignement du droit était resté purement scolastique, et les esprits, encore imbus de la philosophie du xviii° siècle, étaient plus disposés à construire des systèmes qu'à étudier des faits. Édouard Laboulaye se montra partisan convaincu et défenseur résolu de l'école historique. Deux mois seulement le séparaient des vacances. C'étaient quinze leçons à faire. Il les employa à esquisser à grands traits la philosophie du droit, telle qu'il la comprenait, montrant la nécessité de demander à l'histoire la raison des institutions et des lois, préparant ainsi et façonnant, en quelque sorte, un auditoire déjà nombreux, bienveillant toujours, et parfois un peu surpris. Le droit était à ses yeux une science d'observation bien plus que de raisonnement. Si l'analyse psychologique en est le point de départ, c'est surtout dans ses manifestations et dans son développement qu'il convient de l'étudier. Il faut donc sortir de l'abstraction pour entrer dans le domaine des faits. Il faut même sortir du domaine du droit proprement dit, pour examiner ses rapports avec la politique et la religion, avec l'administration et l'économie politique. C'est ainsi seulement qu'on peut atteindre la réalité et la vie. C'est pourquoi, tout en rendant justice aux

méditations des grands philosophes, et, pour ne parler que des modernes, tout en s'inclinant devant Kant,
Fichte et Hegel, il déclarait se rattacher à des
noms moins connus, tels que ceux de Krause et
d'Ahrens.

Si, avant de se mettre à l'œuvre, il est sage de
jeter un coup d'œil sur ses outils et de se rendre
compte du fonctionnement de sa machine, c'est
perdre son temps que de s'attarder à ces préparatifs.
Laboulaye avait hâte d'appliquer ses principes et sa
méthode. Dès le mois de décembre 1849, il prit pour
sujet de son cours l'histoire et l'exposition de la
constitution américaine. Les questions constitutionnelles étaient alors à l'ordre du jour. La constitution
républicaine de 1848 n'avait satisfait personne. On
parlait déjà de la reviser, et Laboulaye était de ceux
qui auraient voulu prendre pour modèle la constitution américaine. Liberté pour tous, séparation
des pouvoirs, indépendance des tribunaux, droits
constitutionnels garantis contre le despotisme des
assemblées, telles étaient, à son avis, les conditions
indispensables d'un gouvernement républicain et
démocratique, mais cette opinion n'était pas, alors,
généralement acceptée. Il était bon qu'elle fût pro-

clamée et répandue du haut de la chaire du Collège de France, et elle devait avoir d'autant plus d'autorité qu'elle se fondait non sur des spéculations métaphysiques mais sur l'expérience d'une grande nation. Un livre qui est resté célèbre, *la Démocratie en Amérique*, de Tocqueville, avait déjà éveillé l'attention du public français, mais sans sortir de la sphère des idées générales. Il restait à faire l'analyse de la constitution américaine, et à étudier dans le détail l'action de ses divers éléments. Ce cours de politique expérimentale aurait pu remplir plusieurs années, mais bientôt l'Amérique parut être trop loin de la France. La république de 1848 avait fait renaître une foule de questions qui sommeillaient depuis longtemps. Que ferait l'Assemblée législative? On ne savait. Dans ces circonstances, il était à propos d'étudier les précédents. Laboulaye le sentit, et, au mois de décembre 1850, il aborda, au Collège de France, l'histoire de la législation française durant la révolution. Un an après, le coup d'État du 2 décembre 1851 lançait le pays dans des voies nouvelles. Laboulaye ne renonça pourtant pas au sujet qu'il avait choisi, et peut-être y avait-il quelque courage à persister, mais la fermeté n'exclut pas la prudence. Il y a des cas où le seul parti à prendre est de laisser passer l'orage ou de gagner du temps. Un jour viendrait sans doute où le cours, resté interrompu, pourrait être repris dans des conditions plus favorables. En attendant, on pourrait trouver des sujets moins irritants, et non moins intéressants quoique à un autre titre. Chacun se cantonnait où il pouvait. Laboulaye se réfugia dans l'histoire romaine.

C'est le 1ᵉʳ février 1853 qu'il inaugura ce cours par une leçon sur l'importance de l'histoire des institutions romaines et la nécessité de l'étudier à nouveau. Ce sujet l'occupa cinq années, de 1853 à 1857, et il ne le quitta qu'après l'avoir épuisé. C'était en effet un de ses sujets de prédilection. Déjà, en 1855, dans son livre sur la responsabilité des magistrats à Rome, il avait eu l'occasion d'émettre ses idées sur la constitution romaine. En 1853 il les reprit et les développa avec toute l'ampleur qu'elles comportaient. La première question qu'il aborda fut celle de savoir quelles sont les sources de l'histoire romaine, et quel degré de foi elles méritent. Cet examen remplit douze leçons. Puis vint la question des races et des langues de l'ancienne Italie, enfin celle des légendes et de leur valeur historique. On ne s'attendait pas à entendre parler de philologie et de mythologie dans une chaire de législation comparée; mais Laboulaye attachait une grande importance à ces études préliminaires qui lui paraissaient fournir une base solide à l'étude des institutions, et qui d'ailleurs avaient un singulier attrait pour son esprit, avide de connaître et de savoir. Ses conclusions étaient celles-ci : l'ancienne histoire romaine a été refaite après coup. C'est une sorte de fiction officielle, mais si elle est peu sûre quant aux faits, elle est très fidèle, au contraire, quant à la couleur; et les anciennes institutions, l'ancien droit, les formules primitives s'y trouvent très exactement reproduits.

L'histoire romaine a été souvent racontée. Elle le sera plus d'une fois encore. Sans parler des documents nouveaux que d'heureux hasards nous révèlent, quel esprit serait assez puissant et assez vaste pour accomplir dans tous ses détails une tâche aussi immense? Laboulaye n'avait pas la prétention d'enseigner ce qu'il ne savait pas. Laissant aux gens du métier les événements militaires, les campagnes et les batailles, il savait se renfermer dans l'histoire politique et législative, que nul ne pouvait expliquer mieux que lui. Ses leçons contiennent un exposé complet de la constitution et de l'administration romaine dans les derniers temps de la république, et il revient bientôt sur le même sujet en se plaçant à la fin du second siècle de notre ère, après la mort de Marc-Aurèle. La Rome impériale fait le pendant de la Rome républicaine. C'est le fond sur lequel se détachent les portraits des hommes politiques, Sylla et Cicéron, César et Auguste.

A la mort de Marc-Aurèle commence une nouvelle période dans l'histoire de l'empire romain. Les institutions se transforment et tournent de plus en plus à la monarchie absolue. C'est une étude qui a encore son intérêt, mais à un autre point de vue, et que d'ailleurs Laboulaye devait bientôt reprendre en ce qui concerne la Gaule romaine. Mais dans son ensemble elle ne l'attirait pas. Au lieu de suivre les destinées de l'empire romain dans sa décadence et jusqu'à sa chute, il préféra prendre un nouveau sujet de cours et le 3 décembre 1857, à la rentrée du Collège de France, il aborda l'histoire du droit français. « C'est une œuvre de longue haleine, disait-il dans sa leçon d'ouverture, et qui demandera plus d'un jour, car elle embrasse vingt siècles et la vie de soixante générations. Mais avant de vous montrer l'importance et l'intérêt de ces belles recherches, il est une question plus générale, une question qui domine toutes les autres et que je voudrais d'abord traiter avec vous : qu'est-ce que l'histoire du droit ?» Cette question l'entraîna plus loin qu'il n'avait pensé d'abord, car il y employa ses dix premières leçons. Quant à la solution, nous la connaissons déjà. Il l'avait proclamée en 1849 et ne se lassait pas d'y revenir. L'histoire du droit n'était autre chose pour lui que l'histoire des idées et de la civilisation, l'étude des lois qui président au développement des sociétés humaines, et suivant lesquelles s'accomplit leur vie. Plus cette science est importante, plus elle exige de rigueur et d'impartialité. Après avoir montré les excès des écoles extrêmes, excès qui les conduisent trop souvent au désenchantement et au scepticisme, Laboulaye concluait en ces termes : « Il n'en est pas ainsi de celui qui de bonne heure cherche la justice et la vérité, patiemment, pour elles-mêmes. Au début, sans doute, celui-là paraîtra moins ardent, parce qu'il sera moins téméraire. Rien de moins brillant que cet homme laborieux qui n'évoque pas les morts, qui n'imagine pas de fantômes, qui pèse scrupuleusement les matériaux qu'il rassemble dans ses veilles, mais, vienne le jour de l'épreuve, celui-là, je le dis à l'honneur de la science, celui-là, s'il est un vrai savant, n'aura pas de défaillance ; il restera debout, et ne prendra pas l'ombre d'un nuage pour la nuit éternelle. Sûr que la lumière est là-haut, il marchera d'un pas ferme et confiant, sans s'inquiéter de sa fortune, sans se laisser abattre, car chaque jour l'étude des phénomènes lui montre plus visiblement la main de Dieu qui gouverne les hommes et qui, par le malheur même, les ramène toujours dans le sentier de la justice et de la raison. » Pour tracer ce portrait Laboulaye n'avait eu qu'à se regarder lui-même.

C'est à ce point de vue que se place Laboulaye pour exposer et juger les divers systèmes : l'école philosophique et l'école historique ; Aristote et Platon, Cicéron, Machiavel, Montesquieu, Vico, Turgot, Condorcet, Herder, Cousin, Hegel, de Maistre et Savigny. Chacun d'eux a vu tout au moins une portion de la vérité. La science s'est formée ainsi par le développement naturel de la

pensée humaine. Elle arrive, par un sage éclectisme,
à la conciliation de deux principes fondamentaux :
la justice absolue et la liberté; elle proclame :
1° qu'il y a dans les lois moins d'arbitraire que
nous ne supposons; 2° que ces lois sont choses
mobiles et vivantes; 3° que le progrès est dans nos
mains. Mais tout en démêlant la part d'erreur et de
vérité qui se trouve dans chaque système, Laboulaye se montre sévère pour la métaphysique de
l'école allemande qu'il qualifie d'effort gigantesque
pour arriver à la vérité directement en passant pardessus l'observation des faits. Cette philosophie
purement spéculative a été chassée des sciences
naturelles, de la médecine; elle le sera des sciences
morales. « Quand avec Schelling ou Hegel, la philosophie veut trouver dans notre âme la raison des
choses, quand elle fait de l'homme le microcosme,
le centre de la création, elle aboutit à des rêveries
logiques, à des aberrations sans nom. Je comprends
que dans la jeunesse on admire ces élans d'Icare,
j'y ai perdu aussi plus d'un jour, mais après qua-
rante ans, quand on s'aperçoit combien la science
est longue et la vie courte, on veut des faits, la
substance des choses, et l'observation devient alors

une passion. C'est une philosophie et la vraie, car elle ne part pas de nous-mêmes et ne revient pas à nous-mêmes ; elle part du monde et nous mène à Dieu. » Hâtons-nous d'ajouter que cette philosophie n'est ni l'empirisme ni le naturalisme. En 1858 l'école positiviste n'attirait pas encore l'attention, et on parlait peu de *sociologie*. Laboulaye n'a donc pas eu de jugement à exprimer, et on peut le regretter, car personne n'était mieux placé que lui pour signaler les défauts de cette école tout en appréciant les services qu'elle a rendus.

L'histoire du droit français est un sujet inépuisable. Laboulaye savait bien à quoi il s'engageait lorsqu'il promettait d'en faire une étude approfondie. Il jugea inutile de tracer à l'avance un programme qui ne pourrait être rempli qu'en plusieurs années et, prenant les choses à l'origine, marcha devant lui en suivant l'ordre des temps. La fin du premier semestre de 1858 fut employée à l'étude des origines gauloises ; le second semestre à l'histoire de la Gaule romaine jusqu'à la victoire définitive du christianisme sous Constantin. On ne peut s'empêcher de remarquer en parcourant ces notes sur la civilisation gauloise, combien aujourd'hui la science marche vite. Depuis 1858 la publication des anciennes lois de l'Irlande, et les travaux auxquels ces nouveaux textes ont donné lieu, ont complètement changé l'aspect de la question. Pour croire au caractère celtique des lois galloises d'Howel le Bon, qui sont du x° siècle, Laboulaye demandait des preuves, et il avait raison. Aujourd'hui la preuve est faite et, plus que personne, Laboulaye aurait accueilli cette découverte avec empressement.

Ce qui n'est pas moins intéressant, au point de vue qui nous occupe, c'est de constater le succès croissant du professeur. On en trouve la trace dans ses notes. « Avant de nous séparer, disait-il à ses auditeurs, en terminant le premier semestre, permettez-moi de vous remercier de votre bienveillante attention. Professeur depuis dix ans, c'est la première année qu'un auditoire un peu nombreux vient à mon cours. Jusque-là j'ai vécu et parlé dans une honorable solitude, et pour un petit cercle d'amis dévoués. Jamais cependant je ne me suis découragé, j'ai attendu. Le temps n'était pas aux études sérieuses. En ces moments-là il faut savoir soutenir la vérité, la garder comme un feu prêt à s'éteindre faute d'aliment, la garder pour un temps meilleur. Aujourd'hui qu'on sent en France le besoin de ces idées qui font la grandeur de l'homme, vous êtes venus en plus grand nombre, et c'est pour moi une grande joie de profiter de ce réveil général. »

Après les Gaulois ce sont les Germains qui font l'objet du cours de 1859. Le professeur revient ensuite sur ses pas. Dans le second semestre de 1859 il reprend l'histoire de la Gaule romaine et de l'empire d'Occident, qu'il conduit cette fois jusqu'à la fin. En 1860 il revient au point de départ et, laissant de côté tout le récit des faits, il montre quelle a été la part des Celtes, des Romains et des Germains dans le développement de la civilisation française. Le cours remplit cinquante leçons dont les vingt dernières sont employées à l'étude de la loi des Bourguignons, de celle des Visigoths et enfin de la loi Salique.

Jusqu'à l'année 1861 Laboulaye était resté fidèle aux anciennes traditions du Collège de France. Deux fois par semaine il faisait de véritables leçons, c'est-à-dire des expositions générales, des discours. Mais déjà dans l'enseignement supérieur on commençait à sentir le besoin de quelque chose de plus pratique. Plusieurs professeurs avaient donné l'exemple, et inauguré des explications de textes, devant un auditoire nécessairement plus restreint, mais aussi plus constant. En 1861 Laboulaye se décida à faire de même, et à donner ainsi chaque semaine une grande et une petite leçon. Tout en exposant encore une fois les grands traits et les caractères généraux de l'histoire du droit français, tous en parlant de Charlemagne, de l'empire d'Occident et des capitulaires, il consacra vingt et une leçons à l'étude approfondie de la loi Salique qu'il interpréta et commenta article par article. Un pareil enseignement passait encore à cette époque pour une grande témérité. Laboulaye lui-même le considérait comme un tour de force. Il n'eut pas, du reste, à s'en repentir, et l'exemple qu'il a donné n'a pas été perdu.

A partir de ce moment, Laboulaye ne se départit plus de la voie nouvelle dans laquelle il était ainsi entré, et il mena constamment de front deux études différentes. De 1862 à 1864 il consacra une leçon par semaine à l'étude de la constitution fédérale des États-Unis. C'était le sujet qu'il avait déjà abordé en 1850. Il y revenait cette fois, avec plus d'expérience et de maturité. Ses idées avaient pris leur forme et leur expression définitive, et, lorsqu'il fit imprimer ces leçons, c'est à peine s'il eut besoin de les revoir. Nous ne parlerons pas davantage d'un livre qui est dans toutes les mains. En même temps, Laboulaye expliquait à ses auditeurs la politique d'Aristote (1862-1863), et leur faisait connaître la procédure criminelle anglaise (1864).

De ce cours sur la politique d'Aristote il n'est rien resté, et c'est une grande perte. Laboulaye y est souvent revenu depuis. C'était comme le centre auquel se rattachaient toutes ses recherches, nul plus que lui n'eût été capable de publier un commentaire de ce chef-d'œuvre. On n'a pu trouver dans ses papiers aucune trace de ses travaux sur ce sujet. Quant au cours sur le droit criminel de l'Angleterre, le manuscrit en existe encore, mais il a perdu en grande partie son intérêt. D'une part il a été publié depuis cette époque sur la législation anglaise des livres très complets et en quelque sorte définitifs. D'autre part la loi française, dont Laboulaye signalait et peut-être exagérait les imperfections, a été corrigée et améliorée sur des points essentiels.

De 1865 à 1871, pendant sept ans, Laboulaye prit pour sujet de ses leçons l'histoire de la législation et de l'administration française sous le règne de Louis XVI (1787-1791) et l'*Esprit des lois* de Montesquieu. Le premier de ces cours a été publié dans la Revue des Cours publics et sera prochainement réimprimé. Du second il n'est rien resté qu'une édition de Montesquieu, publiée de 1875 à 1879 avec des notes.

A la fin de l'année 1871 Laboulaye fut appelé à siéger à l'Assemblée nationale. Les travaux que lui imposait ce mandat ne lui laissaient plus ni le temps ni la force de continuer ses leçons au Collège de France. Il ne les reprit qu'après une interruption de six années, au mois de décembre 1877. En 1879 sa santé l'obligea de se faire encore remplacer momentanément. Deux ans après il remonta encore dans sa chaire, mais pour la quitter bientôt. Sa dernière leçon est du 15 mai 1882. Il est mort à Paris, le 25 mai 1883.

Des leçons qu'il a données pendant ces deux périodes de deux ans chacune, nous possédons des notes informes mais pleines d'intérêt. Les sujets traités étaient pour la première période la politique d'Aristote et le droit constitutionnel comparé, pour

la seconde l'histoire des théories politiques au xviii°
siècle et le traité des lois de Cicéron.

Comme nous l'avons déjà dit, il faut renoncer à
l'espoir de reconstituer le cours sur la politique
d'Aristote. Il en faut dire autant des leçons sur le
traité des lois de Cicéron. Le peu qui reste de ce
dernier cours suffit, au surplus, pour convaincre
qu'il échappe à l'analyse. C'était un commentaire,
une explication à la fois littérale et dogmatique, mais
sans apprêt et en forme de conversation. Le professeur montait dans sa chaire, ouvrait son livre et
s'abandonnait librement à tous les développements
que son texte lui suggérait. Les notes se réduisent
à quelques lignes qui contiennent l'indication som-
maire de quelques idées et un petit nombre de cita-
tions.

Les leçons sur le droit constitutionnel comparé
sont aussi conçues en notes de plus en plus brèves.
On peut cependant en suivre le plan. Le professeur
commençait par définir le droit constitutionnel. La
notion de ce droit a été tour à tour trop resserrée
ou trop étendue. En réalité, il n'y a de constitutionnel que deux choses : 1° ce qui touche à l'organisation des pouvoirs publics et à leurs rapports

entre eux; 2° ce qui touche à la garantie des libertés publiques. La constitution française de 1875 a réglé le premier point. Elle a laissé de côté le second. Cela est fâcheux dans un pays qui n'a pas de tradition libérale.   On arrive ainsi, du premier coup, à la question fondamentale : le pouvoir d'une constitution ou de ceux qui la font est-il absolu? L'individu a-t-il des droits contre le législateur, contre la majorité, contre la société? Il faut répondre avec Benjamin Constant: «La liberté, l'ordre, le bonheur du peuple sont le but des associations humaines. Les organisations politiques ne sont que des moyens.» Aussi les déclarations des droits insérées, dans la constitution américaine et dans la plupart des constitutions françaises, ne sont pas un vain mot, à la condition toutefois que la garantie de ces droits soit assurée par des moyens pratiques et efficaces. Mais précisément c'est en proclamant le principe qu'on peut arriver à obtenir des garanties. L'idée passe ou passera bientôt dans les faits. C'est pourquoi il faut l'étudier et la suivre dans son histoire, depuis le XVI° siècle. Laboulaye insistait particulièrement sur Quesnay, Mirabeau, Benjamin Constant et Stuart-Mill.

Les questions abordées ensuite étaient celles de la souveraineté du peuple, qu'il ne faut pas confondre avec la souveraineté des assemblées; le pouvoir constituant, les deux chambres, et particulièrement le rôle de la chambre haute. Enfin la constitution civile du clergé et le serment, imposé aux prêtres, sans qu'on puisse se rendre compte du lien qui rattache ces deux dernières leçons aux précédentes.

Le cours sur les idées politiques au XVIIIᵉ siècle ne fait que continuer le même sujet. Il n'y a de changé que le plan et le titre. Au lieu de prendre les institutions une à une et d'analyser sur chacune d'elles ce qu'en ont dit les grands publicistes, on finit par trouver qu'il vaut mieux laisser de côté tout cadre dogmatique et retracer complètement la vie et les idées de chaque écrivain en suivant l'ordre des temps. Bossuet, Fénelon, Ramsay, l'abbé de Saint-Pierre font l'objet des six premières leçons. Viennent ensuite huit leçons sur Montesquieu, cinq sur J.-J. Rousseau, et deux sur l'abbé de Mably. L'année suivante Laboulaye passa de Mably à Brissot, puis aux économistes, Boisguillebert, Vauban, Quesnay et ses disciples, le marquis de

Mirabeau, Mercier de la Rivière. Enfin six leçons furent consacrées à Turgot et deux à Dupont de Nemours. Ce furent les dernières. Le 15 mai 1882 Laboulaye descendait de sa chaire pour n'y plus remonter.

Telle a été l'œuvre de Laboulaye au Collège de France. On pouvait, jusqu'ici, s'en faire une idée par les deux grands cours qu'il a publiés. On pourra maintenant la suivre, jusqu'à un cerain point, dans son développement et l'apprécier dans son ensemble. Nous ne donnons, il est vrai, que des fragments, mais il suffit d'y jeter les yeux pour reconnaître qu'ils contiennent en substance toute la pensée du maître. Parmi ceux qui les liront, plus d'un regrettera peut-être que ces leçons n'aient pas été complètement rédigées et publiées en leur temps. L'auteur y avait bien pensé, mais il n'en a pas eu le loisir, et ce qu'il n'a pas fait, nul n'oserait l'entreprendre aujourd'hui. Chacun de ses cours est venu à son heure. Pour le bien entendre, il faut lui restituer sa date et le replacer dans son milieu. Après plusieurs années tout est changé. On ne retrouve plus ces sentiments communs qui animaient à la fois le maître et les élèves. La science elle-même a marché.

De nouvelles découvertes ont éclairé des points obscurs, et, souvent aussi, suscité de nouveaux problèmes. L'horizon s'agrandit et s'éloigne en même temps. Voilà pourquoi un cours ne peut être publié qu'au moment où il vient d'être fait. Une fois ce moment passé, il est trop tard.

Il ne faut pas, d'ailleurs, s'exagérer la perte. La fonction du professeur, surtout dans le haut enseignement, consiste bien moins à exposer des résultats qu'à répandre quelques idées et à imprimer une direction. Le meilleur enseignement est celui qui forme des élèves. Laboulaye en a formé un grand nombre. Au moment où il entrait au Collège de France, ce n'était pas sans surprise qu'on entendait le nouveau professeur proclamer les principes de l'école historique, distinguer dans le droit l'élément absolu, qui tient à la nature même de l'homme et l'élément relatif qui varie suivant les circonstances et les milieux, suivre ce dernier élément dans ses manifestations diverses, montrer qu'elles ne sont pas l'effet du hasard, qu'elles se produisent d'après des lois, que la recherche de ces lois est précisément l'objet de la science. Aujourd'hui ces idées ont fait leur chemin, et si elles trouvent encore des adversaires, ce n'est plus dans le haut enseignement. Cela devait, sans doute, arriver tôt ou tard, mais si ce progrès n'était pas imprévu, la part de ceux qui ont donné le branle n'en est pas moins belle. A ce grand mouvement qui a élargi et vivifié la science du droit plusieurs ont travaillé, nul n'a plus contribué que Laboulaye. C'est son plus beau titre, et aussi le plus durable. La génération à venir pourra faire mieux, savoir davantage, et voir plus loin. Elle n'oubliera pas que, parmi les hommes qui lui ont préparé les voies, Laboulaye est au premier rang.

Rodolphe DARESTE.

COURS D'HISTOIRE

GÉNÉRALE ET PHILOSOPHIQUE

DES LÉGISLATIONS COMPARÉES

Discours d'ouverture (8 mai 1849)

Messieurs,

En montant dans cette chaire où vient de m'appeler l'excessive bienveillance des hommes qui sont l'honneur de cet établissement et la gloire de la science française, je sens combien est grande et délicate la tâche qui m'est échue, et combien, même avant de l'avoir méritée, j'ai besoin de toute votre indulgence.

Étranger à l'enseignement, sans habitude de la parole, parvenu à l'âge où la facilité ne s'acquiert plus, il me faut aborder devant vous un sujet doublement difficile : l'histoire et la philosophie des législations.

D'une part, c'est une doctrine toute nouvelle, presque inconnue en France, et qui prétend tirer la législation des régions métaphysiques où elle s'est

1

trop longtemps égarée pour en faire une science positive qui relève de l'*expérience* plus encore que du raisonnement.

D'autre part, c'est une doctrine qui reçoit des circonstances présentes une gravité toute particulière et qui, malgré toute la prudence du maître, se heurtera toujours à des difficultés sans nombre, car il est impossible qu'elle ne se transforme pas en une règle d'action.

Et en effet, Messieurs, ces questions qui depuis un an font trembler l'Europe ébranlée sur ses bases séculaires ; ces questions qui naguère soulevaient le pavé de nos rues ensanglantées, et qui grondent encore sous nos pieds comme un feu souterrain : *La souveraineté populaire, la distribution des pouvoirs, les libertés publiques*, et, en creusant plus à fond, *le droit de propriété et le droit au travail, l'industrie et le paupérisme*, toutes ces questions politiques ou sociales, comme on les appelle aujourd'hui, questions que je pourrais multiplier à l'infini, qu'est-ce autre chose sous des noms nouveaux que l'éternel problème de toutes les législations ? Et en même temps qu'est-ce autre chose que l'objet nécessaire, l'objet exclusif de cet enseignement ?

Prenez les lois les plus simples en apparence, celles que, depuis des siècles, la sanction de l'expérience, le respect universel ont élevées, semble-t-il, au-dessus de toute discussion.

Demandez-vous de quel droit le créancier reçoit de son débiteur plus qu'il ne lui a donné ?

Demandez-vous pourquoi la société transmet et garantit au fils l'héritage du père?

Et dès que vous vous serez pris à douter, vous verrez s'ouvrir devant vous, et de toutes parts, des perspectives d'une profondeur infinie.

En abordant une question de droit privé presque insignifiante, vous vous heurterez aux plus difficiles problèmes de l'économie politique, de la philosophie et de l'histoire. A fleur de terre, et sous vos pas vous toucherez le fondement même de la société et dès que vous vous élèverez au-dessus de la pratique, dès que vous étudierez l'histoire et la philosophie du droit, vous vous apercevrez que ce qu'on nomme la *législation* n'est autre chose que la *politique.*

Que faire en pareil cas? Fermer les yeux devant ce jour inattendu? accepter les faits sans s'inquiéter de leur raison d'être? réduire la science à une statistique sans but? chercher à comparer les lois des différents peuples sans s'assurer d'une mesure légitime et commune? les juger, enfin, non d'après une règle acceptée par la raison, mais sur des effets contingents, variables, d'une appréciation délicate et que la passion, d'ailleurs, sait toujours interpréter à son gré?

Messieurs, un tel empirisme, une étude aussi tronquée serait indigne et de vous et de moi. Jamais je n'oublierai que j'ai l'honneur insigne de parler à l'élite intellectuelle de la France, à des hommes qui demain comme citoyens, comme magistrats, comme législateurs peut-être, pèseront d'un grand poids sur les destinées du pays, d'un pays qui ne reconnaît plus de souverain que l'opinion, ce qui, sans doute, ne veut pas dire la passion ou l'erreur, mais bien la justice ou la raison.

Coûte que coûte, il nous faut avancer sur ce terrain qui fume encore. Notre but, c'est la vérité; il nous faut y marcher au travers de ces ruines faites d'hier sans nous effrayer des cendres brûlantes qui craquent sous nos pieds.

Cette énigme que depuis soixante ans le Sphinx des Révolutions présente à l'Europe, c'est à notre tour de l'aborder et de la résoudre, si nous voulons arrêter les générations qui nous suivent au bord de ces abîmes où, de quinze ans en quinze ans, vont fatalement s'engloutir la grandeur et la fortune de la France, son sang le plus noble et le plus généreux.

Pour devenir maîtres de nos destinées, pour conquérir cette paix durable, cette confiance en l'avenir, cette sécurité du lendemain sans laquelle un pays ne s'appartient pas plus qu'un individu, il n'est pour nous, Messieurs, qu'un seul moyen, c'est de fonder, ou plutôt de rétablir sur ses véritables bases la science de la législation, *la science sociale par excellence*, c'est de nous assurer, par l'étude et par l'expérience, de la solidité des principes sur lesquels repose la société; c'est de rendre notre obéissance éclairée; c'est de remplacer l'habitude ou la foi par la raison.

La tradition, le culte du passé, l'amour des coutumes anciennes, ces vertus d'autrefois que l'Europe a exaltées pendant tant de siècles comme la base de l'ordre social, sont disparues avec l'ancienne monarchie. Depuis 1786 ce n'est pas à la France qu'il faut demander ce respect éclairé du passé qui, loin d'arrêter les réformes, les assure en les modifiant et les renferme dans un champ limité.

Dans un pays où les Révolutions accumulant ruines sur ruines, ont toujours eu pour but de faire table rase et de rompre avec le passé, ce n'est plus sur la tradition, c'est sur la science et la science seule que reposent les sociétés. — Toute institution qui ne se légitime pas par sa justice actuelle, par son utilité présente et prochaine, est une *institution morte;* quelle que soit la majesté des souvenirs qui la protègent, son passé ne la défendra pas un jour.

On ne laissera pas, comme autrefois à Rome, comme à Londres aujourd'hui, on ne laissera plus croître à l'ombre protectrice de l'institution ancienne l'institution nouvelle qui doit un jour la remplacer.

On arrachera sans retard cet arbre vivant encore mais dont on ne veut plus, dût-on détruire avec lui le rejeton nouveau qui ne demandait qu'à grandir. Difficile condition que la nôtre, Messieurs, pleine à la fois de grandeur et de dangers, qui nous force d'avoir toujours raison et qui nous impose une responsabilité de tous les instants.

Aussi la science de la législation n'est-elle plus

pour nous une affaire de goût mais de calcul, d'obligation étroite.

Tous les jours on remet en discussion la propriété, la famille, les droits de l'État sur les individus et des individus à l'égard de l'État Il nous faut, même par esprit de conservation, nous mettre en mesure de soutenir la lutte avec les novateurs; de même qu'au xvi° siècle tout le monde était théologien, et philosophe au xviii°; il faut aujourd'hui que chaque citoyen soit jurisconsulte, ou pour mieux dire, car ce mot sent le métier, soit un homme politique.

Comprenez, en effet, Messieurs, que la République est le gouvernement de tous, c'est-à-dire une forme de gouvernement dans laquelle chaque citoyen est une part du souverain. Il en résulte que la république n'est possible qu'autant que tous sont instruits de leurs devoirs, de leurs droits, des intérêts et des besoins de l'État — à un moment donné, il n'est pas d'électeur qui ne puisse tenir dans sa main la fortune de la France — et cet électeur se décidera non par ce qu'ont fait ou pensé ses ancêtres, mais par ce qu'il croit la vérité.

La République est perdue si vous y laissez dominer l'ignorance et l'erreur, éternels auxiliaires des passions mauvaises. L'instruction politique est donc, pour une démocratie, la première condition d'existence, et j'entends par là non une science *spéculative*, mais une connaissance solide, pratique des institutions et de leur raison d'être. Les premiers principes sont assez simples pour que tous les comprennent, assez importants pour que personne ne doive les ignorer.

C'est ce qu'on a parfaitement senti dans un pays que nous étudierons cette année. En Amérique, aux États-Unis, l'étude de la Constitution est une partie essentielle de l'enseignement primaire, et de bons manuels ont répandu partout des vérités accessibles à l'intelligence de tout homme qui a intérêt à les connaître.

On n'admet pas qu'un citoyen, si basse que soit sa condition, puisse être tenu dans l'ignorance des institutions qui le régissent ; car cet homme est un *membre du souverain*, et c'est dans son respect, dans son amour pour ces lois protectrices que se trouve la plus sûre garantie de l'ordre et de la paix. C'est ainsi que la constitution fédérale est devenue aux États-Unis l'idole des masses, le symbole politique que l'on ne discute plus, l'idéal d'après lequel on a modelé toutes les constitutions particulières.

Grande leçon pour nous et que depuis un demi-siècle nous avons trop négligée. Si, comme en Amérique, nous avions fait aimer nos institutions en les faisant connaître, si nous avions intéressé le pays à une science qui n'est autre que celle de son bonheur, nous aurions contenu les passions par les lumières et dirigé les volontés par la raison.

Mais, Messieurs, s'il est utile, s'il est urgent de donner au peuple une sérieuse éducation politique pour le mettre en garde contre des séductions dangereuses (et la triste expérience que nous faisons depuis un an ne nous a sans doute que trop convaincus de cette vérité), combien est-il plus nécessaire encore de donner des principes solides aux citoyens que leur instruction appelle à tenir le premier rang dans l'État.

Quelles que soient les Révolutions qui bouleversent une nation, quels que soient les jeux de la fortune et des événements, ce sont toujours des hommes de la classe lettrée qui prennent la tête de l'opinion et par l'opinion finissent par s'emparer du gouvernement.

Ceci est plus vrai de la France que d'aucun autre pays du monde. Nulle part les droits de l'intelligence ne sont aussi puissants, aussi absolus. Sur ce sol où les orages ont entassé tant de débris, une royauté seule est restée debout, plus brillante et plus vivace que jamais : la royauté de l'esprit, trop souvent cachée sous ce masque de la vérité qu'on nomme l'opinion publique. Assurément s'il est un pays où l'idée se traduise en acte avec la rapidité de l'éclair ; où une idée fausse qui pointe à l'horizon est un orage prochain qui vous menace, ce pays, vous l'avez nommé, c'est la France.

Chez une nation ainsi faite, aussi ardente, aussi généreuse, aussi logique, quel danger, Messieurs, lorsque les hommes qui doivent la conduire se laissent aveugler par de fausses lueurs!

Voyez les fautes de la première Révolution.

Les passions y ont joué un grand rôle, mais non pas le premier ; ce sont surtout les erreurs de cœurs élevés et naïfs, sans expérience des choses humaines, qui ont pris au sérieux les paradoxes de Rousseau, ont rêvé, après lui, l'état de nature, ce roman qu'on place avant l'histoire du monde, état dont le moindre défaut est de n'avoir jamais existé, et d'être impossible à réaliser.

D'autres, séduits par cet esprit médiocre qui a exercé la plus fatale influence sur la fin du dernier siècle, ont voulu faire de Paris une nouvelle Rome, je ne dis pas la Rome du Tibre, celle-là est le plus beau sujet de nos études et le plus digne de notre admiration, mais la Rome de Mably, celle qu'il a créée de toutes pièces dans le silence du cabinet, et qui ressemble à la Ville Éternelle comme une figure de cire à un être vivant. Rien ne manque à cette création que les chairs, les muscles, l'âme et la vie, c'est-à-dire l'homme tout entier.

La faute du dernier gouvernement, la faute qui l'a perdu, en lui ôtant toute ressource, tout point d'appui au moment du danger, c'est de n'avoir pas pris la conduite des intelligences, comme son devoir et son intérêt l'y obligeaient, c'est de n'avoir pas répandu à pleines mains l'enseignement politique; c'est d'avoir cru que le développement industriel, que la richesse, privilège du petit nombre, pouvait endormir un pays et arrêter le mouvement des idées, cette action des esprits qui est comme la vapeur, cette force irrésistible, un danger pour qui la comprime, une puissance pour qui la dirige.

Après cette explosion du 24 février, quel réveil a

été le nôtre ! quelle inquiétude, quelle incertitude, au milieu de cette confusion, de ce naufrage de tous les systèmes, de toutes les croyances sur la foi desquels la France avait vécu depuis trente ans !

Dans cette sombre nuit où se croisaient comme des éclairs sinistres des théories inouïes, étranges, contradictoires, n'avez-vous pas senti le besoin d'une doctrine, d'un principe qui fût pour vous comme une ancre de salut en attendant la fin de l'orage et le retour du jour. N'avez-vous pas demandé qu'un instrument fidèle, invariable, nous donnât le nord que le pilote avait perdu ?

Et alors, n'avez-vous pas regretté qu'une éducation politique incomplète nous laissât désarmés par des théories séduisantes sous leur apparence d'humanité, mais qui, vous le sentiez instinctivement, étaient fausses parce qu'elles ne contenaient qu'une partie de la vérité, et dangereuses parce qu'elles étaient exclusives et exagérées ?

Eh bien, Messieurs, la science nous donnera ce point fixe dont notre conscience a besoin, au moins autant que notre esprit, la science de la législation qui est la science politique par excellence, car je prends ce nom de politique dans son sens originaire et véritable de science civique, de doctrine qui fait des citoyens.

Mais la science de la législation a-t-elle vraiment cette importance ? Est-ce que ce n'est pas seulement une étude professionnelle, honorable, utile, mais qui se renferme dans l'étroite enceinte des tribunaux ? Est-ce que, toute intéressante qu'elle puisse être, ce n'est pas une science principalement destinée aux juges et aux avocats, comme la théologie aux prêtres et l'art de guérir aux médecins.

Est-ce que je ne cède pas à ce mirage qui trompe tout homme absorbé dans un certain ordre d'idées? et ne prendrai-je pas mon horizon pour les bornes du monde? — Voyons donc ce que c'est que la science de la législation.

Avant d'en venir à des études particulières, consacrons quelques heures à nous rendre un compte exact de sa nature et de son objet. Car en même temps que cet objet nous fera comprendre toute l'importance de la science, il nous éclairera sur la méthode à suivre dans l'étude des législations comparées.

Sans connaissance du but à atteindre, nous irions à l'aventure; sans méthode pour nous guider, nous nous perdrions dans le dédale infini des faits particuliers; nous ferions de la statistique, de la nomenclature; ce n'est pas là une science digne de ce nom, ce n'est pas la science de la législation telle que je l'entends.

Qu'est-ce donc exactement que la législation? Beaucoup de gens répondraient, comme autrefois Sieyès pour le tiers-état: « La législation, C'EST TOUT. » Mais sans aller si loin, je crois qu'il n'est pas nécessaire de vous démontrer la vaste étendue d'un domaine que les écoles régnantes veulent toutes porter au delà de ses frontières légitimes.

Que demandent, en effet, tous les novateurs, sans exception, sinon de tout concentrer entre les mains de l'État; de lui donner l'éducation, le crédit, l'industrie, le commerce, etc. En d'autres termes, c'est par la législation qu'on veut gouverner l'homme tout entier, l'individu aussi bien que le citoyen. — C'est la loi qui lui dira non seulement ce qu'il doit faire, mais ce qu'il doit croire et ce qu'il doit penser. La loi sera la règle et la mesure de l'activité et de la liberté humaines.

Je n'exagère pas, Messieurs, étudiez tous les projets de réforme sociale et vous verrez au fond de tous les systèmes cette perpétuelle illusion, qu'avec du papier et de l'encre on peut changer la nature humaine, disposer librement de notre esprit et de notre volonté, et qu'au législateur appartient une puissance que Dieu lui-même ne s'est pas réservée.

Je le répète, l'idée, l'erreur dominante aujourd'hui, c'est que le législateur peut tout et que par conséquent la législation est *tout*.

Mais, Messieurs, si cette opinion est exagérée; si la législation n'est pas tout, si, au contraire, les amis de la liberté ne doivent pas avoir de but plus prochain que de lui tracer ses véritables bornes (et nous essaierons de les indiquer prochainement), il faut bien reconnaître que la législation touche à tout, enveloppe tout, pour ainsi dire; car la législation n'est, en somme, que la volonté exprimée du souverain, la règle et l'ordre de l'État, et l'État embrasse et comprend tous les rapports de l'homme en société.

Ouvrez le recueil de nos lois ; suivez les discussions de la chambre ou des journaux ; étudiez l'administration en France ou à l'étranger, et vous comprendrez ce que c'est que la législation.

Religion, éducation, sciences et arts, hygiène publique, agriculture, commerce, industrie, toutes ces sphères diverses se meuvent dans la sphère de l'État. Ce n'est pas lui qui les *constitue* (c'est là l'erreur des socialistes), non, elles existent indépendamment de lui; mais l'État les contient toutes, il les touche toutes, par un point, dans une mesure qu'il est souvent si délicat de préciser, dans la mesure de l'intérêt social.

Vous comprenez maintenant, Messieurs, toute la grandeur de l'étude de la législation. Il n'est pas une science intéressant l'homme qui n'y aboutisse, — Tous nos besoins physiques, moraux, intellectuels attendant du législateur satisfaction ou tout au moins protection, il faut donc qu'il les étudie, qu'il les connaisse, car il est le représentant de tous, l'homme *social* par excellence, et nul plus que lui n'a droit de répéter avec le poète :
Homo sum, humani nihil a me alienum puto.

Mais ce champ si vaste de la législation appartient-il tout entier à cette chaire.

En principe, cela n'est pas douteux, et n'était l'impossibilité de trouver un professeur universel, je ne vois pas pourquoi l'enseignement public en Allemagne, le système municipal en Belgique, la religion aux États-Unis, le crédit et les douanes en Angleterre, les irrigations en Espagne, ne seraient pas pour nous une étude aussi intéressante et aussi féconde que la comparaison rebattue des régimes hypothécaires français et génevois, du système pénitentiaire d'Auburn et de Philadelphie.

Le droit du professeur est aussi étendu que celui du législateur. Tout ce qui est le sujet d'une loi peut être l'objet d'un enseignement, et pour ma part je compte bien, si vous voulez me suivre, vous mener quelquefois sur un autre terrain que celui du droit civil ou criminel ; car c'est sur le terrain nouveau de l'administration que la comparaison des lois nous promet la plus riche moisson.

Vous voyez combien est vaste le domaine législatif, c'est la *Province même de l'État*, mais la législation qui touche à tout, nous le savons, n'est pas cependant la science universelle.

C'est une science qui a un objet et un but particuliers ; et ce but, il est important de le définir, car il nous donnera la limite exacte de nos recherches en nous faisant connaître ce qui est fondamental dans l'étude des lois et ce qui n'est qu'accessoire.

Si nous reprenons l'énumération que j'ai faite plus haut : — Hygiène, religion, éducation, sciences exactes, agriculture, commerce, industrie, — nous verrons bien vite que ces sciences ont leur but en elles-mêmes et par conséquent qu'elles ne sont qu'indirectement l'objet de la science législative.

L'agriculture, par exemple, considérée comme étude de la terre et de sa mise en valeur, subsiste par elle-même : c'est l'objet d'une science spéciale, technique. Il est évident que lorsque l'État touche à l'agriculture, ce n'est point comme agronome, mais c'est au nom d'un intérêt différent, particulier, qui est, à proprement parler, l'objet de la législation.

Pour rendre mon idée plus claire, faisons encore un pas et nous allons comprendre qu'aucune de ces notions n'est essentielle à l'idée même de l'État, et par suite ne fait nécessairement partie de la législation. — Nous pouvons imaginer un État qui laisse en dehors de ses attributions l'hygiène ; combien peu s'occupent encore de ce soin indispensable. L'Amérique nous montre un gouvernement qui laisse en dehors de son action la religion, la science, l'art et une grande partie de l'éducation. L'agriculture ne demande pas, en général, l'intervention de l'État, et il est une école qui, au nom de la liberté humaine, défend à l'État de toucher à l'industrie et au commerce.

On voit donc que l'idée d'État n'est pas essentielle à l'idée d'arts, de religion, d'éducation, d'agriculture, quoiqu'en dehors des États, il soit difficile, pour ne pas dire impossible à l'homme de développer ses facultés. Mais tout au moins *théoriquement* on conçoit que ces objets ordinaires de la législation n'en sont point l'objet essentiel.

Si la législation agit sur la religion, l'agriculture,

l'industrie, c'est au nom d'une idée qui n'est comprise dans aucune de ces sciences particulières, d'une idée, qui, tout au contraire, est inséparable de l'idée même de l'État, c'est au nom de la *justice et du droit*. La justice, le droit, en d'autres termes, une règle des rapports sociaux, un ordre établi dans les actes humains, voilà l'idée inséparable de l'État, voilà l'objet nécessaire de la législation; son but est le *juste*, le reste n'est qu'accessoire. J'insiste sur cette distinction fondamentale. Elle a une portée scientifique des plus grandes, et une portée politique plus considérable encore.

Le but principal de l'État, celui que nous indique la raison, que nous montre l'histoire, qui se retrouve le même dans tous les temps et dans tous les lieux, c'est le développement harmonique, régulier, pacifique, de toutes les forces, de toutes les facultés de la nature humaine. En un mot, c'est le bonheur général de tous les membres de l'association.

Le principe de ce développement, c'est la liberté; car la liberté, c'est la nature propre de l'homme et sans elle il n'y a pour lui ni perfectionnement physique, ni perfectionnement moral et intellectuel.

Or, la condition première de la liberté, c'est la justice. Elle n'est, en dernière analyse, que le respect, que la protection, que la sauvegarde de la liberté de l'individu, c'est-à-dire la condition de son libre développement.

La justice, c'est la clef de toute la société civile, c'est, j'oserais presque le dire, la société civile tout entière. L'homme n'est sociable que parce que le sentiment du droit, la notion du juste lui a été départie. Dès que le droit disparaît, la société tombe en convulsions et se meurt. Elle peut vivre sans éducation, sans commerce, sans industrie, elle ne vit pas sans justice.

Sans justice la société n'est plus qu'un brigandage; au contraire, établissez, même parmi les voleurs, un semblant de justice, et vous y verrez naître un semblant de société.

Nous connaissons maintenant l'objet de la législation : c'est le droit qu'elle proclame, c'est au point de vue du juste qu'elle considère toutes les choses humaines.

Ces idées ne sont pas nouvelles, et ces définitions sont bien vieilles. Vous allez voir, cependant, qu'en vous pénétrant de leur vérité, qu'en tirant de ces principes leurs conséquences légitimes, leurs conséquences immédiates, nous arrivons aussitôt à ces résultats inattendus.

Allons-nous trouver une méthode pour limiter ce champ de la législation, ce domaine de l'État que tant de novateurs rêvent indéfini?

Et d'abord, qu'est-ce que le droit?

Aristote le définit: l'ordre, la règle de l'association (1), et provisoirement nous pouvons nous en tenir à la définition du philosophe.

____

(1) Η γαρ δικη πολιτικης κοινωνιας ταξις εστιν. ARISTOTE, *Politique*, I, ch. 1, in fine.

Mais l'idée de *règle*, l'idée *d'ordre* entraîne l'idée de *rapport*. On ne peut dire que très imparfaitement qu'un individu a des droits sur lui-même. Ses droits et sa personne sont une même chose. Pour que le droit se réalise, il faut deux hommes, deux membres de la communauté. — L'objet du droit est donc purement *social*. Les rapports qu'il règle sont les rapports des individus entre eux, c'est-à-dire des rapports sociaux. — Point de difficulté jusque-là : seulement, comme je l'ai indiqué tout à l'heure, toutes les facultés, toutes les forces de l'homme ne sont pas *sociales*. Il ne se met pas tout entier dans la société ; il n'est ni une abeille, ni une fourmi. L'homme a des facultés individuelles qui se développent sans doute dans l'association, mais non par le fait seul de l'association. Il a une activité propre dont le but est en lui-même et non dans la société qui n'en profite qu'indirectement. La plus grande partie des actes humains n'intéresse en rien le *juste* et par conséquent ne fait pas l'objet du droit. La sphère de la législation est donc relative et limitée; au point où commence l'indépendance de la vie individuelle s'arrête l'autorité du législateur — elle doit du moins s'y arrêter, — et si la loi franchit cette limite elle est usurpatrice.

Prenons un exemple, l'art, la statuaire, la poésie. — Ai-je besoin de l'État pour devenir artiste ou poète? Évidemment non. L'État a-t-il un intérêt *direct* à m'empêcher de suivre ma vocation. — Non encore. — Il ne peut même le faire sans injustice. —

Platon a bien pu bannir Homère de sa république imaginaire comme dangereux par la mollesse de ses maximes. Mais si l'on venait à l'exécution, pourquoi s'arrêter aux poètes, pourquoi ne pas bannir les philosophes, comme autrefois à Rome ? pourquoi ne pas proscrire le commerce et l'industrie comme à Sparte ? Pourquoi ne pas interdire toute religion autre que celle de l'État ? Pourquoi ne pas avoir la logique de l'inquisition et ne pas violer la liberté de la pensée humaine en détruisant la liberté de lire et d'imprimer ?

Je m'arrête dans cette énumération qu'on pourrait pousser à l'infini. Elle suffit pour vous démontrer que dès qu'on n'admet pas le libre développement individuel ; dès qu'on ne renferme pas la législation dans la sphère sociale, sphère toute extérieure et nettement limitée, vous allez fatalement à la tyrannie.

Au nom de l'intérêt social, vous faites, je le répète, ce que faisait l'inquisition dans ses plus mauvais jours ; c'est au nom de la religion et de son intérêt indirect qu'elle prenait tout l'homme : c'est au nom de l'État que vous voulez l'absorber ; — c'est le même despotisme insupportable sous deux noms différents.

Encore une fois l'homme n'appartient à l'État que comme être sociable, dans ses rapports avec les autres membres de la société. — Pour tout le reste il est indépendant et ne relève que de lui-même. Un pays libre est précisément celui où l'homme conserve dans toute leur ampleur ses libertés et ses facultés individuelles. Faculté, liberté, c'est une même chose pour un être intelligent; il n'y a point d'action sans détermination, c'est-à-dire sans un libre choix. L'action, c'est l'homme tout entier; l'empêcher d'agir, c'est l'empêcher d'être homme.

Ainsi le droit concerne l'homme considéré comme citoyen et non comme individu; son objet est donc tout extérieur. Il règle les *actes* et non *les intentions;* car les actes seuls intéressent directement la société. L'intention d'ailleurs lui échappe, et la poursuivre est impossible. — Sur ce point le droit se distingue nettement de la morale qui est la règle de la volonté et qui ne concerne directement que l'individu.

Remarquez bien que le droit n'est pas l'opposé de la morale. Tout au contraire il s'appuie sur elle. Ce qui est bien et honnête pour l'individu est bon et profitable pour la société; tout ce qui est vertu pour l'individu est force pour la société. Ce ne sont pas deux sphères opposées, mais deux sphères qui, avec le même centre, n'ont pas la même circonférence.

A les confondre comme on l'a fait trop souvent, comme on le fait encore aujourd'hui, on arrive au dangereux résultat que je vous signalais : la destruction de la liberté humaine. Il est évident que si l'État qui a la force en main pour faire régner le droit, peut atteindre, dans ce but, la moralité intérieure, toute liberté d'action, toute liberté de conscience disparaît. Toutes les fois qu'on a voulu transformer les prescriptions morales en prescriptions légales, et qu'au nom de la loi on a ordonné à l'homme d'être pieux, chaste, désintéressé, charitable, on a été amené à une illusion ou à une oppression. C'est l'histoire de toutes les théocraties.

Il faut donc soigneusement, nettement distinguer la morale, règle de la volonté individuelle, du droit, règle des rapports sociaux; si l'un est du ressort même de l'État, l'autre lui est étrangère.

Du reste cette délimitation une fois acceptée, peu importe que certains esprits veuillent considérer comme une branche de la morale l'étude philosophique des relations humaines plus ordinairement désignée par le nom de *droit naturel;* ce n'est pas la distinction scientifique qui est ici la chose importante, c'est la distinction politique.

Et maintenant, Messieurs, si j'ai réussi à vous donner une idée du droit, il vous sera facile de comprendre jusqu'où s'étend le pouvoir de l'État dès qu'il prétend régler les diverses branches de l'activité humaine; — vous avez bien saisi l'erreur de ceux qui veulent tout donner à l'État. Vous comprendrez l'erreur de ceux qui veulent tout soustraire à son empire.

L'État n'est pas la religion, la croyance ne lui appartient pas, car la croyance est chose tout individuelle, mais il est l'ordre social et à ce titre il a le droit d'empêcher que sous l'apparence du culte, sous un prétexte religieux on introduise chez lui soit l'immoralité, soit l'esprit de révolte et de sédition.

Il n'est pas l'industrie, mais au nom de la justice et de la liberté humaine il peut s'opposer à ce qu'on épuise les enfants avant l'âge par un travail au-dessus de leurs forces.

Il n'est pas le commerce, mais par l'établissement de mesures, de poids invariables, par la monnaie, par les marques de fabrique il peut maintenir la régularité des échanges et prévenir la fraude ou la mauvaise foi.

En résumé, c'est à lui de protéger par la justice le libre développement de toutes les branches de l'activité sociale; c'est à lui d'empêcher que la liberté d'un citoyen, de quelque façon qu'elle s'exerce, ne soit pour un autre citoyen une cause d'esclavage ou d'iniquité. En ce sens on comprend la magnifique définition de la science du droit, donnée par les jurisconsultes romains : *Juris prudentia est rerum divinarum atque humanarum notitia, justi atque injusti scientia;* ce que je traduis en l'expliquant, par : Le droit est la science des choses divines et humaines considérées sous le rapport du juste et de l'injuste.

D'où vous pouvez conclure, Messieurs, combien est immense le domaine qu'occupe légitimement la science de la législation.

Samedi, 12 *mai* 1849.

Messieurs,

Dans la dernière leçon nous avons dit qu'avant d'aborder le sujet particulier de nos études de cette année, l'Histoire de la Constitution des États-Unis d'Amérique, il était nécessaire d'acquérir une idée juste de la science nouvelle, objet de cet enseignement, l'*Histoire du Droit*, de se rendre compte de son caractère et de sa portée.

Je dis la science nouvelle, non pas qu'à toutes les époques on n'ait étudié les origines de la législation pour s'assurer de son esprit, mais parce que c'est de nos jours seulement (je dirais presque que c'est d'hier) qu'on s'est proposé d'appliquer à la législation la méthode d'observation dont Bacon a été le promoteur.

C'est d'hier seulement qu'on a compris que les sociétés humaines vivent sous l'empire de certaines lois qui, pour être moins évidentes que les lois de l'ordre physique, n'en sont pas cependant moins certaines ; c'est d'hier qu'on a vu que rien n'était arbitraire dans le développement de la civilisation et qu'elle s'étendait, en vertu de certains principes que la raison ne pouvait découvrir sans recourir à l'expérience et à l'observation. — Alors on a compris aussi qu'en retirant la législation du domaine de la métaphysique, l'histoire, c'est-à-dire le résumé de ces expériences et de ces observations, n'était plus un auxiliaire indifférent de la science du droit, mais la substance même de cette science. Cette méthode à laquelle les sciences physiques ont dû depuis deux siècles leur prodigieux développement, l'école écossaise a pensé qu'on pouvait l'appliquer avec succès aux études philosophiques ; la philologie lui doit le pas prodigieux qu'elle a fait dans ce siècle, mais c'est tout récemment qu'on a eu l'idée de tirer l'étude de la législation du domaine de la métaphysique pour la transporter sur le terrain de l'expérience et en faire une science positive, susceptible, toutes proportions gardées, de démonstrations aussi rigoureuses que les sciences naturelles.

Nous avons dit que la justice, que le droit était l'élément essentiel de l'État et de la législation, mais un gouvernement qui se bornerait à établir la justice entre tous les citoyens épuiserait-il pour nous l'idée de l'État ?

Cette doctrine a été soutenue à la fin du siècle dernier par une école à qui l'on ne peut refuser l'amour sincère du pays, l'école des *physiocrates ;* vous connaissez leur célèbre maxime : *laissez faire, laissez passer.* Maxime profonde que dans ces derniers temps on a singulièrement dénaturée.

Rien n'était plus loin que la dureté et l'égoïsme du cœur de Quesnay, véritable homme de bien, et de celui de ses successeurs tous sincères et dévoués patriotes.

Mais la même doctrine a été défendue sous la restauration par les hommes qui ont fondé chez nous le gouvernement représentatif et les premiers nous ont donné le goût et l'habitude de la liberté, je veux parler de l'école libérale, dont le chef le plus ingénieux fut Benjamin Constant qui eût été un grand homme si son caractère avait égalé son esprit.

Pour ces écoles, la société va d'elle-même par le concours des intérêts particuliers; le gouvernement n'est que le *régulateur* de la liberté. Ses fonctions sont purement *tutélaires*, c'est-à-dire *négatives*. — Toute action directe lui est interdite, car son intervention maladroite et coûteuse est toujours plus dangereuse qu'utile et le bien douteux qu'on en espère ne compense jamais le mal certain qu'elle produit.

« La liberté *politique et individuelle*, dit Benjamin
« Constant dans son commentaire sur Filangieri,
« est le seul *but* des associations humaines. Tout
« ce qui n'est pas nécessaire à la garantie de la
« conservation et au maintien de la tranquillité est
« hors de la sphère sociale et législative — châtiment
« des délits, résistance aux agressions, telle est la
« sphère de la législation dans les limites du néces-
« saire. — Tout est usurpation par delà cette
« borne. »

Cette école a été trop loin, et en croyant défendre la liberté, elle l'a compromise.

En réduisant le gouvernement au rôle de gendarme, en sacrifiant la société à l'individu; en laissant subsister dans toute sa rigueur l'inégalité du fort et du faible, du riche et du pauvre ; en frappant l'État d'impuissance et de stérilité, elle a provoqué une réaction naturelle. De là toutes ces écoles socialistes qui, se jetant dans un excès contraire, ont voulu tellement étendre l'action de l'État qu'ils ont fini par lui offrir en holocauste la liberté tout entière.

Dans ces systèmes divers, il y a un point commun de ressemblance, un même vice qui se retrouve. L'État n'est plus le dispensateur de la justice (il n'y a plus de justice dès que la liberté de l'individu n'est plus respectée), il est l'administrateur suprême, le dispensateur du travail et de la richesse. — La fin de la société n'est plus le droit, mais le bien-être — et ce bien-être, chaque siècle le définit de façons différentes.

Et maintenant il vous est aisé de reconnaître que le défaut des deux écoles est de n'avoir saisi chacune qu'un côté de la vérité, quoique les erreurs de la première soient bien moins dangereuses que celles de la seconde ; la liberté sauvée, le reste n'est qu'accessoire ; mais la liberté détruite, que nous restera-t-il quand nous l'aurons perdue ?

Oui, l'école libérale a raison, le droit est la base essentielle de l'État, et on peut rigoureusement soutenir qu'avec cette seule condition il peut prospérer ; mais dans la vérité des choses et si l'on regarde autour de soi, on verra qu'à côté, ou si l'on veut, au-dessous du droit, il existe un autre élément moralement inférieur, subordonné, qui ne passe qu'après le juste, mais qui n'en joue pas moins le grand rôle dans la vie humaine ; — cet élément c'est l'utile, ce qui touche à l'utilité générale, sous un nom plus frappant, c'est la richesse.

L'économie politique, la science de l'utilité sociale, de la richesse générale est, aussi bien que le droit une part principale de la législation.

Un instant de réflexion nous convaincra qu'il n'en peut être autrement, et nous en donnera la raison philosophique.

La justice, avons-nous dit, est la fin de l'État, mais l'État lui-même suppose un principe qui lui donne la vie, une existence supérieure à la sienne, la *Société* avec laquelle on le confond trop souvent.

L'État, la puissance civile, est une institution sociale, la première et la plus importante, si l'on veut, mais ce n'est pas la société. Le *Gouvernement* n'est pas la *Nation;* et comme il est aisé de le voir dans les révolutions et les conquêtes, l'État s'arrête ou périt, sans que la société cesse de marcher ou de vivre. Et alors demandons-nous quelle a été la cause première de la Société? quelle raison, quel intérêt pousse deux hommes jetés dans une île déserte à se rapprocher immédiatement?

Nous le savons, la *Sociabilité* n'est autre chose que cette réciprocité de besoins de toute espèce qui lie les hommes; cette communication de ressources, de secours, cet échange de services auxquels ils sont pour ainsi dire naturellement disposés.

Aussi la vie sociale se résume-t-elle en un mot: l'*échange*. Échange de lumières, échange de services, échange de richesse, l'idée de civilisation ne nous présente pas autre chose. Plus cette communication est facile, prompte, étendue, générale, plus la Société atteint son but, plus elle s'affermit et se fortifie. Le *Commerce* est toute la société, a dit Destutt de Tracy.

Au contraire, que par une cause quelconque, une guerre, une révolution, ces' communications s'arrêtent, se resserrent, deviennent difficiles, les hommes s'isolent, se désunissent, et perdent les avantages de l'association. — La société est compromise.

Demandez-vous maintenant quel est le rôle de l'État?

Avant tout, évidemment, d'assurer par les lois, la sécurité des personnes, la protection des choses, l'exécution des obligations librement contractées, toutes conditions *non pas d'une justice abstraite et sans but*, mais conditions nécessaires de l'échange, en d'autres termes de la production et de la richesse générale. Dira-t-on que l'État institué pour l'avan·tage de tous les citoyens, n'a aucun intérêt à connaître cette branche de la science du bonheur social? Ce serait ne pas comprendre quel est ici-bas le rôle de la richesse. — Ce qu'on nomme le capital d'une nation, ce n'est pas seulement, tant s'en faut, l'or et l'argent qu'elle possède, qui ne sont en somme que des moyens d'échange; non, c'est tout ce qui peut servir à l'homme de matière ou d'instrument pour améliorer sa condition. — Ainsi, tout ce qui facilite le travail ou le rend plus productif, tout ce qui perfectionne l'intelligence ou la main de l'ouvrier, tout ce qui rend sa vie plus douce ou mieux protégée : les machines des ateliers, des écoles pour l'enfance, des asiles pour la vieillesse ou la maladie, que sais-je encore? tout ce qui sert à la nourriture, au vêtement, au logement, en somme tout ce qui sert au bien-être général, tout cela constitue la fortune, la richesse d'un pays.

La Richesse ainsi entendue (et elle n'est pas autre chose quand on ne confond pas l'usage qu'en fait la société avec l'abus qu'en peut faire un individu), la richesse est l'élement le plus considérable de la civilisation, des lumières, de la moralité même. Sans elle rien n'est possible. Elle est le grand moyen de réaliser tous les progrès et dans tous les genres. Pour répandre l'instruction dans les campagnes aussi bien que pour assainir un pays fiévreux, pour combattre la débauche aussi bien que l'épidémie, pour détruire enfin ce mal qui résume à lui seul tous les maux et tous les vices, *la misère*, il faut des ressources, des secours matériels, en un mot de la richesse.

Quelque bonne, quelque sainte que soit une idée, pour qu'elle puisse, je ne dis pas agiter facilement les esprits, mais s'incorporer dans les faits, mais transformer la société, il lui faut ce point d'appui que demandait Archimède pour soulever le monde, et ce point d'appui sans lequel le levier le plus énergique n'est rien, c'est la richesse.

Que toutes les déclamations du jour ne nous empêchent pas, Messieurs, de reconnaître ce fait incontestable. La concentration des richesses en un petit nombre de mains peut amener de grand maux, la misère, l'oppression d'une partie de la société, mais cette concentration est un abus qui n'altère en rien ou plutôt qui confirme la vérité que je défends. C'est la preuve la plus évidente de la puissance et de la force du capital.

Vous voyez donc que la richesse n'a pas seulement d'importance pour l'individu, la société tout entière en dépend pour son maintien et son développement. Richesse et civilisation sont deux termes qui se tiennent, deux faits qui réagissent perpétuellement l'un sur l'autre. Ils ne sont pas identiques, mais on peut dire qu'ils sont inséparables, il n'y a pas de civilisation sans richesse.

Et maintenant, s'il existe une science qui indique les institutions, les usages, les moyens qui conduisent sûrement à la production et à la distribution des richesses les plus favorables à la *Société* (notez bien cette distinction), est-il admissible que le législateur laisse de côté une telle doctrine ? n'a-t-il pas un intérêt évident à ce que les jouissances que la richesse représente soient aussi multipliées et aussi générales que possible ? S'il y a des lois naturelles qui président au développement de la richesse, n'est-il pas du devoir de l'État de les appliquer et d'en écarter tout obstacle ? Et s'il est une science qui dégage et enseigne ces lois naturelles, ne doit-elle pas constituer une part importante de la science et de la législation ?

Or, cette science existe, Messieurs, c'est l'Économie politique.

Pour vous faire une idée juste de son caractère, rendez-vous compte qu'elle est comme le droit une doctrine sociale, c'est-à-dire qui suppose l'existence de l'État et rapporte tout à lui, et nous comprendrons alors quel rôle lui appartient.

Remarquez d'abord que l'Économie politique ne considère point la production de la richesse en elle-même. C'est plus ou moins l'objet des sciences naturelles telle que la chimie, la physique, la géologie, ou de l'enseignement de l'agriculture et des arts mécaniques. — Elle considère la richesse au point de vue social dans son rapport avec le bien-être de l'humanité.

Est-ce aujourd'hui qu'il est besoin de vous démontrer que ces difficiles problèmes du *travail, des salaires, de la population, des subsistances* sont des problèmes tout politiques, qui attendent leur solution, non de l'algèbre ou de la technologie, mais d'une science particulière qui, dans l'examen de ce phénomène complexe qu'on nomme la production, ne sépare pas l'étude de la richesse de celle de l'*homme* pour qui seul, en définitive, la richesse est faite.

Mais c'est surtout dans la distribution de la richesse que perce le véritable caractère de l'Économie politique ; car le législateur a bien plus d'action sur la répartition de la richesse que sur sa production, soumise pour la plus grande part à des lois naturelles nécessaires et fatales.

Au contraire, dans les règles qui déterminent la distribution des richesses, les opinions, les besoins de la communauté exercent toujours la plus grande influence. Elles diffèrent suivant les pays et les siècles, et la justice mise à part, elles peuvent varier à l'infini. Songez un instant aux lois de la propriété. Quelle combinaison pourriez-vous imaginer qui n'ait été essayée quelque part? depuis la communauté des couvents qui défendait au moine de se croire propriétaire du pain même qu'on lui donnait, jusqu'à la féodalité où chaque terre était un royaume, et chaque hobereau un souverain? Or, nous savons que dans la propriété le fait économique occupe une aussi grande part que le droit; par conséquent il faut de toute nécessité que la législation en tienne compte et qu'elle appelle l'Économie politique à son secours.

Et ne vous effrayez pas, Messieurs, de voir entrer dans le cercle de nos études une science qui peut-être est nouvelle pour vous. — Avant d'avoir pris un nom, l'Économie politique faisait partie de la jurisprudence (voyez les lois romaines qui traitent des questions de monopole, de commerce, d'industrie, jusqu'aux tables de mortalité); et ce n'est que de nos jours, depuis que la guerre a cessé d'être la condition habituelle des nations, depuis qu'on a mieux vu et mieux compris le rôle du capital et de l'industrie dans le développement des sociétés que la science de la richesse est devenue en s'agrandissant une doctrine distincte. — Mais de ce qu'elle est digne d'une étude spéciale, il ne s'ensuit pas qu'on puisse isoler cette branche de la science sociale du tronc qui la porte et lui donne la vie. Il est bien remarquable qu'une des meilleures écoles d'économie politique, l'école italienne, n'a jamais admis cette séparation d'études. Ses écrivains les plus renommés sont des jurisconsultes : Beccaria, Filangieri, Gioja, Romagnosi, l'homme enfin qui, après avoir honoré cette enceinte, est allé tomber sous le poignard d'un sicaire italien, au moment où il essayait d'asseoir la liberté sur des bases durables, ai-je besoin de nommer l'illustre et malheureux Rossi?

En se refusant à séparer dans leurs recherches deux sciences aussi intimement unies et dont les principes se retrouvent entremêlés, presque dans chaque disposition des lois, les Italiens nous ont donné un exemple qui ne doit pas être perdu pour nous. — Peut-il nous être permis d'ignorer ce que, par la force des choses, le législateur est forcé de connaître? et comment jugerons-nous les lois, si nous ne pouvons apprécier d'après des règles sûres leur utilité aussi bien que leur justice?

Il est rare, en effet, qu'une disposition de nos lois ne réunisse pas l'idée d'utilité et celle de justice, ne suppose pas chez le législateur des opinions arrêtées sur la production et la distribution de la richesse. Pour nous en rendre compte, prenons un exemple :

Qu'est-ce que la loi de successions dans le droit

français? Cette loi qui empêche le droit d'aînesse, les majorats, les substitutions? N'est-ce pas à la fois une loi politique qui fonde l'égalité civile et une loi économique qui favorise la division et la mobilisation du sol? De même toutes les dispositions sur la vente, le prêt, le fermage, le taux de l'intérêt, n'ont-elles pas en vue la production tout autant que la justice. — Nous ne concevons l'homme en société qu'avec la terre et la richesse. C'est ainsi que Dieu l'a créé, c'est ainsi que la loi le prend. Ne séparons donc pas dans nos recherches ce que Dieu et la loi ont unis, et nous ne rendrons pas d'ailleurs nos études plus complexes; tout au contraire, nous les faciliterons, je dirai presque nous les simplifierons.

Je ne sais, en définitive, si l'utilité sociale ne se confond pas avec la justice, et si une analyse plus parfaite ne nous montrerait pas jusqu'à quel point ces deux idées sont identiques, — si l'intérêt suprême peut être autre chose que l'ordre général, autrement dit la justice. — Dans tous les cas, ce qui est indubitable, c'est que les deux sciences marchent de front, se contrôlent l'une par l'autre et se prêtent un mutuel secours. — Ainsi la liberté, la propriété, cette double base des sociétés, sont deux faits naturels qui dominent l'économie politique tout autant que le droit. Quand je dis par exemple que l'homme, né libre et égal à tous les hommes, a le droit incontestable d'user librement de ses facultés et de ses forces, de choisir l'occupation qui lui convient, de faire l'emploi qu'il veut de ses talents et du fruit de ses économies, d'offrir son travail à qui peut le payer, d'acheter, de vendre, de s'obliger, est-ce du citoyen ou du producteur que je parle? Est-ce de droit ou d'intérêt général qu'il s'agit? N'est-ce pas de tous les deux à la fois?

N'est-il pas certain que plus le travail sera libre, plus la justice sera satisfaite? et n'est-il pas aussi certain que plus le travail sera libre, et plus il sera profitable, car l'Amérique nous apprend par sa triste expérience quel prix lui coûte l'esclavage.

Ainsi l'intérêt *général* est toujours inséparable de l'observation de la justice, les lois justes sont les lois protectrices de la production et l'intérêt vient au secours de la vertu ; — c'est le côté philosophique de l'étude que nous abordons, mais l'histoire va nous donner des preuves éclatantes de cette union intime de l'économie politique et du droit.

Il n'est pas une vérité conquise dans le domaine juridique qui n'ait son équivalent dans le domaine politique, et réciproquement. Il n'est pas une révolution politique qui n'ait pour cause ou pour effet un changement dans la condition économique de la société. Il n'est pas de révolution économique qui, en déplaçant ou en généralisant la richesse, n'altère les conditions sociales et par conséquent n'amène des changements radicaux non seulement dans les lois politiques, mais dans les lois civiles.

Ainsi la famille ne peut être constituée d'après un principe et la propriété d'après un autre principe, et l'on doit citer à l'appui de cette thèse notre code civil en qui sont venus se résumer deux grandes conquêtes de la révolution : l'égalité des citoyens et la liberté du travail.

On a, dans ces derniers temps, trop oublié la liaison intime du droit et de l'économie politique ; et c'est la cause de méprises fâcheuses dans la science et dans la législation.

Si, par exemple, les économistes anglais n'avaient pas abandonné la voie expérimentale ouverte par les physiocrates et suivie par Adam Smith, ils n'auraient pas rêvé une économie politique *rationnelle*, *idéale ;* une science *pure* de la richesse dans laquelle la théorie de la population figure comme un hors-d'œuvre, doctrine faite, non pour l'homme tel que nous le connaissons dans la société actuelle, mais faite, comme autrefois le droit naturel, pour un être de raison, une abstraction qu'on appelle l'homme et que chacun dispose à son gré.

S'ils étaient restés dans le domaine des faits ; s'ils n'avaient pas voulu d'une science abstraite, d'une algèbre de la richesse, toute spéculative et mathématique, ils auraient évité les reproches d'indifférence et de dureté qui ont compromis la popularité de l'économie politique. Reproches exagérés, du reste, même quand on les adresse aux systèmes de Malthus et de Ricardo, et complètement faux quand on veut atteindre ces nobles esprits qui ont pu se tromper, mais qui étaient guidés dans leur recherche par un sincère amour de l'humanité et du vrai.

Mais la part faite de l'injustice, il faut reconnaître ce qu'il y a de fondé dans ces critiques. Il est certain qu'à rester plus près des faits, c'est-à-dire de la nature humaine en action, à mieux tenir compte des droits de l'homme, à comprendre combien le juste domine l'utile tout en en étant inséparable, on eût évité plus d'une erreur.

Otez à l'économie politique l'observation constante, le respect de la liberté, j'allais dire de la personnalité humaine (c'est au fond la même chose) ; qu'elle oublie un seul instant qu'elle est une doctrine humaine et non pas une science de raisonnement, que l'homme est supérieur à la richesse et que le droit interdit de sacrifier la santé ou la vie d'un seul individu au bien-être d'un million d'autres, et à l'instant l'Économie politique n'est plus qu'une science trompeuse et qui ment à son nom.

La justice, ne l'oubliez pas, est le principe dominant, le point fixe qui empêche la science de l'utile de s'égarer, comme dans la vie privée il est l'ancre du salut pour tout homme que la cupidité emporte et pousserait dans l'abîme, s'il n'avait pas le respect ou la crainte de la justice.

D'ailleurs ce n'est pas seulement la science, mais le pays même qui gagnerait singulièrement à ce que l'État ne perdît jamais le droit de vue quand il prend des mesures en apparence purement économiques.

Jamais la science du droit n'a proclamé plus

haut qu'aujourd'hui que la liberté, que la propriété sont sacrées, sont inattaquables, et à voir en ce
moment la société tout entière occupée par un effort suprême à résister aux doctrines destructives
qui l'envahissent comme un poison, on est tenté
de croire que l'État n'a rien de plus à cœur que le
respect de ces droits supérieurs. Il n'en est rien
cependant, et ces principes qui dominent nos
lois civiles, nos lois fiscales n'en tiennent que
peu de compte, cherchant la prospérité de l'État
hors de ces conditions d'ordre et de justice, sans
lesquelles elle ne peut exister.

Je prends pour exemple la question des douanes,
des tarifs et des prohibitions. Ne voyons-nous pas
tous les jours le gouvernement agir comme si le
travail était encore un droit domanial et royal,
comme si produire, échanger, cultiver, étaient de
simples facultés que l'État peut régler à son gré,
et non pas des droits sacrés, l'exercice même de
cette liberté individuelle pour laquelle nos gouver-
nants professent publiquement un si profond respect?

Et cependant dans de semblables questions il ne
suffit pas de constater que telle prohibition favorise
telle industrie plus avantageuse au pays que telle
autre ; que, par exemple, il semble y avoir profit à
sacrifier la sucrerie indigène à notre commerce avec
les colonies ; ce n'est là qu'un côté de la question et
on doit l'embrasser tout entière. On ne peut pas, on
ne doit pas séparer ainsi le juste de l'utile : il faut prou-

ver encore que l'État peut légitimement attenter non seulement au bien-être des consommateurs, mais encore à la liberté du producteur, et cela pour enrichir des privilégiés.

Ne voulez-vous tenir aucun compte du droit, ne voulez-vous envisager que ce que vous croyez l'utilité présente, le protectionnisme vous mènera dans les parages du communisme comme l'a prouvé un esprit ingénieux, M. Bastiat, car si l'utilité seule et non la justice doit décider du monopole ou de la liberté, qui peut interdire à l'État, seul appréciateur de cette utilité, de régler, d'organiser le travail national tout entier, comme il en règle déjà, comme il en organise certaines branches ?

Otez la limite du droit, et, théoriquement au moins, rien ne peut vous retenir sur la pente fatale où vous êtes placé, sinon ce bon sens, plus commun en France qu'ailleurs, et qui, grâce au ciel, nous tire souvent d'affaire aux dépens de la logique.

Mais si, au contraire, vous cherchez et vous respectez avant tout la justice, vous avez un point d'appui naturel qui vous met à l'abri des écarts de l'erreur et de l'opinion, ou tout au moins, qui réserve à vos essais politiques le moins de chances possible d'insuccès et de mécompte.

Résumons en deux mots cette longue discussion.— Le droit et l'économie politique sont inséparables parce que le juste et l'utile sont le double fondement de la législation de la France et de la vie sociale ; les séparer serait une folie, car ce serait mutiler la science législative qui n'est complète que par leur réunion. Il nous reste maintenant à étudier de plus près chacune de ces deux branches de la législation, ce sera l'objet de nos prochaines leçons.

Mardi, 15 mai 1849.

Nous avons, Messieurs, à définir la nature du droit et à chercher quelles lois président à sa manifestation et à son développement.

Le droit, avons-nous dit, c'est la règle de la vie sociale. Mais cette règle est-elle arbitraire, ou bien est-ce la raison qui la donne et comment la raison la donne-t-elle ?

Et d'abord, est-ce la seule volonté ? le seul caprice du législateur qui fait le droit ? N'y a-t-il de juste et d'injuste, comme le prétend Hobbes, que ce que les lois établissent ?

Messieurs, poser ainsi la question, c'est la résoudre, car c'est montrer dans toute sa crudité, dans toute sa laideur le vice d'un système qu'ont adopté toutes les tyrannies, car elle les justifie toutes. Et je ne m'arrêterais pas longtemps à discuter cette opinion si nous n'étions au lendemain d'une révolution qui dure encore ; s'il n'y avait aujourd'hui plus d'un cœur, plus d'un esprit troublé par ces événements extraordinaires qui semblent un défi jeté à la sagesse humaine, une dérision de la science.

Le désastre matériel qui suit les révolutions est le moindre mal qu'elles entraînent pour la génération présente. Le plus grand est ce désordre qu'elles jettent dans les esprits sans principes arrêtés, et c'est le grand nombre. Quand on voit devant une poignée d'hommes résolus tomber en quelques heures un gouvernement qui semblait tenir au pays par de profondes racines, comment ne pas être ébranlé dans ses convictions? comment se défendre de croire que tout est factice, arbitraire, d'invention humaine dans les lois de l'ordre social, comment ne pas commencer à craindre qu'on puisse les changer comme le gouvernement lui-même, du jour au lendemain?

Ainsi s'explique ce phénomène, qui accompagne toutes les révolutions, qui s'est produit au xvie siècle après la réforme, en 1789, en 1793, et qui est si visible à l'heure actuelle. Quand l'autorité tombe, il semble qu'elle entraîne dans sa chute l'ordre social et la vérité. Et alors on voit de toutes parts sortir du sol les idées les plus étranges, les systèmes les plus insensés, et, chose incroyable, on voit les hommes inquiets, troublés, ayant perdu la voie, rester indécis en présence des erreurs les plus visibles, et, désespérant de s'orienter, maudire le présent et douter du lendemain.

Triste situation qui est encore la nôtre, quoique à l'horizon le jour commence à poindre ; quoique aujourd'hui comme toujours, l'expérience, cette rude maîtresse de la vie humaine, ait déjà fait rentrer dans la bonne route la société déraillée. Elle nous a appris une fois de plus, par une sévère leçon, qu'en politique comme en tout le reste, il est des principes supérieurs aux institutions humaines, des rapports naturels des choses que l'homme doit respecter, comme il lui faut tenir compte des forces de la nature, des *lois générales*, en un mot, plus puissantes que lui et qu'il ne violera jamais impunément.

Qu'est-ce donc encore une fois que le droit et quelle est sa véritable nature ?

Évitons, en premier lieu, certaines idées qui encombreraient notre marche, et commençons par distinguer le droit, objet de nos études, de la loi positive qu'on enseigne dans une enceinte voisine. — Droit et loi sont souvent synonymes, mais souvent ils n'ont rien de commun. Il faut donc nous entendre sur une distinction qui reviendra souvent dans mes leçons et qui est la base de nos théories.

Ce n'est pas d'hier qu'on a senti que le droit et les lois n'étaient point la même chose, et toutes les langues indiquent cette distinction, car on peut dire qu'une loi est injuste, mais dans aucun cas on ne comprendrait que le droit fût injuste, car en vérité ce ne serait plus le droit, pas plus que le faux n'est le vrai.

Permettez-moi de vous citer un ouvrage qui a deux mille ans de date et dans lequel l'esprit le plus ingénieux et le plus fin de l'antiquité, le bon Socrate, comme l'appelle La Fontaine, distinguait la loi, œuvre du souverain, de la justice ou du droit, *fin et règle* de la loi. La distinction n'est faite nulle part, mais on la sent partout. (*Entretiens de Socrate*, Xénophon, p. 18.) Voici le passage, en résumé. — On rapporte qu'Alcibiade, âgé de moins de vingt ans, discutait ainsi sur les lois avec Périclès, son tuteur :

— Périclès, lui dit-il, peux-tu m'apprendre ce que c'est que la loi (νόμος). — Volontiers, dit Périclès. On appelle lois ce que le peuple réuni et consentant a voté, déclarant ce qu'il faut faire et ne pas faire. — Mais le peuple donne-t-il sa sanction à ce qui est bon à faire ou à ce qui est mal? — Au bien, par Jupiter, et non au mal, reprit Périclès. — Et si ce n'est plus le peuple mais, comme il arrive dans l'oligarchie, un petit nombre d'hommes qui décide ce que l'on doit faire, comment appeler ces mesures? — Des lois également, comme tout ce qui émane des personnes qui ont la suprême puissance dans l'État. — Et si un tyran s'empare de la cité et décrète ce que doivent faire les citoyens, est-ce encore une loi? — Sans doute, tout ce qu'un tyran ordonne de son autorité est appelé aussi une loi... et cependant je pense que tout ce qui ne procède pas de la persuasion (du vote libre) ce que l'on force les citoyens de faire, que ce soit écrit ou non, a plutôt le caractère de la violence que de la loi? — Toutefois, Périclès traite cette argumentation de sophisme et de subtilité, faute de distinguer le droit et la loi. Elle n'est pourtant rien moins que subtile, c'est la vérité pure.

Il est certain que pour tout homme qui se donne

la peine de penser, la loi n'est bonne qu'autant qu'elle
se conforme à un certain idéal que nous nommons
la justice et le droit. C'est la mesure commune à
laquelle nous rapportons toutes les institutions civiles. Ce qu'est le juste, nous le chercherons tout à
l'heure, mais ce qui est incontestable, c'est que nous
ne le confondons pas avec la loi, et que nous le pla-
çons au-dessus d'elle comme un principe qui la domine, comme une lumière qu'elle doit réfléchir, mais
qui n'est pas elle.

Autrement si la loi était uniquement la volonté
du législateur, toutes les lois seraient également
bonnes, fussent-elles contradictoires, et nous arrive-
rions à ce résultat singulier, qu'en définitive la volonté du législateur, dès qu'elle ne se légitime pas
par un principe que reconnaît la raison, se réduirait
à la force qui la fait respecter et qu'en définitive
c'est la force qui serait le droit.

Or, *force* et *droit* sont dans tous les pays et dans
tous les esprits deux idées qui se repoussent, et l'une
ne peut jamais produire l'autre.

On comprend la force comme garantie sociale
du droit qui, sans elle, est précaire et nul.

On comprend le droit comme justification de la
force qui, sans lui, est brutale, tyrannique et abusive.

Mais assurément l'un n'est pas l'autre et personne, sinon un philosophe, ne peut les confondre ;
— cependant c'est la conclusion obligée où abou-
tissent tous les systèmes qui, au lieu de reconnaître

un principe supérieur de justice, ont identifié le droit et la loi, en prenant la volonté du législateur pour règle et mesure du juste. Hobbes l'a démontré avec cette rigueur de déduction qui fait de lui, comme de Spinosa, un esprit si puissant par sa force et si utile malgré ses erreurs. Le système de Hobbes a été repoussé comme odieux et tyrannique, puisqu'en reconnaissant la souveraineté comme illimitée, il en concluait la légitimité du gouvernement absolu d'un seul ; mais ce n'est pas la conclusion seule, c'est le système tout entier qui est faux et dangereux, l'erreur est la même dans tous les systèmes qui placent la justice dans le nombre, parce que dans ces gouvernements, qu'importe qu'il y ait contrat ou accord entre les hommes qui forment la majorité, c'est toujours, en définitive, la force qui fait le droit. Rousseau est parti de ce fatal principe et son *contrat social* si souvent invoqué en faveur de la liberté, est le plus terrible auxiliaire de tous les genres de despotisme ; son tyran a des millions de têtes, voilà tout ce qui le distingue.

« Le pouvoir absolu, a dit avec une grande élé-
« vation d'idées et de langage M. Royer-Collard, le
« pouvoir absolu est toujours la souveraineté de
« la force, mais il est un autre élément de la so-
« ciété, un élément moral — le droit. — Si la so-
« ciété ne se régit qu'avec des éléments matériels,
« la majorité des individus est le souverain et la
« souveraineté du peuple est admise — qu'importe

« qu'elle soit concentrée en une main ou dispersée
« en plusieurs, c'est toujours la force. Voulez-vous
« faire la société avec un élément moral ? C'est la
« justice qui est le souverain. Cet élément oblige à
« gouverner par la liberté. Il détrône la force et
« fait régner le droit. — Si vous croyez que votre
« Gouvernement représente *les volontés*, les multi-
« tudes, votre souverain c'est la force. — Si vous
« croyez qu'il représente *les droits*, votre souve-
« rain, c'est la justice. »

Et ailleurs, voulant exprimer que le droit, que le
bon, que le juste ont seuls le droit de commander à
l'homme cette libre obéissance, cette soumission
volontaire, seuls fondements d'un ordre social
accepté par la raison, il résumait son opinion dans
une de ces formules concises comme un oracle dont
il avait le secret :

« Votre souverain, disait-il, ce n'est ni le Roi, ni
le peuple, *c'est l'absolu.* »

Comprenez bien, Messieurs, l'abîme qui sépare ces
deux opinions, opinions qui toutes deux admettent
la souveraineté du peuple : mais l'une la veut illimitée et confond le pouvoir avec le droit, l'autre
entend que la volonté du peuple soit renfermée dans
de justes limites et que dans ces limites même, elle
soit dirigée, comme celle de l'individu, par cette
règle de nos actions qui s'appelle raison chez l'homme
et justice chez les nations.

Cette distinction est aujourd'hui capitale. C'est
tout à la fois le nœud de la situation politique, et

pour la science en même temps la grande question d'être ou de n'être pas.

En science comme en politique, l'empire des intelligences se dispute entre deux écoles : L'une qui se range sous le drapeau du nombre ou de la force, l'autre qui arbore le drapeau de la justice et de la raison.

Ne vous laissez pas éblouir — allez au fond des choses — que prétendent toutes ces écoles qui attaquent la vieille société et veulent faire table rase ? quel est leur principe ? celui-ci :

Le peuple ne peut mal faire — tout ce qu'il veut est juste. En lui réside toute raison : *Vox populi, vox Dei ;* en d'autres termes la volonté de la majorité est le droit ; le nombre est la justice, quiconque résiste à la volonté populaire viole la justice éternelle. — Ceux qu'effraye cette conclusion excessive confondent le pouvoir et le droit, — ils en arrivent avec Rousseau à ce singulier paradoxe, *qu'un peuple a toujours le droit de changer ses lois même les meilleures, car s'il veut se faire mal à lui-même, qui est-ce qui a le droit de l'en empêcher ?* Appliquez ce raisonnement à l'individu et vous en verrez à l'instant toute la fausseté.

Pour l'autre école la souveraineté populaire n'est qu'un moyen de reconnaître le juste et de faire régner le droit.

Ainsi, il est raisonnable d'obéir à la loi faite par la majorité, car c'est une manière d'obtenir la paix sans laquelle la société se meurt, mais toute loi n'est pas juste pour être votée par le peuple. Elle reste soumise à la critique de la raison individuelle. — Politiquement la minorité doit se soumettre, mais comme la minorité n'a pas tort par cela seul qu'elle est minorité, comme la majorité n'a pas raison parce qu'elle est majorité, il faut, comme a dit M. Royer-Collard, il faut gouverner par la liberté.

La majorité ne pourrait imposer le respect de sa volonté qu'à la condition d'avoir toujours raison, car le vote de la majorité ne donne à la loi qu'une probabilité de justice. Elle n'est pas la justice même comme dans le système opposé. — Bien plus, comme la volonté de la majorité ne peut se mouvoir, d'après nous, que dans le cercle du droit, il y a une foule de points qui ne touchent pas au droit et sur lesquels la majorité ne peut légitimement disposer. Le droit et la justice dominent toutes les majorités, et comme, en réalité le droit n'est que le respect de la liberté humaine, le respect des conditions essentielles du libre développement de la nature de l'homme, la majorité est obligée de s'arrêter devant tout ce qui ne rentre pas dans la sphère politique. J'appelle toute votre attention sur ce fait capital et peu compris aujourd'hui, fait sur lequel je reviendrai souvent, parce que c'est là le fondement de la vérité pour la science et de la liberté pour les citoyens : — c'est que toutes les écoles socialistes, en reconnaissant à la volonté populaire un pouvoir absolu, ont fait sortir l'État du domaine que la nature lui assigne pour en faire un instrument de gêne et de tyrannie.

Sur ce point délicat, laissez-moi appeler à mon aide une voix plus puissante que la mienne, celle d'un des hommes qui ont le mieux compris et le plus sincèrement aimé la liberté, Benjamin Constant. Voici ce qu'il écrivait en mai 1815 dans ses *Principes de politique*, vous allez reconnaître la doctrine même de M. Royer-Collard, bien qu'assurément ces deux hommes ne fussent pas de la même école, mais la vérité est une, et lorsqu'elle est connue, elle réunit nécessairement les esprits les plus divers.

« Il n'existe au monde que deux pouvoirs : l'un illégitime, c'est la force; l'autre légitime, c'est la volonté générale. — Mais, en même temps qu'on reconnaît les droits de cette volonté, c'est-à-dire la *souveraineté du peuple*, il est nécessaire, il est urgent d'en bien concevoir la nature et d'en bien déterminer l'étendue. Sans une définition exacte et précise le triomphe de la théorie pourrait devenir une calamité dans l'application.

« Si l'on attribue à cette souveraineté une latitude qu'elle ne doit pas avoir, la liberté peut être perdue malgré ce principe, ou même *par ce principe*.

« L'erreur de ceux qui, de bonne foi, dans leur amour de la liberté ont accordé à la souveraineté du peuple un pouvoir sans bornes, vient de la manière dont se sont formées leurs idées en politique.

« Ils ont vu dans l'histoire un petit nombre d'hommes ou même un seul, en possession d'un pouvoir immense qui faisait beaucoup de mal; mais leur courroux s'est dirigé contre les possesseurs du pouvoir et *non contre le pouvoir même*. Au lieu de le détruire, ils n'ont songé qu'à le déplacer. C'était un fléau, ils l'ont considéré comme une conquête. Ils en ont doté la société entière ; il a passé forcément d'elle à la majorité et de la majorité entre les mains de quelques hommes, souvent dans une seule main ; il a fait tout autant de mal qu'auparavant, et les exemples, les objections, les arguments et les faits se sont multipliés contre toutes les institutions politiques.

« Dans une société fondée sur la souveraineté populaire, il est *certain* qu'il n'appartient à aucun individu, à aucune classe, de soumettre le reste à sa volonté particulière, mais il est *faux* que la société tout entière possède sur ses membres une souveraineté sans bornes.

« L'universalité des citoyens est le souverain dans ce sens que nul individu, nulle fraction, nulle association partielle ne peut s'arroger la souveraineté, si elle ne lui a pas été déléguée. Mais il ne s'ensuit pas que l'universalité des citoyens ou ceux qui, par elle, sont investis de la souveraineté, puissent disposer souverainement de l'existence des individus. Il y a, au contraire, une partie de l'existence humaine qui, de nécessité, reste individuelle et indépendante et qui est, *de droit*, hors de *toute compétence sociale*.

« La souveraineté n'existe que d'une manière limitée et relative. Au point où commence l'indépendance et l'existence individuelle s'arrête la juridiction de cette souveraineté. — Si la société franchit cette ligne, elle se rend aussi coupable que le despote qui n'a pour titre que le glaive exterminateur. La société ne peut excéder sa compétence sans être usurpatrice, la majorité, sans être factieuse.

« L'assentiment de la majorité ne suffit nullement dans tous les cas, pour légitimer ses actes; il en existe que rien ne peut sanctionner. Lorsqu'une autorité quelconque commet des actes pareils, il importe peu de quelle source elle se dit émanée; il importe peu qu'elle se nomme individu ou nation; elle *serait la nation entière moins le citoyen qu'elle opprime, qu'elle n'en serait pas plus légitime.*

« L'autorité du peuple n'étant pas illimitée, et sa volonté ne suffisant pas pour légitimer tout ce qu'il veut, l'autorité de la loi, qui n'est autre chose que l'expression vraie ou supposée de cette volonté, n'est pas non plus sans bornes. »

Je vous engage à méditer ces paroles d'un sincère ami de la liberté.

Ainsi le droit n'est point arbitraire; en d'autres termes, l'ordre social et ses lois, qui, pour n'être pas de même nature que celles de l'ordre physique, n'en sont pas moins certaines, c'est à la science qu'il appartient de les reconnaître; c'est au législateur de les formuler et de les faire respecter dans l'État.

Le droit n'est donc point, à proprement parler, l'œuvre de la volonté législative, le souverain fût-il le peuple tout entier. Le législateur est pour le monde moral ce que le physicien est pour le monde matériel. Il étudie, il découvre, il n'invente pas. Les lois, pour être bonnes, doivent être la déclaration d'un fait, d'un rapport que le législateur reconnaît et proclame, mais qui existait avant lui. Elles ne créent, ne déterminent, n'instituent rien, sinon des formes pour protéger, pour garantir ce qui existait avant leur établissement. C'est ce que M. Ballanche exprimait parfaitement par cette brève formule :

« Jamais une loi ne se fait, elle se promulgue. » Rousseau du reste a reconnu cette vérité, qui aurait dû lui faire sentir le vice de sa théorie où, au mépris de l'histoire, la volonté générale est réputée toujours infaillible.

« Si le législateur, dit-il dans son *Contrat social*, « se trompe dans son objet, établit un principe « différent de celui qui naît de la nature des choses, « l'État ne cessera d'être agité jusqu'à ce qu'il « soit détruit ou changé et que l'inévitable nature « ait repris son empire. »

S'il en est ainsi, il nous faut reconnaître cette loi naturelle, ce principe qui *naît de la nature des choses*. Comment y parviendrons-nous?

Est-ce la raison seule qui s'élèvera à la connaissance du juste, sans se préoccuper de l'expérience, sans s'inquiéter de cette foule de lois diverses, contradictoires, qui ont paru chez les différents peuples de la terre?

Est-ce la raison seule qui nous donnera pour le droit comme pour les mathématiques, des vérités absolues qui, une fois démontrées, s'imposent par leur évidence aux esprits de tous les temps et de tous les pays?

Ou bien, comme dans les sciences naturelles, est-ce à l'observation, à l'expérience que nous demanderons ce critérium, cette pierre de touche qui nous servira à éprouver toutes les législations que nous nous proposons d'étudier?

Vous voyez tout l'intérêt de cette question. — Tout à l'heure je vous disais que si le droit était arbitraire, variable au gré du législateur, il n'y avait point de science du droit, car qui dit science suppose un développement normal, une série de causes et d'effets étudiée et définie. La science n'est pas autre chose.

Maintenant que nous avons reconnu dans le droit un élément régulier, par conséquent une science possible, il faut déterminer la nature de cette science. Et je dis que, pour l'histoire du droit, c'est une question de vie ou de mort que de décider si le droit relève de l'expérience ou de la raison, car si la raison seule suffit pour reconnaître le principe du droit et en tirer toutes les conséquences nécessaires, il est évident que cette chaire est inutile; le droit, c'est alors la philosophie, ou tout au moins une branche de la philosophie, il n'a point d'histoire nécessaire à connaître.

L'histoire du droit aura sans doute une certaine utilité, pour aider et soutenir l'esprit humain à la recherche de la vérité. — C'est comme un échafaudage qui a son emploi tant que l'édifice n'est pas achevé, mais qui plus tard n'est plus qu'un embarras. Je ne dirai point avec Romagnosi qu'une fois la vérité trouvée, l'histoire du droit est dangereuse, mais je dirai qu'elle n'est que la très humble servante de la philosophie. — Elle devient, comme l'histoire des mathématiques, comme l'histoire des sciences naturelles, une étude curieuse de la marche suivie par l'esprit humain, mais c'est un élément étranger à la science qui n'en est pas moins parfaite pour celui qui épure son passé.

Vous voyez combien la question est intéressante et en même temps combien elle est délicate. J'appelle sur ce point toute votre attention.

Vous retrouvez ici en présence les deux méthodes que je vous ai signalées comme se disputant la jurisprudence, la méthode spéculative et la méthode expérimentale : l'une par laquelle l'esprit humain veut trouver en lui-même toute vérité et toute existence; l'autre par laquelle l'homme se sert de sa raison, non pas pour établir la vérité *a priori*, mais pour contrôler, pour critiquer les lois que lui révèle l'étude attentive du monde extérieur.

Comprenez bien, Messieurs, que la première école, puissante, nombreuse, qui a joué un grand rôle dans les révolutions politiques de ces cinquante dernières années, est encore maîtresse de beaucoup d'esprits. Cette école croit que la raison seule peut trouver en soi les principes du juste, les trouver, abstraction faite des temps et des lieux, et qu'avec ces principes elle peut tracer à grands traits la ligne de conduite la plus parfaite pour l'humanité.

L'autre école, au contraire, qui se rattache à Aristote dans l'antiquité, à Bacon dans les temps modernes, croit que la raison seule est impuissante à nous faire connaître la nature humaine et ses besoins. Elle prétend que c'est seulement par l'observation patiente des faits, en les classant, en étudiant les dissemblances et les analogies, en tenant compte de mille influences qui échappent au raisonnement pur, qu'on obtiendra certains principes directeurs, sinon universels, du moins généraux, qui, par exemple, s'ils ne conviennent pas à tous les peuples de l'univers, pourront être reçus par toute la Chrétienté ou par toute l'Europe.

Cette école qui est la nôtre, et qui, de nos jours, a été défendue par Burke en Angleterre, par Ancillon et Savigny en Allemagne, admet, comme l'école métaphysique, que l'idée du droit est l'une des idées qui découlent de notre nature, reposant sur les fondements universels et nécessaires qui constituent notre raison.

Elle admet encore que la notion du juste, comme celle du vrai, comme celle du beau, comme celle de l'infini, est innée dans l'homme ; qu'il faut sans doute, pour éveiller cette notion première, un fait extérieur, mais que ce fait est pour nous l'occasion, et non pas la cause de l'idée du juste : c'est ainsi qu'un monument éveille ou réveille en nous l'idée du beau. Si ces idées premières n'étaient pas dans l'homme, rien n'aurait pu lui en donner le besoin et la démonstration.

Mais dès le premier pas, les deux écoles se séparent pour prendre chacune une direction opposée.

L'école métaphysique laisse la raison s'enfermer en elle-même pour établir *a priori* un principe dont elle déduit les conséquences par un procédé tout de logique. La raison n'y joue pas seulement un rôle critique, mais un rôle créateur.

Au contraire, pour l'école expérimentale, le droit a sans doute sa raison première dans la raison, mais on ne peut le séparer de la réalité des choses. Comme toutes les sciences morales et politiques, son objet, c'est l'homme. La nature du droit, comme le dit Cicéron, tient donc de la nature de l'homme : *Natura juris ab hominis repetenda est natura ;* c'est une science qui se rapporte à la vie, au développement physique, moral, intellectuel de l'espèce ; c'est, par conséquent, une science d'évolution, de progrès, et qu'on peut étudier, abstraction faite des êtres vivants.

Or la vie est un phénomène extrêmement complexe et soumis aux influences les plus diverses, influences de climat, de territoire, de race, de besoins, d'habitudes, de croyances, d'idées.

La raison est impuissante en pareil cas, car la raison ne devine pas les faits. Elle peut les apprécier, les expliquer, en déduire les conséquences, mais elle ne peut les inventer. Et comme ces faits sont variables à l'infini, les hypothèses sont toujours fausses. La science a beau les accumuler, elle ne fait qu'encombrer sa route sans avancer d'un seul pas. Que diriez-vous d'un médecin qui, par la force du raisonnement, se faisant une idée théorique plus ou moins juste de la nature humaine, en déduirait une hygiène universelle, qui, par suite, ne pourrait tenir compte ni du climat, ni du genre de vie, ni de l'âge, ni des habitudes, ni de toutes les circonstances externes et internes qui modifient le tempérament, non seulement des individus, mais des peuples, et donnent à chacun d'eux une physionomie particulière? Cette science ne serait-elle pas une abstraction pure, et, faite avec les meilleures intentions pour servir à tous les hommes, n'arriverait-il pas que, par sa généralité même, elle se trouverait ne convenir à personne?

Eh bien! Messieurs, depuis cinquante ans on fait de la législation et surtout de la législation politique, comme un médecin ferait de l'hygiène. On prétend que la raison seule fournisse la plus parfaite constitution, sans voir que la raison est impuissante sur ce point.

Au lieu d'observer, d'étudier les lois de la nature humaine, de considérer le droit comme une résultante de la vie sociale, comme un produit nécessaire des idées et des besoins, le législateur invente, imagine, tire tout de son propre fonds; c'est pour un être idéal, pour un État imaginaire qu'il dresse un plan de gouvernement parfait; puis sa théorie terminée, il l'impose à la nation et au lieu de laisser l'individu se développer en liberté, au lieu de s'en servir comme d'une force libre qu'on dirige, il l'étend ou le mutile sur ce lit de Procuste qu'a dressé sa fantaisie. Ce n'est pas pour son pays seul qu'il travaille, son but est plus noble, c'est pour l'humanité.

Mais cet homme imaginaire qui n'a ni passé, ni habitudes, ni besoins, ni idées, ni passions, cet homme n'existe pas, c'est une chimère. Et c'est à cette chimère, à cet être abstrait et fictif qu'on sacrifie des êtres vivants, raisonnables, sensibles, qu'il eût fallu connaître avant de leur imposer des lois que leur nature repousse.

19 mai 1849.

MESSIEURS,

Dans la dernière leçon nous avons commencé à étudier le droit en lui-même; nous nous sommes demandé quelle était sa nature, et quelles lois présidaient à son développement.

Nous avons distingué la loi, qui n'est que la volonté du législateur, du droit, règle de la vie sociale que nous font connaître l'expérience et la raison. Loin de tirer sa force de la volonté du législateur, loin de venir de la loi, c'est, au contraire, le droit qui donne à la loi son autorité, qui est le principe supérieur dont elle relève, dont elle émane.

Une loi injuste, contraire au droit, est une loi mauvaise; car, à moins de vouloir ériger le caprice du législateur en principe suprême et universel, on en arrive à ce singulier résultat qu'en définitive la volonté du législateur, dès qu'elle ne se légitime pas par un principe que reconnaît la raison, se réduirait à la force qui la fait respecter ; c'est la force qui serait le droit.

Après avoir établi que le droit n'est pas arbitraire, que l'ordre social a ses règles comme l'ordre physique a ses lois, nous nous sommes demandé comment la science pouvait découvrir les rapports qui existent entre des êtres intelligents, libres et

sociables, comment le législateur pouvait les reconnaître, avant de les sanctionner sous forme de
loi, en appelant à leur aide toute l'autorité, toutes
les forces de la société. — Et recherchant si la raison
seule, sur une notion plus ou moins parfaite de la
nature humaine, pouvait déduire d'un principe
a priori toutes les règles de la vie sociale, il nous
a semblé que la raison était impuissante à atteindre
un pareil résultat et qu'il lui fallait l'appui de l'expérience.

La raison est cette faculté mentale qui conçoit
les principes généraux des choses ; mais à moins
de tomber dans l'idéalisme et de vouloir me per-
suader que j'existe seul ici-bas, que le monde qui
m'environne n'est qu'une apparence, il faut bien
admettre que les choses existent en dehors de ma
personne et de ma raison. Or, ces choses qui existent en dehors de moi, je ne puis évidemment les
étudier en moi-même, il me faut donc les examiner,
les observer, me servir de ma raison pour critiquer
le résultat de mes observations et non pour y sup-
pléer. En un mot, je le répète, on observe la nature,
on ne l'invente pas.

Or la vie des hommes est un fait naturel, la résultante d'une foule de causes naturelles que la
raison ne peut deviner. Est-ce le raisonnement, par
exemple, qui, avant toute étude pratique faite sur
le corps humain, peut m'apprendre comment se
passe le phénomène de la digestion ou de la circu-
lation du sang ? Est-ce le raisonnement qui peut me

faire connaître l'influence exercée sur les idées morales de l'humanité par le mahométisme et le christianisme ou le culte des idoles ? Est-ce encore le raisonnement qui peut me révéler les nuances, infinies dans la manière de voir et de sentir qui donnent à l'homme du Nord et à l'homme du Midi des désirs et des besoins tout différents ?

Ce qui est vrai de la vie de l'homme ne l'est pas moins de la vie des nations. Si ce mot de nation ne nous faisait pas illusion, si nous pouvions percer ce nuage d'abstractions dans lequel nous vivons depuis un demi-siècle, nous verrions que ce mot n'est que la formule qui désigne des créatures vivantes, sensibles, sympathiques, que par conséquent ce qu'on nomme la vie d'une nation n'est que l'expression commune, la somme de toutes ces existences particulières ; qu'elle est modifiée par des causes qui échappent à la raison pure, le temps et l'espace. Il y a, pour les nations, comme pour les individus, une influence de climats, de races, d'habitudes, de croyances, de besoins et d'idées que l'observation découvre facilement, mais qui échappent à tout raisonnement *a priori ;* car encore une fois, ce sont des faits extérieurs, que l'esprit reconnaît mais qui ne sont pas en lui.

Or toutes ces causes, qui réagissent perpétuellement l'une sur l'autre, modifient sans cesse les rapports des hommes entre eux. Le droit varie donc perpétuellement, non dans son essence qui est le respect de la nature humaine, l'égalité maintenue entre des individus dont aucun ne peut se prétendre supérieur à l'autre, mais dans son expression, dans sa manifestation, dans sa matière.

Au sage qui s'enferme en lui-même et qui veut tirer de son cerveau la science du droit sans le secours du monde extérieur, la raison démontrera bien qu'il existe un ordre universel, que par conséquent il y a une règle des rapports humains, règle divine, invariable, éternelle qui est Dieu lui-même. Mais cette démonstration, si importante pour la science, n'est pas la science même, et il restera toujours à savoir où nous pouvons chercher, étudier, reconnaître cette règle supérieure dont la raison nous atteste l'existence.

Pour moi il n'y a qu'une manière de dégager cette règle, c'est de l'étudier dans les rapports qui la contiennent, comme on dégage une loi chimique en analysant les corps qui en quelque façon les renferment. Si vous supprimez l'analyse vous supprimez la chimie, quoique, *a priori*, vous puissiez parfaitement démontrer que dans les corps organisés il y a certaines lois nécessaires qui doivent présider à l'arrangement des parties, à leur combinaison et à leur décomposition.

Supposez des aveugles de naissance, et dites-leur que les mondes marchent d'après des lois certaines; quelle astronomie pensez-vous que tirera de son cerveau chacun de ces hommes à qui l'étude des phénomènes est interdite? — De même, si vous supprimez l'observation, l'analyse des rapports humains tels qu'ils existent, tels que l'expérience vous les donne, vous anéantissez toute science. Vous raisonnez sur des possibilités, c'est-à-dire sur des combinaisons à l'infini. Votre droit naturel est une abstraction, une chimère ; il y a autant de droits naturels que de philosophies.

Or, tenez pour certain que si la science n'est pas *une*, elle n'est pas véritable ; il n'y a pas plusieurs chimies, plusieurs anatomies, plusieurs physiques. Si l'observation physiologique nous apprend que l'homme ne peut vivre sans respirer, l'observation sociale nous apprend également que la liberté est la condition du développement humain et que sans liberté il ne peut subsister que des États maladifs destinés à périr. — Et pourquoi n'y a-t-il pas plusieurs chimies et plusieurs physiques ? C'est parce que ces sciences sont basées sur l'étude des phénomènes, sur des expériences faites, que chacun peut vérifier et qui jusqu'à démonstration contraire sont tenues pour la vérité. Eh bien, Messieurs, il en est des sciences morales comme des sciences naturelles, elles reposent aussi sur des phénomènes parfaitement appréciables, leur domaine est positif et non métaphysique ; il ne doit donc pas y avoir plusieurs philosophies du droit.

Qu'il n'en soit pas ainsi, vous le savez déjà. En partant de ce faux principe que la raison seule pouvait trouver en soi tous les rapports humains et les régler, on devait en arriver forcément à ce résultat que chaque école philosophique, je dirai presque chaque individu, construirait un droit naturel à son image.

Chacun sans doute a cru trouver le grand principe, la vérité absolue, mais chacun a pris pour la vérité le mirage de ses propres idées ou des idées de son temps, et on peut leur appliquer ce que le *famulus* disait à Faust : « Ce que tu prends « pour l'esprit des siècles, c'est ton propre esprit « où les siècles se réfléchissent. »

Aussi avons-nous vu les systèmes succéder aux systèmes, jusqu'au moment où l'esprit humain fatigué de cette poursuite sans fin et tristement convaincu de son impuissance en est venu à blasphémer, à maudire toute philosophie, et à ne plus croire qu'à l'empire des faits.

Quel a été le résultat de cette fausse direction ?

Un divorce perpétuel entre la jurisprudence et la philosophie. Le législateur a repoussé ce prétendu droit naturel démenti par l'histoire, en opposition avec les sentiments les plus intimes de la nature humaine, quelquefois en contradiction avec le sens commun. Le scepticisme s'est emparé des esprits. Par horreur de ces vagues et fausses théories on n'a plus voulu que de la politique d'expédients. Et comme la science n'expliquait ni le passé ni l'avenir, comme elle ne donnait pas la loi du développement humain, on a préféré s'enfermer, s'immobiliser dans le présent, en s'imaginant que ce terrain qui change tous les jours ne manquerait pas sous les pieds.

Pour vous faire toucher du doigt l'impuissance

et l'erreur de ces théories qui demandent à la raison ce que la raison seule ne peut pas donner, je vous exposerai brièvement les deux systèmes les plus remarquables : Celui de Kant qui depuis son apparition en 1797, a dominé jusque dans ces dernières années la science du droit naturel dans toute l'Europe, et non seulement le droit naturel mais le droit politique et le droit pénal. Propagé par des fervents disciples, vulgarisé par d'innombrables manuels, le système de Kant est aujourd'hui profondément entré dans l'esprit de beaucoup de gens qui ne l'ont jamais étudié.

Nous examinerons aussi la philosophie de Hegel, conception qui accuse chez son auteur une dextérité de raisonnement, des ressources de dialectique incomparables, mais qui n'est qu'un sophisme perpétuel, la négation organisée et qui, par ce côté, a exercé et exerce encore la plus fatale influence sur l'Allemagne et sur la France, pays où on l'a beaucoup pillé sans le nommer.

Mais avant de vous exposer ces deux théories, permettez-moi de bien vous expliquer en quoi la méthode expérimentale diffère de toutes les méthodes métaphysiques ; vous saisirez alors quel est son véritable caractère.

Vous verrez qu'en donnant à l'observation et à l'expérience une grande place elle fait néanmoins une large part à la raison humaine, vous comprendrez également qu'elle admet parfaitement la nécessité d'une philosophie. Seulement, tandis que

les métaphysiciens veulent construire *a priori* une
philosophie en l'air qui ne tient pas au monde réel,
et qui cependant absorbe tout en elle, pour l'école
expérimentale la philosophie n'est que la généralisation des faits étudiés, la loi déduite de l'expérience, le dernier mot de l'observation. En un mot
l'école métaphysique place la philosophie au début
et en fait toute la science, tandis que pour l'école
positive, la place de la philosophie est à la fin, c'est
le couronnement de l'édifice.

« Ceux qui ont traité les sciences, a dit Bacon,
« ont été des empiriques ou des dogmatistes ; les
« empiriques font comme les fourmis, ils amassent
« et usent de ce qu'ils ont amassé. Les rationa-
« listes sont comme l'araignée qui tire son fil
« d'elle-même. — Le procédé de l'abeille est inter-
« médiaire. Elle emprunte la matière aux fleurs
« des champs et des jardins, mais elle la transfor-
« me et la distribue par une faculté qui lui est
« propre. »

« *Qui tractaverunt scientias, aut empirici aut
dogmatici fuerunt. Empirici, formicæ more conge-
runt tantum et utuntur. Rationales aranearum more
telas ex se conficiunt. Apis vero ratio media est quæ
materiam ex floribus agri et horti elicit, sed tamen
eam propria facultate vertit et digerit.* »

Cette réflexion si ingénieuse et si juste de Bacon
pourrait servir de devise à la méthode expérimentale. Il importe de bien sentir que le véritable esprit positif n'est pas moins éloigné du fond de l'em-

pirisme que de la métaphysique transcendante qui prétend remplacer l'observation par le raisonnement et ne le remplace en réalité que par l'imagination. — Il n'entend point priver la raison de ses droits parce qu'il la renferme en de justes limites comme puissance critique et non comme faculté créatrice. — La vie donne les faits, la raison les contrôle, lie *par similitude* ceux qui coexistent, par *filiation* ceux qui se succèdent, et déduit les lois des phénomènes observés. La science a ainsi un double élément de progrès, mais comme la vérité est une, il faut que faits et principes rentrent l'un dans l'autre et s'expliquent mutuellement.

Les faits doivent pouvoir être ramenés à des vues générales, rattachés à certains principes ; il faut, en d'autres termes, qu'on connaisse leurs lois, leur raison d'être.

Les principes doivent s'appliquer aux faits et les vues générales contrôlées, confirmées par l'expérience, doivent être en harmonie avec les faits.

Sans les vues générales qui enchaînent les phénomènes et les classent à leur place, les faits ne sont que des matériaux épars sans valeur par eux-mêmes. L'histoire est une langue dont nous n'avons pas le secret. Le passé n'est pour nous qu'un amas de ruines et de débris, le plan de l'édifice est perdu.

Sans le détail des faits, les vues générales ne sont que des formes vides de sens, de simples cadres de tableaux ; et si nous ne tenons aucun compte des principes, les faits nous dominent, nous marchons comme des aveugles sans savoir d'où nous venons et sans prévoir où nous allons.

Voulons-nous passer à la pratique, la réalité nous échappe. Nous vivons dans un monde de fantaisie; nous rêvons, ce qui est sans danger pour le savant, mais ce qui devient un inconvénient sérieux quand c'est le législateur qui rêve et qui prend la société comme *anima vilis* de ses expériences.

Veut-on savoir où peut s'égarer un beau génie qui cherche par les seules forces de la raison à construire une république idéale pour cet être chimérique, cette abstraction que les philosophes appellent l'homme, c'est-à-dire tout autre chose que l'être vivant et sensible, que dans la vie commune on désigne sous ce nom, qu'on lise la *République* de Platon. On y verra, en vertu de principes abstraits, l'esclavage conservé, les classes ouvrières vouées au mépris, la communauté des femmes et des enfants établie, et en certains cas l'infanticide et l'avortement consacrés.

Voulez-vous voir maintenant où va la politique dès que, tout entière aux faits de l'heure présente, elle n'aperçoit ici-bas que des accidents et des individus, et gouverne le monde par des expédients, lisez le *Prince* de Machiavel. Quel que soit le motif qui ait décidé le Florentin à écrire ce livre abominable, les conséquences de son raisonnement sont rigoureuses, César Borgia assassinait en logicien.

En résumé, les idéologues sont aussi dangereux

que les empiriques. — La véritable science n'est pas celle qui conclut sans observer, ou qui observe sans conclure, mais celle qui observe d'abord pour conclure après. Elle veut *voir* pour *prévoir*, étudier ce qui est, afin de préjuger ce qui sera. L'étude des faits en premier lieu, ensuite l'observation, la généralisation; l'histoire aussi d'abord, puis comme résumé, comme conclusion de l'histoire, la philosophie. C'est là toute l'école positive, rien de plus, rien de moins.

Revenons maintenant au système de Kant, nous y trouverons la confirmation de cette vérité qui est pour moi toute la science, c'est que la raison est impuissante sans l'observation. — Si le plus vaste génie métaphysique des temps modernes n'a pu réussir, par les seules forces de la raison, à établir un système de droit naturel acceptable, c'est assurément qu'il faut chercher la base de la science ailleurs que dans le raisonnement seul.

Quelques mots d'abord sur l'état des esprits au moment où Kant formule sa théorie.

Jusqu'au XVI° siècle on ne s'occupait guère de recherches philosophiques sur la nature du droit; le moyen âge vivait sous l'empire de la foi pour la religion, de la coutume pour la politique; c'était en ces deux points, comme pour tout le reste, un respect profond de la tradition; c'était vers le passé que se tournaient les nations. Quand on voulait une réforme, on demandait le retour aux vieilles coutumes, et le premier serment qu'on demandait au seigneur, c'était le respect des libertés établies, des *privilèges*, c'est-à-dire des usages anciens. Le passé, c'était l'âge d'or.

Le même principe donnera la réforme toute basée sur cet argument que le Christianisme a été détourné de sa voie primitive et que la profanation est flagrante dans les Églises.

Avec la réforme, la pensée s'émancipe, la raison reconquiert ses droits; la polémique amène un grand nombre d'ouvrages dans lesquels les questions de droit naturel et de politique sont examinées avec un esprit plus ou moins libre. L'Écriture sainte y jouait un grand rôle, et c'était à elle qu'on en appelait en dernier ressort; il est vrai que chacun l'interprétait à son gré.

Mais bientôt on alla plus loin, on admit un droit de raison indépendant de toute autorité extérieure, de toute puissance dogmatique.

Il était bon d'admettre la raison comme seul critérium de la légitimité des institutions humaines, c'est dans cette voie qu'étaient entrés Grotius, Leibnitz, Thomasius, Locke; mais on voulut aller plus loin, on crut que la raison seule pouvait, sans s'inquiéter de la réalité des choses, déterminer les règles de la vie sociale.

En France le mouvement fut tout politique ; on fit une révolution pour rompre avec le passé et pour fonder un nouvel État, une nation neuve sur les seules bases indestructibles de la liberté et de l'égalité.

En Allemagne, le mouvement ne se fit que dans

les intelligences, et la révolution fut purement théorique; mais ce furent les mêmes idées qui dominèrent. Il y a un parallélisme singulier entre les principes proclamés par la Révolution française, et ceux qu'établissait, au fond d'une petite ville d'Allemagne, dans le silence du cabinet, le plus sage et le plus pacifique des philosophes, l'illustre Kant.

Vous allez reconnaître, dans sa théorie, les droits de l'homme déduits de l'idée de liberté, et l'égalité comme conséquence de cette liberté originelle. Le *Contrat social* a singulièrement déteint sur ces doctrines.

Kant rejette l'hypothèse inutile d'un état de nature, ainsi que l'ancienne doctrine de Grotius qui faisait dériver le droit de l'instinct de sociabilité, doctrine peu précise, mais qui avait le grand avantage de tenir compte des faits de la vie, et qui avait exercé en son temps sur le droit une profonde et salutaire influence.

C'est par la spéculation pure que Kant veut retrouver le droit primitif, le droit éternel qui oblige tous les âges et tous les peuples; il n'admet rien dont il n'ait démontré ou cru démontrer la nécessité logique. Il ne tient compte ni de la vie, ni de l'histoire; il considère l'homme de façon abstraite, comme un être de raison. Il ne peut pas l'étudier dans la société, dans le monde, pour rester fidèle à ses principes philosophiques, car ce serait l'expérience qui lui répondrait, et pour Kant toute connaissance empirique ne peut prétendre à la certitude scientifique.

Vous voyez combien le problème est mal posé; ce n'est pas l'homme vivant qu'il étudie, c'est l'homme abstrait; ce n'est pas l'homme social, Kant ne connaît pas le monde. Il fait de l'astronomie les yeux fermés. Des lois formulées pour un être de raison conviendront-elles aux êtres réels qui couvrent la terre? Non, évidemment, et alors qu'est-ce que toutes ces théories sinon de simples jeux d'esprit? Indiquons-les cependant.

Kant établit d'abord, d'après Thomasius, la distinction de la morale et du droit.

Il remarque que les actions des hommes sont de deux sortes :

Les unes *internes* qui sont du domaine de la conscience;

Les autres *externes* qui concernent les relations des hommes entre eux.

Les dernières seules sont obligatoires, et peuvent être exigées. Elles sont l'objet des lois positives. L'idée de droit emporte donc l'idée de contrainte, et l'État est l'institution sociale qui, par la force, fait régner le droit ou la justice et punit sa violation.

En d'autres termes, l'État est une communauté d'hommes vivant sous l'empire du droit. Or les hommes étant tous égaux de nature, comme êtres libres et raisonnables, ne peuvent vivre en communauté que sous la condition que la liberté de chacun puisse coexister avec la liberté d'action de tous, et par conséquent que la liberté de tous limite la liberté de chacun; en conséquence, Kant définit le droit:

« L'ensemble des conditions sans lesquelles la
« liberté extérieure de chacun ne peut coexister
« avec la liberté de tous. » Et il appelle *juste* toute
action qui, faite par tous, ne porterait atteinte à la
liberté de personne.

Telle est, Messieurs, réduite à sa plus simple
expression, la doctrine de Kant. Pour lui, comme
pour Fichte, tout le droit se résume en une seule
maxime : « Tu as droit d'être libre, et tu dois respecter la liberté des autres; » ou encore : « sois une
personne, et respecte les autres comme des personnes. » — Ainsi le seul droit que l'homme apporte
avec lui, c'est la liberté qui fonde tous les autres; et
comme ce droit appartient à tous les hommes, il
comprend virtuellement l'égalité. Cette définition
est parfaitement vraie, et l'observation de Kant est
absolument juste. Il n'y a pas de droit sans respect
de la liberté, mais ce principe qui, au reste, était
celui des politiques du xviii° siècle ; ce principe
exclusif est singulièrement étroit, et il n'épuise
qu'une partie de l'idée du droit ; si l'on veut tout
expliquer avec cette idée exclusive, on arrive à des
conclusions fausses et forcées.

C'est ainsi, par exemple, que Kant est obligé de ne
considérer que comme simples moyens de protéger
la liberté, des institutions qui réellement n'en dérivent pas, et dont néanmoins aucun État ne saurait
se passer : Telles sont l'Instruction publique, l'Assis-
tance des pauvres et ce grand ensemble d'organes
de l'État que nous nommons d'un mot: l'Adminis-

tration. — L'Économie politique devient alors la sauvegarde de la liberté. Ainsi le but de la vie sociale échappe à Kant, ce but qu'on peut définir : l'amélioration continue de la nature humaine, non seulement individuelle mais collective, dans les limites que fixent les lois réelles tant extérieures qu'intérieures.

Et ce n'est pas tout : comme son principe n'épuise pas l'idée du droit, il y a des institutions tout à fait mauvaises ou immorales que Kant ne peut proscrire ; car elles ne portent atteinte à la liberté de personne ; par exemple l'inceste, la débauche, la polygamie qui ne portent préjudice à la liberté de personne lorsque les parties sont d'accord.— Et d'un autre côté toute restriction imposée à mon droit de propriété par la société est souverainement injuste, puisque dans ces restrictions, c'est le bien-être général qui est ordinairement intéressé et nullement la liberté d'autrui.

La maxime romaine adoptée par toutes les nations : *reipublicæ interest ne quis re sua male utatur*, est ici sans application. Et je ne vois pas pourquoi vous m'empêcheriez de défricher un bois, dussé-je par suite tarir une source ou dénuder le sol, car vous gêneriez ma liberté, non pas au profit de la liberté, mais au profit de l'*intérêt* d'autrui ; or c'est un principe que vous ne reconnaissez pas.

Le système de Kant est si évidemment incomplet que ses successeurs ont essayé de combler cette lacune, et qu'à côté de ce droit primitif de la liberté qui doit expliquer tout le reste, on a admis comme droits primitifs, le droit de l'homme sur les choses, et le droit de l'homme sur lui-même, c'est-à-dire qu'on a demandé à l'expérience quelques résultats qu'on a arbitrairement érigés en principes absolus.

Nous venons de voir que le principe de la liberté est exclusif et par conséquent que la doctrine est incomplète ; mais ce principe même, tout rationnel qu'il soit, ne mène à rien. C'est une forme vaine, un simple cadre. Kant nous dit bien qu'il faut respecter la liberté d'autrui, mais il ne nous dit pas ce que c'est que cette liberté, quelle est sa latitude, sa sphère d'action ; si bien qu'il nous abandonne dès le premier pas dans le monde réel.

Car enfin, je veux bien respecter la liberté d'autrui, mais je veux aussi conserver la mienne ; et dans ces relations perpétuelles des hommes entre eux, à quel signe reconnaître où s'arrête mon droit, où commence mon devoir ; où trouver la règle de la liberté ?

Remarquez que le rapport est sensible entre le principe de droit et le principe de la morale tel que Kant l'établit. L'un et l'autre sont de pures formes ; ce sont des limites, mais ces limites, nous ne savons où les placer. Vous connaissez en effet le principe moral de Kant ; il se résume dans la maxime : *Agis de manière que le motif de tes actions puisse devenir une loi universelle.* — Cette maxime ne nous dit pas en quoi consiste le bien, quel est le caractère, le signe distinctif de cette loi que nous devons nous efforcer d'atteindre ; elle nous donne le cadre de la moralité, mais nous laisse ignorer sa nature et son essence.

De même le principe de justice qui consiste, nous l'avons dit, dans la coexistence de la liberté de tous et de chacun, n'est que la forme extérieure, la limitation du droit. Il ne nous fait pas connaître ce qu'est le droit, il ne nous apprend rien sur l'usage de la liberté.

Et remarquez que si la liberté, qui n'est qu'une faculté, un moyen d'atteindre le but, que si cette faculté se développe suivant le degré de civilisation d'un peuple, son étendue variera singulièrement suivant les temps et les lieux, si bien que, comme je l'indiquais tout à l'heure, la question ne sera pas de savoir si la liberté a des limites, mais où ces limites doivent être posées.

Or, si le droit ne nous apprend pas où l'on doit placer ces bornes, quelle science donc nous l'apprendra ?

Est-il vrai d'abord que la liberté varie d'étendue et d'intensité suivant les siècles et les pays ? Il ne faut pas longtemps pour s'assurer de ce fait presque évident. Vous admettrez difficilement, je pense, que le mot de liberté puisse avoir le même sens en France, en Égypte, en Chine et à la Nouvelle-Zélande. Il est clair que ce n'est rien moins qu'un principe absolu. — Et quant à ce que je nomme l'intensité, le degré de liberté, vous allez voir combien il est variable dans un même pays. Je prends pour exemple la France.

Il est facile d'énumérer tout ce que nous entendons aujourd'hui par la liberté.

Cette idée comprend à la fois pour nous la liberté individuelle, la liberté religieuse, la liberté d'opinion, la libre jouissance de la propriété, enfin la liberté politique.

Mais évidemment, même en admettant, ce qui est fort douteux, qu'à toutes les époques la France ait eu le besoin et le désir de toutes ces libertés, elle ne les a pas toujours entendues de la même façon qu'aujourd'hui.

Par exemple la liberté d'opinion comprend pour nous la liberté de la presse la plus étendue. Mais il y a trente ans on ne confondait pas la liberté des journaux avec la liberté d'imprimer, et, sans être bien vieux, je me rappelle un temps où on considérait comme une conquête d'accepter la censure pour les journaux et d'en excepter les brochures de plus de vingt feuilles.

Aujourd'hui même, si le plus grand nombre est d'accord que toute mesure préventive contre la liberté de la presse est funeste, tout le monde n'admet pas que la presse ne soit souvent un instrument dangereux, ni que l'état actuel soit l'état définitif, organique de cette liberté.

Pour beaucoup de personnes la liberté des théâtres est une conséquence forcée de la liberté d'opinion ; pour d'autres, au contraire, il est nécessaire de s'arrêter en deçà de l'excès de licence que les Athéniens applaudissaient dans Aristophane.

La liberté d'enseignement la plus absolue est pour un grand parti la conséquence obligée de la liberté d'opinion et de la liberté religieuse. Pour un autre parti, il n'est pas démontré que l'État n'ait pas à faire valoir en cette matière un droit égal ou supérieur à celui de l'individu.

Aujourd'hui nous ne comprenons la liberté politique qu'avec le suffrage universel; mais hier l'opinion générale était loin d'aller jusque-là et je crois qu'on se fût contenté d'un droit électoral beaucoup plus restreint.

Ainsi, vous le voyez, dans un même pays, dans le même temps, rien n'est moins défini que ce mot de liberté qui est aussi vieux que le monde, et c'est là, pour le dire en passant, la grande erreur de toutes les déclarations de droits.

Tant qu'on n'en vient pas à la définition, rien n'est plus splendide, ni plus sonore que ces affirmations générales : elles promettent tout, même l'impossible.

Quand on en vient à la définition, à l'application, on voit qu'elles ne donnent rien de plus que ce qui existe dans la législation positive et qu'elles sont vraiment si générales, que convenant à tout. le monde elles ne servent à personne.

C'est donc dans les lois positives et non pas dans les abstractions qu'il faut mettre la liberté; car ce qui constitue un droit, ce n'est pas son énonciation, retenez bien ceci, mais sa définition. Un droit seulement proclamé est une pure abstraction, c'est à la fois tout et rien.

En résumé, si l'idée de liberté est progressive, illimitée, subordonnée au but que l'on veut atteindre et variant avec lui, on voit que la formule de Kant est une formule stérile, purement négative qui équivaut à dire que l'homme est sans droits sur la personne d'autrui. — Ce n'est donc point un idéal, un type de perfection, un modèle de législation que le droit naturel de Kant, c'est une conception abstraite qu'on ne pourrait éliminer sans détruire la notion même du droit. Il est vrai que sans liberté, il n'y a pas de droit, mais il n'en résulte pas que la liberté soit le droit tout entier ; reste donc à trouver une formule exacte et complète.

Mardi, 22 mai 1849.

Messieurs,

Dans la dernière leçon, comme exemple frappant des vices du système métaphysique en matière de droit, nous avons choisi Kant l'auteur le plus justement célèbre et le plus répandu.

Kant, avons-nous dit, s'isolant du monde réel, rejetant l'expérience, a demandé à la seule réflexion des lois pour l'homme considéré comme être raisonnable, et il a réduit le droit à ce seul principe : Coexistence de la liberté de chacun avec la liberté de tous, principe universel et avoué par la raison. Kant définit le droit : L'ensemble des conditions sous lesquelles la liberté extérieure de chacun peut coexister avec la liberté de tous — et il appelle *juste*, toute action qui, faite par tous, ne porterait atteinte à la liberté de personne.

Le principe posé par Kant est vrai, mais nous lui avons fait deux reproches : il est incomplet ; il n'épuise pas l'idée du droit. — Mais ce n'est pas tout, et ce principe purement négatif ne mène à rien. Vous allez le voir.

Me voici en possession de cette règle de conduite : Je dois respecter la liberté d'autrui ; comment rattacher à ce principe négatif les principes positifs de la science ? comment faire sortir une règle d'action d'une règle d'abstraction ? Comment, par exemple, en déduire les droits et les obligations qui naissent du mariage ou des conventions? — Hegel a reproché avec raison au système de Kant de n'être pas pratique; demandez-vous si la propriété vaut mieux que la communauté, ou si la communauté est préférable à la propriété, vous verrez que dans la doctrine de Kant on peut également défendre les deux propositions.

Allons plus loin. On me dit de respecter la liberté d'autrui et ma raison reconnaît la vérité, l'universalité de cette maxime. Mais cette liberté qui fait concurrence à la mienne et qui, comme la mienne, est illimitée, où s'arrêtera-t-elle? Qui posera la borne entre mon droit et celui d'autrui? entre les droits de l'individu et les droits de l'État ? Qui décidera si je ne vais pas trop loin ou si au contraire, je ne suis pas sacrifié?

Serait-ce la volonté générale qui déterminerait la sphère de la liberté individuelle? Mais alors nous voilà retombé dans toutes les erreurs de Rousseau.

Le droit ne sera plus que la volonté du plus grand nombre, ce qui équivaut à dire qu'il n'y aura plus de droit. Tout sera bien ou mal, juste ou injuste, suivant le caprice de la majorité.

Est-ce la raison, et la raison seule qui déterminera les conditions sous lesquelles la liberté de chacun peut coexister avec la liberté de tous?

Remarquez d'abord que quelle que soit en théorie cette *Raison* supérieure, dans la pratique ce sera la raison particulière de chacun qui décidera, et qu'en définitive, ce sera encore la volonté de la majorité qui fera la loi.

Mais comment la Raison seule pourrait-elle arriver à cette détermination si la sphère de la liberté change en chaque pays, en chaque siècle, presque en chaque lustre. Voyez si on entend de même la liberté individuelle en France et en Angleterre ; si la liberté religieuse a le même sens à New-York et à Paris, si la liberté d'enseignement est comprise en Allemagne comme en Belgique et je ne choisis que des pays vieillis dans la pratique de la liberté ; où donc trouver le compas qui tracera le cercle où doit s'enfermer la liberté de chacun ?

Et remarquez que si la théorie ne me répond pas, si elle ne me donne pas les moyens de poser des bornes qui se déplacent avec les progrès de la cilivisation, la théorie m'est inutile, car l'objet du droit, l'objet de la science est précisément de déterminer la sphère dans laquelle peut agir la liberté de chacun.

Or vous le voyez, Kant ne peut rien m'enseigner sur ce point. De son principe négatif il est impossible de déduire une règle d'organisation, d'une loi faite pour l'homme abstrait, on ne peut tirer une application à l'homme vivant et libre. — La vie, la liberté sont d'un monde que Kant ne connaît pas.

Son système a encore un grave défaut qui lui est commun avec les autres doctrines rationnelles qui, ramenant tout à l'individu, ne tiennent pas un compte suffisant de la société, et ne voient dans

l'État que le protecteur, le garant des libertés individuelles.

L'égoïsme est au fond de toute théorie qui veut
appliquer au droit une méthode bonne peut-être
pour l'étude de l'homme isolé, mais mauvaise quand
il s'agit d'étudier l'homme en société. Que pour se
connaître l'individu se fasse centre du monde et
l'étudie dans ses rapports avec lui-même ; que tout
ce vaste ensemble ne soit pour lui que le *non-moi*,
c'est un système qui peut se défendre ; mais quand
vous voulez assigner à l'individu son rang dans ce
grand organisme qu'on nomme la société, constituer
le *moi* centre et mesure du juste, c'est se méprendre
sur la science même qui a pour objet, non le *moi*,
mais, si j'ose me servir d'un mot qui personnifiait la
nation pour nos anciens rois, qui a pour objet le
nous, la société, qui est la forme naturelle de la vie
humaine.

En d'autres termes, dans la société, le devoir est
autre chose que le respect intéressé du droit ou de
la liberté d'autrui. La vie sociale impose des obligations qui sont légitimes, qui constituent un droit
au profit de l'État et qui cependant n'intéressent
en rien la liberté individuelle, l'organisation de
l'existence publique, par exemple, une colonisation,
un travail d'utilité générale, l'enseignement national, etc.

Et si d'ailleurs il faut juger de l'arbre par les fruits,
voyez quelle conséquence a produit pendant la
révolution le principe individuel. L'anarchie des

doctrines, inévitable en pareil cas, a eu pour résultat forcé l'anarchie politique.

Sans doute ces conséquences étaient bien loin de la pensée de Kant. Plus de respect pour le nom sacré de la liberté, dirigé par la raison la plus pure; il se fût sacrifié plutôt que de gêner la liberté d'autrui, et par une généreuse inconséquence, il eût fait dominer ce principe de *sympathie* qui n'a point de place dans son système et qui cependant est un des éléments de la société et du droit.

Mais il n'en est pas moins vrai qu'en ne comprenant pas que la société est un organisme vivant qu'on doit étudier dans son ensemble, qu'en isolant l'individu, en ramenant tout à sa raison particulière, c'est-à-dire à sa volonté, Kant est tombé théoriquement dans les erreurs qui, en France, ont coûté tant de sang à nos pères, et qui nous menacent encore aujourd'hui.

Les écoles socialistes sont une protestation contre cette doctrine qui ne voit dans la société que des individus se respectant mutuellement par intérêt ; des gens qui s'assurent contre un danger commun et qui sacrifient une part de leur liberté pour sauver le reste.

Allez au fond des systèmes nouveaux de socialisme, vous verrez que tous s'accordent pour ruiner le principe individuel, pour lui substituer le principe de l'organisation, de l'unité sous la forme de la communauté, de l'association, de la solidarité. Il y a là quelque chose de vrai ; seulement toutes ces écoles dépassent le but, c'est l'histoire ordinaire des réactions — toutes sacrifient l'individu à l'État au lieu de faire la part de chacun, au lieu de s'élever à cette harmonie supérieure qui soutient et conserve les droits de l'individu dans l'organisation sociale.

Mais quels que soient les défauts et les dangers de ces écoles, il n'en est pas moins certain qu'elles expriment un besoin réel, mal compris sans doute, exagéré par la passion, mais un besoin véritable. Et, remarquez-le bien, ces aspirations qui, dans la mesure convenable, ont droit à une satisfaction très légitime, la doctrine de Kant ne les comprend même pas.

Que demain, par exemple, un manufacturier, par une invention nouvelle, réduise de moitié la main-d'œuvre dans la fabrication du coton, assurément il aura usé de sa liberté et n'a point attenté à la liberté d'autrui; son droit est incontestable; mais la société n'a-t-elle rien à faire pour ces malheureux ouvriers qui vont mourir de faim? Et ce devoir de charité, de fraternité qui ne crée aucun droit au profit du pauvre qu'on secourt et qu'on occupe, ne crée-t-il pas cependant au profit de la société un droit légitime, celui d'imposer à la nation qui s'enrichit de la découverte, un sacrifice en faveur de ceux qu'elle a ruinés?

Ainsi, Messieurs, le principe de Kant ne rend pas compte de toute une classe de droits que je nommerai les droits sociaux, et ces droits pourtant deviennent d'autant plus considérables, d'autant plus multiples que la société devient plus active, plus puissante, plus à même par conséquent de diminuer entre les hommes les inégalités naturelles.

Il y a là une immense lacune que ne pourra jamais combler un système qui ne place pas côte à côte l'étude de la société et l'étude de l'individu.

Je n'ai pas la prétention de vous faire passer en revue tous les systèmes de droit naturel qui ont suivi celui de Kant, ce serait toujours le même thème avec des variations différentes.

Seulement comme on sent que la base sur laquelle Kant a élevé son édifice est insuffisante, chacun s'ingénie à trouver quelque principe nouveau : c'est une véritable chasse aux idées où chacun érigeant en principe souverain celle qu'il saisit, la sociabilité, le bonheur, l'intérêt personnel, l'utilité, l'auteur y rattache à grand'peine et par les fils les plus déliés, le droit tout entier; satisfait s'il peut mériter ainsi le nom glorieux de fondateur d'un système.

Une seule chose est commune à toutes ces inventions, c'est leur chute rapide et leur remplacement par quelque théorie nouvelle qui ne dure pas plus longtemps.

Chacun de ces novateurs vient à son tour crier à l'humanité : *Euréka*, je l'ai trouvé! mais on peut dire que tous cherchent la pierre philosophale; et il n'y a pas plus de pierre philosophale pour le droit que pour la chimie.

Le résultat le plus clair qu'amènent toutes ces doctrines métaphysiques, c'est, dans la science comme dans la pratique, le scepticisme, le mépris, la négation de tout ce qui existe, et en même temps l'impossibilité de rien mettre à la place.

Il faut quitter ces doctrines exclusives ; on doit entrer dans une autre voie pour étudier les vrais besoins de l'homme et de la société. — Ces lois que la raison ne peut inventer, c'est à l'expérience qu'il faut les demander.

Je veux cependant faire une exception pour la philosophie de Hegel, et cela pour deux motifs ;

Le premier c'est que chez lui le vice du système rationaliste est bien plus sensible que chez Kant. Il faut remonter aux sophistes grecs pour retrouver cet abus, cette folie de la dialectique. C'est assurément pour sa théorie qu'a été fait le fameux vers :

> Et le raisonnement en bannit la raison.

Le second motif, c'est que les doctrines panthéistes d'Hegel ont été naturalisées chez nous par les différentes sectes socialistes, notamment par le saint-simonisme qui les a imitées du philosophe allemand ou découvertes en même temps que lui, et ces doctrines destructives de la liberté humaine ont une grande influence sur l'idée du droit et de l'État.

Ensuite la dialectique de Hegel, ce jeu du raisonnement qui déroute un instant l'esprit étonné, est la grande ressource de certains novateurs qui lui ont pris, sans le nommer, le fond le plus pur de ces doctrines étranges, difficilement acceptables pour le bon sens et l'esprit pratique des Français.

Je ne puis vous faire un long exposé du système de Hegel, il faudrait, pour le bien comprendre, remonter à Fichte et à Schelling qui l'ont précédé; d'autre part je n'ai pas été bien loin dans cette profondeobscurité qui effraye les Allemands eux-mêmes et dont rien de vraiment utile n'est sorti.

Mais les deux points que je vais soumettre à vos réflexions sont une part essentielle de la philosophie hégélienne ; ils suffisent pour vous faire voir jusqu'où peut s'égarer le génie quand il abandonne l'étude des phénomènes pour se perdre dans la région des hypothèses.

Vous savez que les rationalistes, Kant à leur tête, ne reconnaissent rien dont la raison ne leur démontre l'existence; mais en même temps, ils admettent un monde de phénomènes inexplicables à la raison. Hegel, au contraire, n'admet aucune réalité hors de la pensée.

Spinosa, le plus célèbre des philosophes panthéistes, ne connaît au monde que la *substance* qui comprend tout ce qui est, les corps et les esprits, l'étendue et la pensée. Tous les phénomènes physiques sont des modifications de l'étendue, tous les phénomènes spirituels sont des modifications de la pensée divine.

Eh bien ! ce que Spinosa nomme substance, Hegel le nomme *l'idée* ou *l'absolu*. L'idée comme la substance comprend la nature et l'esprit; nous ne disons pas seulement comme saint Paul : *in Deo vivimus, movemur et sumus*. Non, c'est Dieu ou l'absolu qui vit en nous, qui pense en nous et qui arrive ainsi à la conscience de lui-même. — Donc, il y a identité absolue entre la pensée et l'être, et la maxime de Hegel est celle-ci : *Tout ce qui est rationnel existe et tout ce qui existe est rationnel.*

A l'appui de cette singulière doctrine, Hegel a inventé une dialectique plus singulière encore, où, comme dans tout le reste de son système, tout procède par trois ; la *triade* a pour lui une valeur mystique.

Toute notion d'abord, suivant lui, s'affirme elle-même. *L'être est l'être, le droit est le droit.* — C'est le moment *abstrait; la thèse.*

Ensuite cette notion est aussi le contraire d'elle-même, *l'être, c'est le néant, le droit, c'est l'injuste.* — C'est le moment *dialectique :* l'*antithèse.*

Enfin l'unité et la vérité de ces deux termes contraires qui se neutralisent et s'annulent se trouve dans un troisième terme, résultat nécessaire des deux premiers. — C'est le moment *spéculatif* ou *rationnel positif*, c'est la *synthèse.* Entre l'être et le néant, le moment spéculatif, c'est le *devenir;* la *peine* est le moment rationnel positif entre le droit et le crime.

Ainsi tout marche par triade, l'idée *se pose* dans le premier terme de chacune de ces divisions. — Elle *s'oppose* dans le second; dans le troisième elle *élève* ces deux termes antérieurs en les conservant et en les confondant.

C'est par le même procédé, par une évolution dialectique qu'on explique le monde : l'absolu et le contraire de l'absolu, la nature, puis la synthèse de l'absolu et de la nature, l'esprit (je n'explique pas, je raconte). — Mais vous avez reconnu déjà dans cette théorie l'origine de certaines formules trop célèbres et qu'on pourrait multiplier à l'infini. — Dieu ou l'être, c'est le néant. — Le pouvoir, c'est l'anarchie. — La propriété c'est le vol. — Ce sont simplement des antithèses qui attendent une synthèse, des formules logiques qui ne sont pas complétées et qui n'étant pas complétées ont pour le public un sens tout différent de celui qu'elles présentent à leur auteur.

Que signifient de pareils paradoxes ? et comment un homme sérieux se laisse-t-il prendre à de pareilles illusions ?

La cause, la voici : elle est tout entière dans le système erroné de Hegel. Il est évident que la notion, l'idée d'une chose rappelle et suppose dans sa définition son contraire ; l'être par exemple est l'opposé du néant, et l'idée de juste suppose l'idée d'injuste ; car s'il n'y avait pas d'injustice possible, il n'y aurait pas non plus de droit.

Mais vous voyez facilement que dans la réalité une chose ne contient nullement son contraire, bien plus, qu'elle le repousse et l'exclut complètement. Il est possible que dans notre esprit l'idée de jour éveille l'idée de nuit, et l'idée de chaleur rappelle celle du froid, mais assurément vous ne douterez jamais que dans la réalité des choses le jour n'est pas la nuit, et le chaud n'est pas le froid.

Maintenant supposez un philosophe qui ait posé en principe absolu que rien n'existe ici-bas que la pensée et que la raison, il lui sera impossible de distinguer la notion d'un objet de l'objet lui-même, et pour rester fidèle à la logique, il lui faut accepter un non sens et raisonner comme le docteur Marphurius dans le *Mariage forcé*, justifier enfin cette définition de l'hégélianisme donnée par un homme de bon sens mais de mauvaise humeur : *l'Art de réduire l'absurde en formules.*

Voyons à présent ce que devient le droit dans ce système qui identifie l'existence et la pensée.

On sent bien que le caractère de la philosophie du droit de Hegel doit être tout autre que celle de la période qui s'est écoulée de Grotius à Kant. — Toutes les doctrines antérieures partent de ce principe que l'homme est libre et doit librement ordonner sa vie suivant les règles de la raison.

Dans la théorie de Hegel il n'y a plus dans l'univers qu'une loi logique qui se développe fatalement. Ce n'est plus la volonté individuelle, la liberté subjective qui est admise comme la source des droits et des institutions sociales. Les individus sont les organes d'un esprit supérieur qui les mène sans qu'ils en aient la conscience et qui forme et transforme tout ce qui existe dans la société. — C'est l'absolu, c'est la raison divine qui se réalise, ce qui est, ne peut pas être autrement. Tout se produit inévitable·ment de soi-même, par conséquent tout est légitime.

Les contemporains de Hegel ont vu dans ce système une espèce d'optimisme politique, la justification de tout ce qui existe et de tout ce qui a existé, et ils ont accusé l'auteur de servilisme.

Mais ce système a bien une autre portée. Son effet est celui qui ressort |de toutes les doctrines panthéistes. C'est la destruction de la liberté et de la responsabilité humaine, par conséquent de la morale et du droit : *Cum nemo aliquid agat nisi ex præterminato naturæ ordine hoc est ex dei æterna directione sequitur neminem aliquid efficere nisi ex singulari dei vocatione*, a dit Spinosa ; c'est la fameuse maxime de Hegel. Il n'est pas un reproche à faire à Spinosa qu'on ne puisse avec les mêmes raisons adresser à Hegel.

S'il n'y a dans ce monde que l'idée, que l'absolu ; si chacun de nous n'est ici-bas que pour que la pensée universelle se réalise un instant en sa personne, l'homme n'est plus rien par lui-même, il n'est plus son but à lui-même comme dans la doctrine de Kant, il n'est plus qu'un moyen. C'est l'État qui est le but, il existe en soi et pour soi, c'est l'organisme général, c'est l'absolu, c'est la réalisation la plus complète de la pensée universelle, c'est Dieu qui se manifeste dans l'État comme vérité absolue, comme raison suprême, et à ce titre il a un pouvoir sans contrôle sur les individus, dont le premier devoir consiste à être membres de l'État.

Le droit, comme la religion, comme l'art, comme

la philosophie, est l'évolution de l'idée divine, idée qui se réalise dans et par l'État. En d'autres termes l'État absorbe tout et a droit de tout régler : la moralité, la religion, les sciences et les métiers. Et l'individu est sans défense contre lui. Car qu'est-ce que l'individu? Ce n'est pas une personne, ce n'est que le représentant pour une faible part de cette idée universelle que l'État représente plus complètement que lui. Dans le système de Kant l'homme n'est pas tout entier dans l'État, dans le système panthéiste, il ne s'en distingue plus. C'est la différence de la partie au tout, mais il est évident que ce système admis, la moralité publique est supérieure à la moralité individuelle, et que la personnalité et la conscience ne sont que des formes inférieures que l'État dépouille pour se rapprocher de l'absolu.

Il ne faut pas s'imaginer, dit Spinoza, *que l'homme soit dans la nature comme un empire dans un autre empire*. C'est cependant là l'idée de tous ceux qui accordent à l'homme la personnalité et la liberté, c'est un petit monde évoluant dans un grand.

Ainsi l'État n'est pas et ne peut pas être une institution purement civile ayant pour but la protection de la liberté et de la propriété personnelle.

L'État comprendra en soi l'individualité et la liberté subjective, c'est lui qui fait la part de l'individu, c'est en lui que tous les buts de la vie humaine sont atteints, l'homme est une goutte d'eau dans l'océan.

C'est, vous le voyez, l'abandon de la doctrine

chrétienne qui porte un si grand respect à la liberté humaine. C'est un retour aux doctrines antiques qui voient dans le citoyen un membre de la cité dont elle peut disposer à son gré. Pour Schelling, le plus parfait modèle, c'est la République de Platon. Toutes les tentatives postérieures donnent à l'État un but, le bonheur des hommes, la satisfaction de leur instinct de sociabilité, le maintien de la liberté de tous, pour elles l'État n'est qu'un moyen, tandis que pour Schelling l'État subsiste par lui-même; c'est un organisme absolu.

Nous reconnaissons ici la doctrine socialiste, non point dans la pensée d'Hegel qui n'allait point au delà de la monarchie constitutionnelle, mais ses disciples ont été plus logiciens que lui, au moins ce qu'on nommait le côté gauche de son école, et on retrouve leur trace dans les agitations dont souffre aujourd'hui l'Allemagne.

Pour ne juger Hegel que par lui-même; pour vous montrer combien ses théories métaphysiques sont fausses et souvent dangereuses, permettez-moi de vous exposer sa théorie de la guerre. C'est la justification de tous les conquérants, pourvu qu'ils réussissent.

S'il n'existe au monde qu'une substance universelle, la raison, l'absolu, si l'État est Dieu lui-même, qu'est-ce donc que la guerre entre les États? Est-ce l'absolu, est-ce Dieu qui s'oppose à lui-même, qui se détruit lui-même?

Messieurs, les philosophes ne sont jamais embarrassés, voici la théorie de Hegel. J'emprunte ce résumé à M. Ahrens :

« L'esprit du monde passe en s'individualisant
« dans les esprits nationaux, dans une variété
« d'États qui se trouvent entre eux dans un rapport
« d'indépendance souveraine. Il n'y a pas de pou-
« voir de *droit* qui puisse décider entre eux. C'est
« donc la guerre qui doit prononcer ; — la guerre
« est un levier de progrès et une force moralisante.
« Une paix perpétuelle rêvée par quelques phi-
« losophes serait la stagnation morale pour les
« nations.

« L'histoire du monde est le spectacle du procédé
« divin par lequel l'esprit universel développe la
« richesse infinie de ses antithèses et prononce sur
« les peuples en dernier jugement. Dans cette
« action de l'esprit du monde, les peuples, les États
« et les individus sont des instruments et périssent,
« tandis que l'esprit lui-même s'élève toujours à un
« degré supérieur.

« Là où l'esprit du monde arrive à un degré dé-
« terminé, il exerce un droit absolu, et le peuple
« qui en devient le représentant, est comblé de
« bonheur et de gloire, et ce peuple domine alors le
« droit. Les autres nations sont vis-à-vis de lui
« sans droit ; celles dont l'époque est passée ne
« comptent plus dans l'histoire du monde. L'esprit
« du monde a parcouru quatre périodes de dévelop-
« pement dans les quatre empires qui ont une signi-

« fication universelle : l'empire oriental, grec, ro-
« main et germanique qui est le dernier.

« Tous les peuples ont leur dernier but et se
« réunissent dans l'esprit du monde pour devenir
« les témoins de sa gloire. »

Que dites-vous, Messieurs, de cette philosophie sans
entrailles, et pour qui le vaincu a toujours tort ?
Ou plutôt, ne sentez-vous pas que ce sont de vains
jeux de la fantaisie, qu'il n'y a rien de réel dans ces
rêveries d'une imagination plus ou moins féconde ?

Ne sentez-vous pas que la science n'est pas là,
qu'elle ne marche pas ainsi par soubresauts passant
de Kant qui ramène tout à l'individu, à Hegel qui
absorbe l'individu dans une abstraction qu'on nomme
l'État ?

Comprenez-vous que la vie ne s'emprisonne pas
ainsi dans des formules vides, que ces rapports
variés, que ces relations innombrables qui unissent
les hommes, échappent à tous ces systèmes arbi-
traires, guindés, étroits, qui ne représentent qu'une
chose : la personnalité, la pensée de leur auteur, et
qui meurent avec lui ?

Mais alors, si la science est l'étude de la vie, et si
la vie est quelque chose de réel, il est temps de tirer
la science du monde des rêves, et de l'établir sur le
terrain solide et connu de l'expérience, là où la
vérité, une fois conquise, ne se perd pas, ne disparaît pas sous ces flots mouvants de la théorie qui
se succèdent et se chassent sans relâche, en fatiguant
l'humanité par leur éternelle mobilité.

Hegel du reste a rendu ce service à l'humanité, de donner le coup de grâce au rationalisme. Aller au delà de la pensée pure est impossible. Il faut revenir en arrière ; « car, dit Gœthe, celui qui ne « fait que goûter d'une erreur, la ménage longtemps « et s'en réjouit comme d'un bien précieux. Mais « celui qui l'épuise jusqu'au bout finit par la recon- « naître, s'il n'est pas tombé dans la démence. »

Samedi 26 mai 1840.

Messieurs,

Avant de vous exposer le système de Krause que nous aborderons dans cette leçon, laissez-moi vous montrer en quelques mots le chemin que nous avons déjà parcouru. Peut-être commencerez-vous à voir apparaître le but que nous nous proposons d'atteindre ; peut-être saisirez-vous dans toute sa vérité, dans toute sa grandeur le caractère de l'histoire du droit. Et vous comprendrez alors la maxime que j'ai indiquée comme dominant toutes nos recherches, c'est que l'histoire n'est pas l'auxiliaire de la science du droit, mais la science elle-même.

Il y a donc une science du droit. Cette science est-elle expérimentale ou métaphysique ? Consiste-t-elle à étudier les rapports sociaux, les relations des hommes entre eux pour en déduire la règle à suivre, ou bien la raison seule peut-elle trouver a priori dans la nature de l'esprit humain une règle applicable à tous les rapports des hommes vivant en société ?

Dans ce dernier cas le droit n'a pas d'histoire, c'est à la philosophie seule qu'il appartient de s'occuper du droit, car l'objet de la philosophie est précisément l'étude de l'esprit humain, de sa nature et de ses lois.

Dans le second cas la science est expérimentale, et l'histoire est précisément le grand magasin des expériences humaines. Et ce n'est pas tout, il y a peut-être une loi de *développement* qui régit le droit, une loi de développement que l'étude des faits peut seule nous révéler, et dans ce cas l'histoire du droit, la reconnaissance de cette loi de développement serait la substance même de la science, car là où il y a progrès régulier, développement organique, la connaissance de ce qui s'est fait hier et de ce qui se passe aujourd'hui, nous permet de conclure ce qui sera demain.

Vous voyez comment le problème de nos études s'est posé entre ces deux termes ; l'un qui absorbe le droit dans la philosophie, l'autre qui l'identifie avec l'histoire. Si nous parvenons à éliminer l'un de ces deux termes, le second sera bien près d'être démontré, ou, pour parler plus exactement, nos esprits seront bien près d'admettre que cette seconde voie est la seule qui puisse mener à la vérité.

Nous avons abordé le premier terme, celui qui fait du droit une science purement métaphysique. La raison, avons-nous dit, est impuissante à nous donner la règle de la vie politique ; car ces rapports sont quelque chose d'extérieur et varient sous les influences de l'espace et du temps. Un degré différent de besoins ou de lumières, une simple dissidence religieuse suffisent pour que ces rapports variant, la loi destinée à les satisfaire doive également varier.

Et quand Montaigne d'abord, et Pascal ensuite imitant Montaigne, attaquent ces variations comme détruisant le droit, ils sont tout autant dans le faux qu'un médecin qui nierait l'existence des lois physiologiques parce que ces lois se modifient, non seulement avec l'âge et le tempérament, mais encore avec le climat et la race. Il ne faut pas demander à une loi de développement le caractère absolu d'une suite de vérités mathématiques. Ce que ruine Pascal, ce sont les prétentions de l'École qui rêve une loi invariable pour des rapports changeants, mais non pas la doctrine qui cherche la justice dans une satisfaction distincte pour des besoins différents.

« Certainement, dit Pascal, si l'homme connais-
« sait la justice (entendez par là un principe absolu
« et invariable), il n'aurait pas établi cette maxime
« la plus générale de toutes celles qui sont parmi
« les hommes : *Que chacun suive les mœurs de son
« pays*. L'éclat de la véritable équité aurait assu-
« jetti tous les peuples et les législateurs n'auraient
« pas pris pour modèle, au lieu de cette justice con-
« stante, les fantaisies et les caprices des Perses et
« des Allemands. On la verrait plantée par tous les
« États du monde et dans tous les temps ; au lieu
« qu'on ne voit presque rien de juste ou d'injuste
« qui ne change de qualité en changeant de climat.

« Trois degrés d'élévation du pôle renversent toute
« la jurisprudence ; un méridien décide de la vérité.
« En peu d'années de possession les lois fondamen-
« tales changent. Le droit a ses époques. L'entrée
« de Saturne au Lion nous marque l'origine d'un
« tel crime. Plaisante justice qu'une rivière borne.
« Vérité en deça des Pyrénées, erreur au delà. »

Il n'est pas malaisé de démontrer que Pascal a
tort en demandant une loi unique pour des rapports
sociaux opposés, et qu'à étudier la législation de
l'un et de l'autre côté des Pyrénées on trouverait
facilement un même fonds de justice dans deux lois
diverses : l'une par exemple qui dans les montagnes de la Navarre ou de l'Aragon défendrait la
division du pâturage ou le déboisement, l'autre qui,
en France, dans un pays de plaine, favoriserait sans
inconvénient la division du sol et le défrichement.
La loi de succession pourrait également être diverse
dans les deux pays sans être pour cela moins juste
dans tous les deux.

Prenez le droit d'aînesse au moyen âge ; y avait-
il un meilleur moyen que celui de l'indivision de la
seigneurie pour protéger tous les membres de la
famille féodale ?

Si le fief avait été partagé, il aurait été envahi
par les seigneurs voisins. La concentration de la
propriété faisait la force. Dans les montagnes de
la Forêt-Noire où la tenure du paysan est une
cabane et un bout de prairie, le partage est impossible, et une coutume aussi vieille que touchante,

coutume que nous retrouvons dans presque tous les pays celtiques, laisse la propriété au plus jeune comme à celui qui a le plus longtemps besoin de la fortune commune.

Aujourd'hui en France, dans un pays riche et où le pouvoir central est tout-puissant, nous ne connaissons que le partage égal et nous avons raison. Mais est-il difficile de concevoir que les rapports changeant, la loi pourrait n'être plus la même, et que ce changement serait alors non point le renversement, mais le maintien de la justice?

Ainsi la réflexion seule nous a fait connaître que le droit n'est pas et ne peut pas être invariable, mais pour achever cette démonstration nous avons étudié les plus célèbres philosophes modernes, Kant et Hegel. — Leurs deux systèmes ne nous ont pas satisfait et même, si j'ose le dire, ils sont entachés d'une impuissance radicale.

L'un, Kant, a bien senti et bien prouvé que sans liberté intérieure il n'y avait pas de morale et sans liberté extérieure point de droit, mais son système exclusif et purement négatif, d'une part n'épuise point l'idée du droit qui contient autre chose que le respect de la liberté d'autrui, et d'autre part ne donne aucune règle positive pour la conduite de la vie. Dans l'État de Kant il n'y a que des individus juxtaposés et non pas naturellement associés. Et ces individus sont constitués en état de défense et non point en état de vie commune. Il n'y a pas là cet organisme vivant que nous nommons la société.

Le système de Hegel aboutit au panthéisme ; ce n'est pas nous qui vivons, nous qui mourons en Dieu, c'est l'idée qui vit et meurt en nous. Notre liberté n'est qu'apparente, le principe moral est détruit. En voyant dans l'homme un pur mode de développement de l'être absolu ou de la substance divine, en méconnaissant en lui le principe individuel, éternellement distinct de Dieu, toute doctrine panthéiste confond l'humanité avec la divinité et par conséquent nie la liberté de l'homme, sa responsabilité, son immortalité. — Un pareil système doit nécessairement aboutir à des conséquences sociales qui violent le droit de la personnalité humaine ; et ainsi les principes de Hegel ne sont pas moins destructeurs du droit que de la morale.

Il a compris, il est vrai, que l'État n'est pas d'invention humaine et ne sort pas d'un contrat ; qu'il a en soi sa raison d'être, qu'il est la forme de la société ; c'est-à-dire qu'il n'y a point d'individu qui ne vive en société, et point de société qui se maintienne sans ordre ; qu'ainsi société, droit, individu sont trois termes inséparables et de la même date, ce qu'Hegel exprime par cette formule que : l'État est *objectif* et non *subjectif*.

Mais Hegel, poussé par son système, a absorbé l'individu dans l'État. Car l'État de Hegel, c'est une manifestation, je dirais presque une émanation de Dieu. L'État n'a pas un but distinct, comme de faire régner la justice, d'assurer le bonheur de tous, de favoriser le progrès intellectuel et moral. Il existe pour lui seul, et tout est en lui. Il est tout à la fois. C'est la société, la religion, l'art, l'industrie.

Vous avez reconnu les doctrines saint-simoniennes adoptées par toutes les écoles socialistes.

Nous ne sommes plus des individus ayant un but personnel, agissant dans une sphère d'action distincte et se mouvant d'un mouvement propre dans la sphère supérieure et protectrice de l'État ; nous sommes un rouage de machine, instrument inutile quand il est seul, et qui n'a de sens et de vie que par sa place dans la machine, et par le service qu'il y rend.

En proclamant l'association universelle, l'enrégimentation des travailleurs, l'éducation professionnelle, l'organisation du crédit, la répartition des instruments du travail, en concentrant le pouvoir dans un seul corps, les Saint-Simoniens ont été des logiciens, tirant fidèlement du système panthéiste les conclusions qu'il renferme.

Et en effet, si nous n'avons point de personnalité, si nous sommes de purs modes d'existence de Dieu, des phases successives de son évolution, nous ne nous possédons pas nous-mêmes, tout au contraire, nous sommes possédés. Nous sommes des propriétés de l'être absolu ; la doctrine panthéiste conduit donc aussi à une communauté absolue de biens entre tous les hommes.

C'est là, avons-nous dit, une doctrine toute païenne. Qu'on parte du christianisme ou du spiritualisme, quiconque ne croit pas que la destinée de l'homme s'achève sur cette terre, et même, en descendant plus bas, quiconque se sent libre et voit que l'homme s'appartient à lui-même par sa pensée, par son esprit, par les produits de son intelligence et de sa main, celui-là doit repousser une doctrine qui mène droit au despotisme du nombre; car le despotisme n'est autre chose (le nom le dit) qu'un régime où le citoyen a un maître comme l'esclave, et ne dispose pas librement de sa pensée et de ses actions. Peu importe après cela que le despote se nomme le sultan ou le peuple.

Le système de Kant peut être attaqué dans l'école. Extérieurement, dans la vie pratique, il a, parmi de grands défauts, cet avantage réel de mettre en relief, de proclamer bien haut les droits de la liberté humaine.

Le système d'Hegel au contraire est désastreux; il mérite d'être flétri comme l'origine, la base de toutes ces doctrines mauvaises qui, parties de points divers, animées par des passions différentes, marchent toutes à un but commun, la destruction de ce qui existe, qu'on veut remplacer par une organisation mécanique pour ainsi dire, arbitraire, destructive de la liberté et de la civilisation.

Ainsi, Messieurs, l'étude de ces deux systèmes, l'un rationaliste, l'autre panthéiste, nous a conduit à ce résultat que ni l'un ni l'autre ne pouvait nous donner le principe directeur de la vie sociale; et leurs défauts, remarquez-le bien, sont ceux des systèmes et non des hommes. Kant a formulé la plus parfaite expression des théories rationalistes, et Hegel a poussé le panthéisme au plus haut degré qu'il ait jamais atteint.

Mais il est évident, d'une part, qu'un système qui ramène tout au *moi* ne contient que l'individualisme, ou sous un autre nom l'égoïsme, et qu'il ne peut pas servir de base aux devoirs sociaux, car ces devoirs reposent sur un tout autre principe que celui du respect de la liberté d'autrui.

Et d'autre part, il est clair qu'un système panthéiste sera toujours fataliste ; que toute existence étant pour lui *rationnelle*, ce qui existe est bien, par cela seul qu'il existe ; que par conséquent il n'y a ni liberté morale, ni liberté juridique.

Or, Messieurs, en dehors de ces deux systèmes *a priori*, que reste-t-il ? Rien que le système expérimental, et nous voilà revenus au point de départ. Je dis qu'il n'y a rien, car les deux théories qu'on rencontre dans le monde en dehors du rationalisme et du panthéisme, je veux dire le scepticisme et le mysticisme, ne sont point des systèmes sur lesquels on puisse édifier une science du droit.

Le scepticisme reste dans le domaine philosophique, ou lorsqu'il en sort, il aboutit à la doctrine de Hobbes et ne connaît de juste et d'injuste que ce que les lois défendent. En d'autres termes il confond la loi et le droit, il nie la science même. Cette doctrine répugne tellement au sentiment de justice que tout homme porte en lui, qu'il est inutile de nous y arrêter plus longtemps.

Quant à l'école théologique qui au commencement de ce siècle a compté d'ardents et habiles défenseurs : de Maistre, de Bonald, de Haller, Adam Muller, elle ramène toutes les institutions sociales à la volonté divine. Mais ce système recule la difficulté sans la résoudre.

Dire que Dieu mène le monde, ce n'est rien dire, si Dieu gouverne le monde par des lois générales, et si ces lois générales sont appréciables à la raison, car c'est dire simplement que sa volonté est la justice même. Et de fait, Messieurs, dès que vous vous demandez quel est le principe du juste, du beau, du vrai, vous en arrivez à concevoir un être qui est à la fois tout cela, cause et principe de toutes choses, éternellement juste, éternellement beau, éternellement vrai. C'est Dieu même ; sans l'existence d'un Dieu le juste n'est qu'une énigme. C'est en lui qu'est la racine de la justice, et par conséquent rechercher la justice c'est rechercher la volonté de Dieu.

Mais comment la découvrir ? Par la raison seule ou par la raison secondant l'expérience ? C'est toujours, vous le voyez, le même problème et le pas que nous avons cru faire ne nous avance à rien.

Si au contraire c'est une révélation primitive, la foi ou la tradition historique qui doivent remplacer l'expérience et la raison pour nous faire connaître où est la justice, nous entrons dans un ordre d'idées qui est, comme le scepticisme, la négation de la science. Le droit devient une partie de la religion, c'est aux théologiens à gouverner le monde.

Seulement, ne croyez pas arriver par là à une certitude plus grande, car, en définitive, sur ce terrain, qui n'est pas celui du dogme, la discussion est parfaitement libre, et vous en obtiendrez, même en restant croyant, les résultats les plus opposés. Comme autrefois Milton faisait sortir la démocratie de la Bible, d'où Fisher tirait la monarchie absolue, nous avons vu de nos jours M. de Maistre et M. de Bonald conclure au principe d'autorité, tandis que Fichte en Allemagne et Lamennais en France poussaient jusqu'à l'extrême le droit de la liberté.

Jésus-Christ a proclamé que son royaume n'était pas de ce monde. Il faut donc demander à l'Évangile des règles de morale et non pas des règles de droit.

Ainsi, en résumé, aucun de ces systèmes ne peut nous donner ce principe de conduite que nous demandons. Il ne nous reste plus que le système qui part de l'expérience et du sens commun; qui n'affirme rien que ce qu'il sait et peut vérifier à toute heure, et dont les idées générales, toujours progressives, ne sont que la conclusion, la loi dégagée des faits observés.

Dans ce système on voit l'homme vivant en société, c'est un grand fait naturel qu'on étudie, sans s'inquiéter d'une antériorité, d'une origine que l'histoire ne nous indique pas et qui est probablement chimérique. De tout temps l'homme a vécu en famille et les familles, en se réunissant, en se multipliant, ont formé des tribus et des nations. Cela suffit pour qui ne veut demander aux choses humaines que des conclusions raisonnables. Puisque l'histoire nous montre partout l'homme vivant en société, et que la raison ne trouve rien d'absurde à admettre que la société est la condition naturelle de l'humanité, étudions l'homme dans le milieu où il vit sans essayer des séparations factices et irréalisables.

Mais qu'allons-nous faire maintenant, Messieurs? Allons-nous étudier philosophiquement la nature humaine, analyser les facultés de l'homme, sujet du droit, nous assurer de sa liberté? poursuivre ensuite le développement de l'homme à côté et au milieu du développement social?

Ou bien, provisoirement et pour nous mettre à même d'aborder de plain-pied nos études historiques, adopterons-nous un système de philosophie du droit, du droit naturel qui nous permette de rattacher les faits observés à certains principes généralement admis, à un cadre qui résumera les observations faites jusqu'à ce jour — classification que l'expérience d'ailleurs pourra rectifier et corriger.

La première méthode nous mènerait trop loin, et d'ailleurs ces études sont le résumé de travaux que nous n'avons pas encore abordés.

S'il est bon de ne pas s'attaquer à la science, sans notions générales, sans un plan bien arrêté, ce n'est qu'après les recherches terminées qu'on peut, à l'aide des observations recueillies, des détails, des faits rassemblés, obtenir ce tableau parfait dont on n'avait au début que l'incomplète ébauche.

Ainsi la philosophie se retrouve au début et à la fin de la science.

Mais cette philosophie initiale, imparfaite, ces notions qui dans un pays de publicité comme le nôtre sont dans tous les esprits, confuses, il est vrai, mais vivantes et demandant à être rectifiées plutôt qu'éveillées, vous pouvez les puiser dans plus d'un livre qui vous permettra d'arriver ici assez familiarisés avec la langue du droit, avec les questions les plus générales pour que, dès le début, je puisse passer sur les points hors de discussion et entrer au cœur de la difficulté.

Seulement, comme je vous l'ai dit, il faut fuir toute doctrine qui vous fausserait l'esprit, éviter tous les systèmes a priori et chercher un système qui, partant à la fois de la société et de l'individu, considère la société comme un organisme vivant. Un système qui ne conçoive pas l'homme et la société comme des *êtres immobiles*, mais qui comprenne la nécessité de leur *développement* et de leur *perfectionnement;* enfin un système *positif* qui se traduise en règle *d'action* et non pas en une abstraction stérile.

Ces qualités, Messieurs, j'ai cru les reconnaître dans le droit naturel de Krause, et je vous engage à faire de ce livre le point de départ de vos études. Vous serez étonnés de voir combien Krause avait deviné les théories socialistes en discernant ce qu'elles peuvent avoir de raisonnable et de juste ;

combien, longtemps avant le mouvement saint-simonien, il s'était occupé de reconnaître le lit de ces doctrines nouvelles qui menacent de déborder et d'engloutir la société.

N'oubliez pas d'ailleurs que je ne vous donne ce livre que comme un cadre, une classification provisoire, que vous ne devez rien tenir pour démontrer que ce que vous vous démontreriez à vous-mêmes par la méthode expérimentale. C'est par là, c'est par l'expérience qu'est arrivé Krause, bien que, comme tous les philosophes, il se fasse souvent illusion sur la solidité de ses connaissances, et c'est précisément parce que sans qu'il s'en doute sa philosophie est toute faite *a posteriori* que je vous recommande ce traité. Il ne ressemble à aucun de ceux qu'on a écrits depuis la fin du dernier siècle, c'est-à-dire depuis le règne sans partage des théories rationalistes.

Avant tout quelques mots sur Krause, Krause dont le nom est à joindre au catalogue déjà bien long des hommes dont l'esprit devançait leur siècle et que leur siècle n'a pas compris.

Charles-Christian-Frédéric Krause, né en 1781 près d'Altembourg en Saxe, est mort à Munich en 1832 après une vie toute consacrée à l'étude de la philosophie. Son système, qui pourrait se définir le système de l'harmonie universelle, a pour but non pas de ramener l'explication de toutes choses à un principe unique, le moi ou l'absolu, mais bien plutôt de montrer comment dans ce vaste organisme du monde tout à la fois un et harmonique, les existences diverses se subordonnent dans une hiérarchie qui n'a rien d'oppressif.

Une doctrine telle que celle de Krause venue au moment où les doctrines de Kant régnaient dans les écoles, où celles de Schelling et de Hegel s'emparaient des esprits, ne pouvait pas réussir. Aussi Krause ne fut-il pas compris ; et bien qu'en 1828 il ait publié ses écrits les plus importants et notamment son *droit naturel*, il ne lui fut pas possible d'obtenir le titre de professeur dans cette Allemagne si libérale en fait d'enseignement.

Ce ne fut qu'après sa mort et non pas en Allemagne, mais en France que sa philosophie commença d'être répandue, grâce au zèle et au talent d'un de ses disciples, M. Ahrens.

Elle a été fort bien résumée par un élève de M. Ahrens, aujourd'hui professeur à l'Université de Bruxelles, par M. Tibergier, dans un mémoire couronné en 1842 et intitulé : *Essai théorique et historique sur la génération des connaissances humaines dans ses rapports avec la morale, la politique et la religion.*

Mais le côté de la philosophie qui nous intéresse, le *droit naturel*, publié par Krause en 1828, a été développé par M. Ahrens dans son cours parvenu aujourd'hui à sa troisième édition et qui en Espagne, en Italie et en Belgique, forme aujourd'hui la base de l'enseignement.

C'est le livre de M. Ahrens que je vous recommande, c'est sous cette forme qu'il vous sera plus facile de comprendre le système de Krause que du reste je vais essayer de résumer en quelques mots.

Il est remarquable qu'aujourd'hui même Krause est peu connu en Allemagne, et que son système n'a pas détrôné les théories de Kant ou les combinaisons éclectiques qui ont essayé de concilier les doctrines inconciliables de Kant et d'Hegel à l'aide de quelques principes empruntés à l'expérience et au sens commun.

Je ne connais du moins qu'une seule Université, celle de Heidelberg, où un professeur, M. Rœder, ait pris pour base de son enseignement le système de Krause. Encore semble-t-il l'avoir plus étudié dans Ahrens que dans l'original qui, à force de concision, est souvent obscur.

Indépendamment des livres de M. Ahrens et de M. Tibergier, le système de Krause a été fort nettement exposé par un écrivain socialiste, M. Alfred Darimon. Son exposition méthodique des *principes de l'organisation sociale* est un résumé exact de la théorie de Krause et j'y renvoie ceux qu'effraierait l'ouvrage un peu plus long de M. Ahrens, quoiqu'il ne soit pas d'une lecture difficile.

Vous voyez combien ces doctrines sont encore peu répandues. — Méritent-elles que provisoirement nous les adoptions comme bases de nos recherches? Vous allez en juger.

En ce qui concerne la vie sociale, et le droit qui la règle, Krause, rejetant la fiction de l'état de nature et les principes abstraits et purement formels des écoles rationalistes, a voulu surtout montrer comment le droit *s'engrène* avec toute l'organisation intellectuelle, morale et sociale de l'humanité.

Nul mieux que lui n'a tenu compte des différents buts que poursuit l'activité humaine, et n'a mieux indiqué le rôle du droit qui n'est pas l'un de ces buts par lui-même, mais la condition, le moyen fourni par la société pour l'atteindre.

Fidèle à son système harmonique, il n'est aucun élément de la nature humaine dont sa théorie ne prétende tenir compte. Comme elle se compose de deux éléments principaux dont l'un caractérise l'homme comme individu, l'autre comme membre de la société, Krause essaye perpétuellement de faire la juste part de l'élément personnel et de l'élément social, en se tenant à égale distance de l'individualisme et du socialisme, deux doctrines qui ne sont fausses que comme exclusives et exagérées.

Le premier, Krause a compris que, pour le droit comme pour la vie, il fallait chercher la variété dans l'unité, l'harmonie dans la hiérarchie et la coordination ; et non dans l'absorption de l'individu par l'État, ou l'abandon de tous les liens sociaux.

Du reste, il est assez curieux à constater que c'est dans la franc-maçonnerie que Krause crut avoir trouvé la première idée de son système, et qu'il lui a consacré quelques-uns de ses écrits les plus importants.

Les principales œuvres de Krausesont un traité de *droit naturel* publié en 1803 et remanié en 1828, sous le titre de : *Système de la philosophie du droit ou de droit naturel, l'Idéal de l'humanité*, publié en 1812, un système de philosophie, une logique, des traités de mathématiques, une histoire et une théorie de la musique.

Messieurs, ce n'est pas un exposé complet de la doctrine de Krause que je compte vous donner ici ; car ce système se rattache à toute une philosophie qu'il me serait impossible de vous expliquer briévement, mais je veux vous faire connaître au moins les points les plus saillants de son système, ceux qui portent en eux-mêmes d'une façon plus frappante les caractères de la vérité.

Mardi 29 mai 1849.

MESSIEURS,

La théorie de Krause est le système organique et harmonique des droits de l'État.

Elle prend son point de départ dans l'analyse de la nature humaine. Elle y discerne parmi les éléments dont elle se compose l'élément spécial du droit.

La plus simple observation nous apprend que l'homme ne peut se suffire à lui seul et qu'il est fait pour vivre en société. En d'autres termes, que sa vie, son développement tant intérieur qu'extérieur, dépendent d'un grand nombre de conditions dont il n'est pas le maître. Je ne parle pas des conditions toutes matérielles fournies par la nature physique, je parle des conditions qui dépendent de la volonté humaine; c'est par le concours de ses semblables que l'homme les obtient, et c'est précisément cet échange de services et de besoins mutuels qui constitue la société.

Ces conditions sont nécessairement aussi variées qu'il y a de buts particuliers contenus dans le but général que l'humanité poursuit ici-bas ; Krause les ramène à un certain nombre de chefs principaux. La religion, la morale, l'éducation, le droit, les sciences, les arts, l'industrie, le commerce.

Voilà les buts divers de notre activité : les uns généraux comme la religion, la morale, qui intéressent tous les hommes, les autres particuliers, comme le commerce, les sciences, les arts. Il est évident que par nous-mêmes nous sommes impuissants à atteindre l'un de ces buts, si la société ne nous aide ; et que pour des hommes abandonnés dès l'enfance dans une île déserte, il n'y aurait ni industrie, ni arts, ni sciences ou tout au moins rien qui fût digne de ce nom. La différence des sauvages aux hommes civilisés n'est point originelle ; elle est précisément dans la différence des moyens de développement fournis à ses membres par l'une et l'autre de ces deux sociétés.

Eh bien ! c'est cet ensemble de moyens, de conditions nécessaires à chacun pour atteindre le but de sa vie qui fait le fond de la justice et du droit. Aussi Ahrens, d'après Krause, définit-il le droit :

L'ensemble des conditions internes et externes dépendant de la liberté humaine et nécessaires à l'accomplissement de ma destinée rationnelle.

Mais évidemment, je ne puis réclamer le concours de mes semblables qu'autant que de mon côté je suis prêt à les aider. Le droit ne m'appartient que sous la condition de reconnaître de mon côté aux autres hommes et de leur garantir à mon tour les moyens d'existence et de développement qui sont en mon pouvoir et qui dépendent de ma volonté.

Ce n'est plus, vous le voyez, le principe négatif de Kant : ne fais pas à autrui ce que tu ne voudrais pas qu'on te fît à toi-même : *Abstiens-toi.*

C'est un principe positif beaucoup plus près de la fraternité évangélique. Fais pour autrui ce que tu trouverais juste qu'on fît pour toi : *Agis.*

Mais ce concours, que j'ai droit d'exiger, ce secours que j'ai l'obligation de fournir a-t-il rien d'arbitraire ? Non, c'est la nature même de l'homme qui nous fait connaître l'ensemble des conditions qui sont nécessaires à l'individu pour atteindre le but proposé. La justice ne repose donc pas sur la volonté et n'a pas besoin d'être constituée par un contrat social. Elle existe par cela seul que l'homme existe. Elle est fondée sur la nature humaine, nature libre, raisonnable et sociable, c'est une part de l'ordre universel établi par Dieu.

L'idée de droit est donc une idée absolue, infinie, éternelle. Elle est antérieure et supérieure à la volonté humaine, et comme cette volonté ne l'a pas créée, elle ne peut pas non plus la détruire, elle doit l'accepter dans tous les temps et dans tous les lieux comme un élément de son activité.

Universelle en elle-même, l'idée de droit est aussi d'une application constante dans la vie de l'homme. Elle s'étend à tous ses rapports avec ses semblables, à tous ceux du moins qui se rapportent à la fin que l'homme se propose dans la vie.

Le droit touche ainsi à la religion, à la morale, à la science, aux arts, au commerce, à l'industrie, mais il ne les touche que d'un seul côté, du côté qu'on peut appeler *conditionnel*, c'est-à-dire pour écarter les obstacles et fournir les moyens nécessaires au succès individuel. Vérité importante pour déterminer les rapports de l'État qui est l'institution sociale du droit avec les autres sphères de l'activité humaine. On voit que l'État doit se borner à leur fournir les conditions extérieures de leur existence et de leur développement, sans intervenir dans leur organisation intérieure.

Il n'est ni la religion, ni la science, ni l'industrie, et son objet est rempli quand il a mis tous et chacun dans la position la plus favorable pour pratiquer la religion, cultiver la science, exercer l'industrie.

Ainsi d'après Krause la reconnaissance purement négative de la liberté d'autrui n'épuise pas l'idée du droit. Il comprend dans cette notion toutes les conditions nécessaires pour que la liberté puisse naître et s'établir là où elle n'existe pas encore, et se développer là où elle existe déjà.

Le droit est avant tout pour lui un principe d'*action*, d'ordre et de secours mutuel. Il n'empêche pas seulement les hommes de se combattre, il les rapproche, il resserre tous les liens sociaux, et par cela même il devient un élément fécond de la sociabilité humaine.

Vous voyez combien cette manière d'envisager

le droit est large, compréhensive, et si vous voulez réfléchir à ce qu'est le droit dans la réalité, aux intérêts dont l'État s'occupe chaque jour, vous reconnaîtrez bientôt lequel de Kant ou de Krause a le mieux saisi le véritable caractère du droit.

Le droit défini, Krause recherche d'abord quels sont les droits primitifs et naturels de l'homme, car pour lui, *le droit individuel est la condition du droit social*. Loin d'absorber l'homme dans l'État, il croit au contraire que la communauté sera d'autant plus riche et plus puissante que les individus auront pu se développer avec plus de liberté. Il croit encore, et avec raison, qu'une société bien organisée tout en soumettant l'action individuelle à des principes généraux d'ordre public, non seulement ne retient pas le cercle de l'activité de ses membres, mais l'élargit au contraire, en leur offrant des moyens plus parfaits de développement. En d'autres termes, il y a un rapport direct et une influence réciproque entre le degré de richesse et de puissance d'un État, et le degré de liberté que possèdent ses citoyens.

Il suffit de considérer les nations modernes pour s'assurer de cette vérité. Quels sont les pays les plus riches ? l'Angleterre, la Hollande, les États-Unis, la France, et ces pays sont en même temps les plus libres. Richesse et liberté sont donc deux termes qui se tiennent.

Quels sont maintenant ces *droits primitifs* ou *droits naturels* que Krause veut reconnaître ? Ce n'est rien moins que ce que le dernier siècle entendait par ce nom. Mes droits naturels ne sont pas ceux que j'aurais possédé dans cet état de nature qui n'a jamais existé, et dans lequel il n'y aurait pas eu de droit, puisqu'il n'y aurait pas eu de société. Ce sont les droits qui ressortent de ma nature, les conditions de mon existence et de ma destinée, comme créature libre et raisonnable.

L'homme, par cela même qu'il est homme, qu'il est une personne, a des droits qu'il ne tient ni de la famille dont il est sorti, ni du pays où il vit, mais de sa nature même telle que Dieu l'a faite. Ma personne, ma vie, l'usage de mon esprit ou de mes mains m'appartiennent en propre ; me refuser la libre disposition de moi-même, prétendre enchaîner mon bras ou ma pensée ; s'en servir au profit d'un autre homme ou de la communauté, c'est me réduire à la condition d'une brute, c'est méconnaître ma nature, c'est violer mon droit naturel.

Quels sont donc ces droits *primitifs*, ces droits *naturels* de l'homme? Évidemment il y en a autant qu'on pourrait découvrir de qualités essentielles et fondamentales dans la nature humaine et, pour ne pas multiplier des divisions qui ne sont pas indispensables et qui pourraient jeter quelque confusion dans votre esprit, je réduirai les droits naturels au seul droit de *personnalité* qui, je vous le montrerai tout à l'heure, embrasse l'égalité, la liberté et la sociabilité.

La qualité générale de l'homme, celle qui comprend toutes les autres, est sa qualité de *personne*, c'est-à-dire d'être libre, raisonnable et sociable. L'homme n'est pas fait pour servir les besoins ou les passions d'autrui, mais pour se développer librement sous la protection et avec le contrôle de la société, c'est ce qu'on exprime en langage d'école par cette maxime : L'homme est *but* pour lui-même, il ne peut être traité comme un pur *moyen*, comme un instrument; maxime féconde, et qui, vous le verrez, domine le droit tout entier.

La personnalité est la raison d'être, le fondement du droit et de la société. La capacité juridique, autrement dit le droit de demander à la société sa protection et son concours, nous vient de cette qualité, et c'est ce qu'avaient compris les jurisconsultes romains quand ils faisaient de l'esclave une *chose* pour lui refuser les droits qui naturellement appartiennent à la *personne*. Ils niaient la nature humaine chez certains hommes pour être conséquents.

Le droit de personnalité ne se perd jamais, on ne peut y renoncer. L'homme n'est pas dans le commerce, il peut vendre ses services et encore la loi n'autorise-t-elle qu'une vente à temps pour éviter jusqu'au prétexe, jusqu'à l'apparence de la servitude. Mais l'homme ne peut *s'aliéner* lui-même, s'engager à abdiquer les qualités essentielles de sa nature en faveur d'un autre individu ou de la société, non seulement parce qu'un pareil marché où le vendeur ne reçoit rien pour ce qu'il livre est un marché dérisoire, mais encore, mais surtout parce que la personnalité et les qualités qu'elle renferme ne sont pas des acquisitions volontaires et ne nous appartiennent pas comme le fruit de notre travail. Ce n'est pas nous, c'est Dieu qui nous a fait raisonnables et libres pour accomplir notre destinée ; nous sommes responsables de l'accomplissement de cette mission, et par conséquent nous ne pouvons renoncer ni à notre raison, ni à notre liberté.

Or, si l'homme est sans droit pour se vendre, pour aliéner sa liberté, ses semblables sont aussi sans droit pour l'acquérir, car, d'où tireraient-ils leurs titres ? L'individu ne reçoit pas sa personnalité de la volonté d'autrui, un autre homme ne peut donc pas la lui ravir.

Nous avons dit que la personnalité contient comme éléments nécessaires l'idée d'égalité, l'idée de liberté, l'idée de sociabilité. Voyons comment se justifie cette assertion.

L'égalité est la conséquence de l'unité fondamentale de la nature chez tous les hommes. Cette unité de genre est la raison tout à la fois physique et physiologique de l'égalité. On peut bien soutenir que le nègre a des facultés moins développées que l'Européen (quoique cette distinction ne soit sans doute rien moins qu'originelle et qu'il n'y ait probablement d'autre différence entre le nègre et nous que l'éducation de la race, une avance de civilisation de plusieurs milliers d'années), mais ni la médecine, ni la philosophie n'ont jamais prouvé que le nègre fût d'une autre espèce que l'Européen ou le Mongol. Ses facultés peuvent différer des nôtres en degré, mais non pas en nature. Par suite il a droit d'être traité comme une personne, comme notre égal ; par suite encore l'esclavage est un abus monstrueux de la force, jusqu'au jour où l'on nous démontrera qu'un homme, parce qu'il a la peau noire, est un bœuf ou un cheval.

D'autre part, Messieurs, l'égalité, qui est impliquée dans la notion du droit de personnalité, n'est pas cette égalité purement formelle ou extérieure qu'on appelle égalité devant la loi, car, nous le voyons tous les jours, les plus grandes inégalités peuvent coexister avec cette égalité légale.

Le riche qui a dix millions et le pauvre qui n'a pas de pain sont égaux *devant* la loi française, d'une égalité absolue depuis la République ; mais cette égalité négative est stérile, le point principal est d'obtenir l'égalité *dans* la loi. C'est la première condition pour que l'autre égalité ne soit pas illusoire. — Permettez-moi une comparaison.

Supposons-nous revenus aux beaux jours de la Grèce, assistant aux jeux d'Olympie. Direz-vous que les chances sont égales, parce que tous, jeunes ou vieux, exercés ou non, peuvent se présenter pour lutter, pour courir, pour monter des chevaux ou conduire des chars ?

Non sans doute, il faut encore que dans chacun de ces jeux les concurrents puissent entrer en ligne aux conditions les plus égales possibles.

Voilà bien l'*égalité formelle* et l'*égalité positive* en présence. Kant se fût contenté de la première, Krause demande la seconde; il veut que, tout en respectant la liberté générale, la société s'impose l'obligation de fournir à chacun de ses membres des conditions d'existence et de développement suffisantes pour qu'ensuite, remis à ses propres forces, il puisse atteindre un des buts de la vie et accomplir sa destinée.

Mais, ne vous y trompez pas. Cette mise en ligne que la société doit à tous ses membres et qui varie à l'infini, puisque infinies sont les carrières qui s'ouvrent à l'activité humaine, cette mise en ligne n'a rien de commun avec cette égalité radicale et oppressive qui veut faire plier l'esprit humain sous le stupide niveau de l'égalité absolue. — Car, pour continuer ma comparaison, mettre tout le monde en mesure de descendre dans l'arène, ce n'est ni imposer la lutte aux jouteurs, ni les contraindre de régler leur pas sur le pas du plus lent, leurs efforts sur l'effort du plus faible ou du plus lâche.

Si les hommes sont égaux de nature, il y a néanmoins dans chaque individu des qualités naturelles ou acquises, héréditaires ou personnelles, qui le différencient de son semblable et que la loi doit d'autant mieux respecter que ces inégalités sont la condition du progrès.

Sans la variété d'occupations qu'amène cette inégalité de facultés ou de tendances, sans l'émulation qui en est la suite, la société périrait de langueur.

La véritable égalité, on l'a dit avec raison, consiste à traiter inégalement des êtres inégaux ; contraindre les hommes à vivre tous de même sorte, répartir à chacun la même quantité de biens, interdire l'épargne comme un crime de lèse-communauté, ce serait faire du genre humain un couvent de fainéants où l'on mourrait d'idiotisme, de misère et d'ennui. Il faudrait des violences inouïes et une inquisition constante pour maintenir six mois cette chimérique égalité.

Au reste, et puisque j'ai touché ce sujet, permettez-moi une courte digression qui ne sera pas sans intérêt.

Quand on parle de l'égalité absolue, on cite souvent l'exemple de Sparte et de Lycurgue, comme une preuve de la possibilité de ce système. L'exemple est peu concluant, car Sparte, où d'ailleurs régnait l'esclavage, fut loin d'être florissante et n'a rien fait pour la civilisation. Mais, chose curieuse, un passage de Plutarque nous apprend que la plus grande gloire de Lycurgue fut d'avoir aboli cette égalité complète que l'on rêve aujourd'hui, pour y substituer l'égalité proportionnelle, celle précisément *qui traite inégalement des êtres inégaux*, ou, pour parler le langage des anciens, d'avoir, en établissant des castes, remplacé la proportion arithmétique par la proportion géométrique. C'est dans le *Symposion*, les Propos de table, liv. VIII, chap. II, que je trouve cet intéressant passage.

« Tu sais bien, dit l'un des convives, que Lycurgue

« chassa hors de Lacédémone la proportion arith-
« métique comme turbulente et populaire, et y in-
« troduisit la géométrique comme plus convenable
« à un petit nombre de sages gouverneurs, et à une
« royauté légitime. Car celle-là attribue *au nombre*
« *l'égalité*, et celle-ci à la *raison* selon la dignité, et
« ne confond pas toutes choses ensemble ; ainsi, il y a
« en elle une apparente et remarquable discrétion
« et distinction, entre les bons et les méchants qui
« ne partagent pas entre eux ce qui est propre à
« chacun à *la balance ni aux lots*, mais à la différence
« du vice et de la vertu.

« Dieu donc, ami Tyndare, applique cette propor-
« tion aux choses humaines, et est ce qui s'appelle
« équité et justice, nous enseignant qu'il faut faire
« *justice égale* et non pas *égalité justice*, car, ce que
« le vulgaire recherche d'égalité, qui est *la plus*
« *grande injustice qui soit*, Dieu l'ôte du monde le
« plus qu'il est possible, et observe la dignité et le
« mérite géométriquement, la terminant et définis-
« sant selon la raison. »

— La seconde qualité, le second élément compris
dans la personnalité, c'est la liberté. Partout où la
loi refuse à l'homme la liberté, elle lui refuse aussi
le titre de personne ; elle en fait comme du nègre,
une bête de somme, une chose, un meuble.

Mais la liberté, telle que l'entend Krause, n'est
pas la liberté purement limitative et négative de
Kant, elle est aussi et avant tout positive ; elle
existe par elle-même avant toute concession des

autres hommes ; autrement dit, le problème est renversé. Ce n'est plus la liberté de chacun, interprétée par la volonté de chacun qui étend ou diminue ma sphère d'action ; au contraire ce sont les conditions nécessaires de mon existence et de mon développement qui tracent le cercle de mon activité, et ce n'est que par la détermination de cette sphère individuelle que la liberté de chacun devient aussi limitative de la liberté de tous. C'est mon droit d'exister et de me développer qui fait ma liberté et vous oblige à la respecter, ce n'est pas ma liberté ni le respect que vous pouvez avoir pour elle qui fonde mon droit.

Vous voyez que des actions immorales, qui, dans le système de Kant, sont juridiquement indifférentes puisqu'elles n'attentent pas à la liberté d'autrui, l'ivrognerie, par exemple, sont au contraire du ressort de la législation dans le système de Krause. Pourquoi ? C'est qu'ici la règle de conduite n'est plus le pouvoir, mais le devoir, et que le législateur n'est plus tenu de rester dans les limites étroites du respect de la liberté d'autrui.

Cette sphère individuelle appartenant, ou plutôt étant également assurée à tous, tous ayant un même droit à vivre librement, il se trouve que l'égalité se trouve au fond de la liberté, ou plutôt que ces deux qualités, tout opposées qu'elles paraissent, se soutiennent et se supportent mutuellement. Point de liberté sans égalité, pas d'égalité sans liberté.

On peut dire que la liberté se montre sous deux aspects principaux : comme liberté *interne ou de conscience* et comme liberté *externe* ou d'*action*. Le droit doit garantir, la société doit protéger ces deux sortes de liberté.

Mais avant tout, qu'est-ce que la liberté? Est-ce le but suprême de la vie? ou bien n'est-ce qu'un moyen, un instrument, une faculté pour atteindre le but de notre vie?

C'est ici que Krause s'est élevé bien au-dessus du formalisme de Kant et du libéralisme moderne, en faisant sentir que la liberté n'est qu'un moyen, un instrument bon ou mauvais suivant le parti qu'on en tire.

Donner à un homme la liberté la plus absolue, ce n'est rien lui donner, si on ne lui assure en même temps le moyen d'user de la force qu'on remet entre ses mains.

Sans doute la liberté est la condition de tout perfectionnement individuel et social, c'est la garantie de notre personnalité, de notre dignité morale ; c'est le seul moyen de rester maître de notre destinée, de nos facultés, de notre énergie, mais l'acquérir n'est pas le dernier terme des efforts humains, la posséder n'est pas la solution du problème de la vie. La liberté conquise, l'œuvre n'est pas achevée, elle commence.

C'est, vous le comprenez, Messieurs, la condamnation de l'école libérale, école négative qui croit avoir tout fait en assurant à tous les citoyens une liberté absolue. Aujourd'hui que la victoire de cette école est complète, on s'aperçoit de son impuissance ; c'est un système qui a fait son œuvre de destruction, mais qui ne peut rien édifier.

Ce qu'il nous faut à présent, ce n'est plus cette liberté abstraite, c'est une liberté *organique*, c'est-à-dire une liberté secondée, soutenue par la société, pour que chaque citoyen puisse atteindre plus facilement le but suprême de ses efforts. Il faut une doctrine organisatrice qui ne se borne pas à écarter les obstacles, mais qui, prenant la raison et l'expérience pour guides, avec la liberté pour instrument, se propose d'arriver par l'accord dans les idées, par la volonté commune à l'amélioration *positive* de la condition humaine, — élevant les classes pauvres et souffrantes à un degré supérieur de lumière et de bien-être, *sans demander à personne le sacrifice de sa liberté.*

La troisième qualité fondamentale de l'homme consiste dans la sociabilité, c'est-à-dire dans le besoin de s'associer avec ses semblables. La sociabilité est un caractère distinctif de l'homme, un principe tellement inhérent à la nature humaine que l'isolement prolongé devient un véritable supplice et qu'il est aujourd'hui préconisé comme le moyen le plus énergique de châtiment et de correction.

Cet instinct de sociabilité, ce besoin de s'unir n'est point satisfait par la seule réunion des hommes en nations, en États : dans la société même il reparaît perpétuellement sous mille formes. Le droit qui répond à ce besoin est le droit d'*association*. — Il consiste dans les conditions nécessaires pour l'exercice de cette faculté ; chaque homme peut prétendre à ce que l'État, non-seulement ne mette pas d'entraves à la faculté d'association (autant du moins qu'elle ne trouble pas la tranquillité publique), mais encore qu'il la garantisse et la favorise par tous les moyens.

Vous reconnaissez toujours, Messieurs, ce même et fécond principe, que le droit (et par conséquent le droit d'association comme le droit de liberté), est positif et non pas seulement négatif ; que l'État doit non seulement respecter et défendre, mais encore garantir et encourager nos facultés naturelles.

Au surplus, je n'ai pas besoin de vous dire que si Krause considère l'association comme un droit naturel, s'il y voit un moyen de progrès, le grand préservatif des agitations, parce qu'il donne une voix puissante et paisible à toutes les plaintes, c'est de l'*association libre* qu'il entend parler et non de cette enrégimentation forcée, de cette *presse* de nouvelle espèce, qui ferait de l'espèce humaine un troupeau.

Pour Krause, l'association est l'harmonie, et si l'on veut, la synthèse de l'égalité et de la liberté. — La liberté érigée en principe absolu mène à l'individualisme, à l'isolement. — L'égalité poussée à l'extrême mène à la communauté. L'association est le principe supérieur qui comprend et concilie ces deux termes opposés.

En effet l'association suppose l'union libre et égalitaire des efforts individuels pour réaliser une pensée commune, pour atteindre un but commun.

Sans liberté, point d'association possible. — Le maître et l'esclave ne sont certainement pas des associés.

Sans égalité, il peut y avoir des forces juxtaposées et même jusqu'à un certain point *trêve* d'antagonisme entre ces forces, mais il n'y a ni paix ni équilibre. — A la première occasion l'harmonie est rompue et la guerre recommence, c'est la négation même de l'association.

Ainsi égalité, liberté, sociabilité, — voilà les trois qualités constitutives de la personnalité humaine, et c'est sur elle que se fondent les droits correspondants de liberté, d'égalité et d'association.

L'égalité caractérise l'homme comme membre d'une seule et même famille humaine. Elle est la conséquence de l'unité fondamentale de la nature de tous les hommes.

La liberté constitue pour l'homme une sphère personnelle d'action. Elle le caractérise comme individu, — subsistant et agissant par lui-même.

La sociabilité enfin établit le lien entre les individus qui resteraient séparés si la liberté individuelle devenait le seul principe d'action.

Vous voyez combien cette analyse est plus riche et plus complète que celle de Kant. Ajoutons que Krause a distingué les différents buts de la vie humaine des facultés qui nous servent à les atteindre, et il a nettement indiqué, ce que Kant lui-même n'avait pas vu, qu'il ne suffit pas de reconnaître à l'individu l'usage de ses facultés naturelles pour le mettre en état d'accomplir sa destinée, qu'il fallait en outre que la société lui donnât les moyens nécessaires pour que ses facultés ne restent pas stériles.

A ces trois droits primitifs sortis de la nature humaine, Krause en ajoute un autre non moins essentiel au maintien de la personnalité, un droit qui en découle pour ainsi dire, le droit de propriété.

C'est une grande question dans l'École de savoir si le droit de propriété est un droit primitif, un droit naturel, ou si, au contraire, c'est une concession de la société, un droit dérivé qui doit sa naissance à la loi. Mirabeau, Montesquieu ont soutenu cette dernière opinion. Bentham l'a formulée dans cette phrase énergique : « La propriété et la loi sont « nées ensemble et mourront ensemble. Avant les « lois, point de propriété. Otez les lois, toute pro- « priété cesse. »

Cette question, Messieurs, est la plus grave que puisse soulever la jurisprudence, puisque la société repose tout entière sur la propriété, et que de l'opinion qu'on se fera sur l'origine de ce droit dépend l'étendue de la puissance qu'on accordera à l'État pour régler la propriété et en disposer. Si, par exemple, c'est la loi qui a établi la propriété individuelle, pourquoi n'établirait-elle pas aussi la communauté ?

On voit combien ce problème est sérieux ; pour le résoudre, il faut d'abord se faire une idée nette du droit de propriété.

Dire que ce droit vient de la loi est une solution que nous ne pouvons admettre, puisque nous avons distingué le juste de la loi. Il faudrait d'abord prouver que la loi qui établit telle ou telle forme de propriété est juste. Le droit de propriété ne saurait dériver de la loi, puisque le droit est indépendant de la loi ; à la vérité, ce droit spécial a besoin de garanties pour être respecté, et cette garantie, c'est la loi qui la donne ; mais la garantie d'un droit peut le faire respecter, elle ne le constitue pas. Le droit de propriété est antérieur et supérieur à la loi ; mais s'il ne vient pas de la loi, d'où vient-il ?

Est-ce de l'*occupation*, comme le disent les jurisconsultes romains dans cette maxime : *Quod nullius est, in naturali ratione occupanti conceditur*. Doctrine adoptée par Grotius, Puffendorf, Blackstone et une foule d'anciens jurisconsultes. C'était la base du droit public européen, lors de la découverte de l'Amérique.

L'occupation est, en effet, historiquement, l'origine du droit de propriété, mais l'occupation suppose le droit d'occuper ; autrement, c'est, en dernière analyse, la force qui serait le principe et le titre de la propriété, mais la force ne peut pas créer le droit.

Pour se tirer de cette difficulté, on a imaginé une convention *tacite* entre les hommes de respecter les droits du premier occupant.

Mais cette convention, qui est une fable comme le contrat social, soulève les mêmes difficultés.

Cette convention fût-elle prouvée au début, comment un pareil contrat obligerait-il les générations à venir? Demandez aux misérables qui n'ont pas de pain s'ils ratifient cette cession faite par leurs ancêtres du droit qu'ils avaient originairement sur toutes choses? Leur réponse, facile à prévoir, vous montrera toute la fausseté du système.

Est-ce le *travail* alors qui constitue le droit de propriété? En langage d'école, est-ce l'appropriation, la transformation, la spécification?

Cette doctrine, adoptée dans ces derniers temps par tous ceux qui ont combattu les doctrines socialistes, notamment par M. Thiers, est infiniment plus raisonnable que celle de l'occupation. Elle dégage la question de la propriété des hypothèses gratuites, des fictions inutiles ; elle fonde l'établissement de la propriété sur un fait constant qui subsiste toujours et partout : l'activité de l'homme.

Néanmoins cette doctrine ne donne pas encore la véritable raison d'être de la propriété.

En effet, quelle est la condition première pour que la société soit tenue de respecter mon travail ? Évidemment que la chose que je me suis appropriée, que j'ai transformée, n'appartienne pas à un maître et c'est là que se retrouve la question de la propriété.

Le propriétaire seul a droit de transformer sa chose suivant ses besoins. — La transformation ne crée donc pas la propriété, puisqu'elle la suppose ; et nous voici ramenés à l'occupation primitive, autrement dit, à la question de savoir de quel droit l'homme peut s'approprier les choses? Pourquoi la société doit-elle garantir au travailleur, non seulement la valeur produite par son travail, mais la chose même qu'il a transformée? Voici la doctrine de Krause ou plutôt d'Ahrens son disciple ; doctrine aussi profonde qu'ingénieuse. Elle légitime à la fois l'occupation et le travail en les fondant sur le droit de personnalité.

Quel est l'objet du droit de propriété? Toute chose qui, directement ou indirectement, peut servir les besoins de l'homme. La propriété comprend donc tous les moyens propres à satisfaire ces besoins légitimes, provoqués par les nécessités de son développement physique et intellectuel.

Rapprochons maintenant cette définition de celle que nous avons donnée du droit : l'ensemble des conditions nécessaires pour le développement de l'homme, en tant que ces conditions, que ces moyens dépendent de sa volonté.

Nous arrivons à ce résultat que la définition de la propriété est la définition même du droit, et en vérité, si nous voulons réfléchir, nous verrons que la seule différence c'est que le droit exprime le rapport général, idéal, entre l'homme et les conditions nécessaires à son développement, et que la propriété exprime la réalisation de ce rapport. C'est la conjonction *effective* des choses avec la personnalité humaine de façon que celle-là puisse s'en servir et les utiliser.

Ainsi la propriété a le même fondement, la même raison d'être et le même but que le droit en général, et Ahrens en tire cette conséquence importante que, de même que le droit résulte immédiatement de la nature de l'homme et ne dépend d'aucun acte de la volonté, d'aucun contrat, ainsi la propriété, quant à sa base, ne se fonde pas non plus sur des actes particuliers comme l'occupation, le travail ou la convention. Elle résulte de la nature même de l'homme, sa racine est celle du droit, la personnalité.

Krause, en mettant la source de la propriété dans la personnalité, élève le droit au-dessus de la volonté des hommes ; mais il est clair qu'il lui faut la garantie de la société pour se maintenir. En outre, c'est à la société qu'appartient le droit d'organiser et de régler la propriété entre tous ses membres.

La société ne *crée* pas le droit de propriété, et par conséquent elle n'a pas le droit de *détruire* la propriété, mais elle peut régler son application, la circonscrire enfin dans des limites où le droit des uns ne devienne pas l'oppression des autres.

Ainsi la propriété se compose de deux éléments, l'un individuel, l'autre social. Si l'un est la base, l'autre est le régulateur du droit de propriété, et tous les deux doivent être combinés pour donner à la propriété son caractère complet, reflet des rapports organiques qui existent entre l'individu et la société. De même que l'individu ne doit pas être absorbé par la société, de même le droit individuel de propriété ne se perd pas dans le droit social.

Par cette raison on ne peut pas dire que la société soit le propriétaire universel et souverain de tout ce qui est possédé par ses membres. La propriété n'est pas la souveraineté. Elle l'a été longtemps, et nos rois se prétendaient propriétaires non moins que souverains. Elle ne l'est plus aujourd'hui que la confusion qu'entraînait l'idée féodale a disparu.

D'un autre côté, les deux éléments qui constituent le droit de propriété peuvent être combinés dans des proportions très différentes, et l'histoire nous montre la prédominance tantôt de l'élément social, tantôt de l'élément individuel. Mais l'isolement du sauvage, pas plus que la communauté du moine, ne constitue l'idéal de la société. Cet idéal se trouverait réalisé par le ménagement, par l'accord parfait de ces deux intérêts, et non par le sacrifice de l'un ou de l'autre.

Aussi, la propriété étant la réalisation du droit pour Krause, chaque homme peut, *en droit naturel*, prétendre à une propriété proportionnelle à ses besoins légitimes. Cette quantité, quelle qu'elle soit, doit être garantie à chacun, autrement le droit et la justice ne seraient pas satisfaits.

Combien nous sommes loin de cet idéal, vous le savez, Messieurs, mais Krause ne s'est pas trompé; car l'histoire nous apprend qu'un peuple est d'autant plus heureux et tranquille, que la propriété est plus divisée, c'est-à-dire qu'il y a un plus grand nombre de propriétaires ; tant il est vrai que posséder est la condition naturelle de l'homme, et que par contre, à la grande propriété correspond presque toujours une extrême misère.

Telle est, Messieurs, la théorie d'Ahrens. C'est certainement, au point de vue philosophique, une des plus remarquables ; c'est au fond la théorie du travail prise comme base de la propriété, mais rectifiée dans ce qu'elle avait d'originairement vicieux et justifiant cette profonde pensée de Ballanche dans sa Palingénésie :

« La propriété est une institution divine. Les
« déclarations du dernier siècle contre le tien et le
« mien ne peuvent soutenir le regard de la raison,
« malgré le secours que l'éloquence de Rousseau a
« daigné leur prêter. L'homme fait le sol. *La terre,*
« *c'est lui.* »

HISTOIRE DU DROIT FRANÇAIS (1857-58)

(*1re leçon*) *Mardi* 8 *décembre* 1857.

MESSIEURS,

Nous commencerons cette année l'histoire du droit français, c'est une œuvre de longue haleine et qui demandera plus d'un jour, car elle embrasse vingt siècles et la vie de soixante générations.

Mais, avant de vous montrer l'importance et l'intérêt de ces belles recherches, il est une question plus générale, qui domine toutes les autres et que je voudrais d'abord traiter avec vous.

Qu'est-ce-que l'histoire du droit?

Est-ce une étude professionnelle, nécessaire ou simplement utile à l'avocat, et qui n'intéresse en rien ceux qui ne font pas métier de la jurisprudence?

Est-ce au contraire une science véritable, qui a sa place dans les études morales qui ont pour objet l'homme et la société, une science qui s'adresse à tous les esprits cultivés, à tous ceux qui ont encore l'âme d'un citoyen, à tous ceux qui s'inquiètent de l'avenir des sociétés, sentant que le premier intérêt de l'homme c'est celui de l'humanité : *The proper study of mankind is man.*

C'est là une question d'une extrême gravité. Dans le premier cas cette chaire n'est pas à sa place, c'est à l'École de droit qu'il faut la mettre, et encore est-ce chose inutile, car depuis vingt-cinq ans cette étude y est représentée.

Dans le second cas vous faites bien de venir ici, quelle que soit la faiblesse du professeur, car les problèmes que nous soulèverons sont des problèmes qui vous touchent, *vestra res agitur*, et j'ai raison de compter sur votre bienveillante attention.

L'histoire du droit (son nom l'indique), comprend deux choses ; le droit et l'histoire.

Qu'est-ce donc que le droit? Le droit a-t-il une histoire ?

Voilà les deux termes du problème : il faut les étudier séparément. Nous nous occuperons aujourd'hui de la première question.

Qu'est-ce que le droit ? — Je ne veux pas vous dire toutes les définitions qu'on en a données. Chaque école a apporté la sienne, et a mis son principe dans sa définition, moyen sûr d'en tirer toutes les conséquences qu'elle avait prévues.

Mais dans toutes ces définitions se retrouve un élément commun que je voudrais dégager.

Je prends trois formules : celle des juriconsultes romains, celle de Daguesseau, celle de Montesquieu. Les premiers résument la tradition de l'antiquité; Daguesseau représente la grande école chrétienne du xvii° siècle; Montesquieu est l'auteur qui a le plus profondément creusé la question.

« Le droit, *jus*, dit Ulpien, est ainsi nommé de la justice. *Jus a justitia*, car suivant l'élégante définition de Celse, c'est l'art, c'est la pratique du bien et de l'équité; nous en sommes les prêtres, car nous adorons la justice et nous enseignons le bien et l'équité, en séparant le juste de l'injuste, en discernant ce qui est permis de ce qui est défendu, en tâchant de rendre les hommes bons, non seulement par la crainte des châtiments mais par l'espoir des récompenses, nous sommes de vrais philosophes. — *Veram, nisi fallor, non simulatam philosophiam affectantes.* — (*Dig*, l. I, l. 1.)

Cette définition est célèbre; elle ramène le droit à la justice, et quand Bossuet a voulu faire un sermon sur la justice il a pris pour texte la formule même des jurisconsultes romains qui est aussi celle de Cicéron. La *justice est la volonté ferme et constante* de rendre *à chacun son droit.* — Il eût pu ajouter comme les anciens : « La jurisprudence est la science des choses divines et humaines, la science du juste et de l'injuste. »

Mais cette définition a un grand défaut; elle explique l'inconnu par l'inconnu, le droit par la justice; ce n'est que reculer la question. Qu'est-ce alors que la justice ? Est-ce une idée irréductible? ne peut-on serrer de plus près les éléments dont elle se compose? Les anciens semblent ne l'avoir pas pensé, et Bossuet n'a pas été plus loin qu'eux.

La définition de Daguesseau que nous allons examiner maintenant n'est pas plus précise ; c'est toujours la justice qui est la définition du droit :

I. — « Ce que l'on appelle le droit considéré en général n'est autre chose que l'assemblage ou la suite des règles par lesquelles nous devons faire le discernement de cequi est juste et de ce qui ne l'est pas,pour nous conformer à l'un et nous abstenir de l'autre.

II.— « Le caractère général de toutes ces règles, ou ce qu'elles ont de commun, est qu'elles tendent également à diriger la conduite d'un être intelligent qui ne doit pas vivre au hasard et à qui la raison a été donnée pour être comme sa première loi.

« Il est donc évident que toute les actions doivent avoir un motif raisonnable et il ne l'est pas moins que les règles ne lui sont données que pour la conduire à sa perfection et à son bonheur. »

(*Essai d'une Institution au droit public ; définition.*)

Le premier passage est emprunté aux jurisconsultes romains, le second confond le droit et la morale. Il est évident que la raison nous fait connaître le droit, mais elle nous fait connaître aussi bien d'autres choses. Il est évident que toutes nos actions doivent avoir un motif raisonnable. Mais toutes nos actions ne sont pas juridiques; la question n'a pas fait un pas.

Avec Montesquieu il en est autrement et l'on entre de plain-pied dans la philosophie moderne.

(V. *Esprit des Lois*, Liv. I chap. i.)

« Les lois dans la signification la plus étendue sont les rapports nécessaires qui dérivent de la nature des choses, et dans ce sens tous les êtres ont leur loi. La divinité a ses lois, le monde matériel a ses lois, les bêtes ont leurs lois, l'homme a ses lois.

« Les êtres particuliers, intelligents, peuvent avoir des lois qu'ils ont faites, mais ils en ont aussi qu'ils n'ont pas faites. Avant qu'il y eût des êtres intelligents ils étaient possibles, ils avaient donc des rapports possibles et par conséquent des lois possibles. — Avant qu'il y eût des lois faites, il y avait des rapports de justice possibles.

« Dire qu'il n'y a rien de juste ni d'injuste que ce qu'ordonnent ou défendent les lois positives, c'est dire qu'avant qu'on eût tracé des cercles, tous les rayons n'étaient pas égaux.

« Il faut donc avouer des rapports d'équité antérieurs à la loi positive qui les établit. »

Il y aurait plus d'une observation à faire sur ces paroles de Montesquieu, mais la seule chose que je veux remarquer et qui nous intéresse, c'est qu'il est sorti de ce paralogisme qui définit le droit par la justice, et qu'il a cherché dans un élément nouveau, dans les rapports humains, l'origine ou pour mieux dire, l'apparition et la justification du droit. Mais, des rapports, des relations entre les hommes ne sont pas le droit même, comme le remarque déjà Helvétius dans ses notes sur Montesquieu, c'est la matière du droit, ce n'en est pas la forme. Le droit existe avant ces rapports, comme le reconnaît Montesquieu, à peu près comme on peut dire que l'étincelle était dans le caillou avant que l'acier ne l'en eût tirée.

Prenons néanmoins cette définition de Montesquieu en la corrigeant, et nous aurons du droit une notion que je crois exacte : c'est l'ensemble des règles qui gouvernent ou doivent gouverner les rapports sociaux, c'est-à-dire, les rapports des hommes considérés comme membres de l'État et de la société. — Que cette règle soit divine ou humaine, ceci ne touche en rien à la définition, et c'est une question réservée.

Mais creusons ces deux mots : *rapports sociaux*, et nous allons arriver à des résultats importants.

L'idée de rapport, de relation est l'idée dominante, l'idée constituante du droit. — Pour que le droit existe, pour qu'il soit en acte et non pas en puissance, il faut qu'il y ait deux hommes en présence. Robinson, dans son île, pouvait avoir des devoirs envers Dieu, et même envers les choses, mais il n'y avait pas de *droit* pour lui — la matière du droit manquait.

Au contraire, dès que paraît un second individu, le droit s'éveille. Quand il poursuit, quand il atteint Vendredi, a-t-il le droit de tuer ce sauvage sans armes? Et s'il ne le tue pas, a-t-il le droit d'en faire son esclave? Quels services peut-il exiger de lui? Dès ce moment la première société commence et avec la société paraît le droit. Le droit est donc bien la règle des rapports humains.

Mais tous les rapports des hommes entre eux ne

constituent pas la matière du droit : il faut de plus que ces rapports soient sociaux, *politiques*, suivant la juste expression des anciens. Nous avons avec nos semblables une foule de rapports sociaux qui ne renferment pas l'idée de droit et de devoir et qui par conséquent ne font pas l'objet du droit.

Quels sont alors les rapports purement sociaux? Il est aisé de les découvrir dans la nature de l'homme.

L'homme est un être intelligent et libre, il a une double vie à soutenir ; une vie matérielle et une vie morale. Il faut qu'il vive ici-bas, et comme il a reçu l'existence, qu'il la transmette à ses enfants; il faut aussi qu'il se prépare à une destinée meilleure et qu'il marche sans cesse vers sa perfection, c'est là son bonheur et sa fin.

De cette double nature de l'homme sortent son indépendance et son droit. Il faut qu'il travaille ; il faut que le fruit de son travail soit respecté ; il faut qu'il ait une famille et que cette famille soit protégée; il faut qu'il perfectionne son intelligence, sa conscience, son âme. Tout cela, c'est l'ensemble de ses devoirs envers Dieu, envers lui-même, envers la société. De plus, le devoir qui incombe à chaque individu, incombe à tous sans exception ; chacun a les mêmes obligations et a droit à la même liberté, jusque-là, point de difficultés.

Mais la difficulté commence quand ces deux sortes de devoirs se heurtent, quand une liberté empiète sur l'autre; là se reproduit une résistance et le devoir devient un droit.

Que j'aie le droit de me défendre contre celui qui attente à ma vie, ou à celle de mes enfants, la chose est trop évidente pour avoir besoin de démonstration. J'aime mieux prendre un exemple plus obscur et plus contesté ; je vais chercher avec vous comment s'établit et en quoi consiste véritablement le droit de propriété.

J'ai besoin de vivre et je me rends à Alger. J'achète quatre hectares de terre, dévorés par les palmiers nains et qui ont une valeur de 200 francs, 200 francs que je payerai par mon travail. Cette terre, je la défriche, je la cultive, je la mets en pleine valeur. Elle me nourrit et de plus je paye à la société en impôts dix fois ce qu'au début on estimait le revenu de mon terrain.

Supposons maintenant qu'on envahisse mes propriétés. Ai-je le droit de recourir aux lois ? Et si les envahisseurs sont des étrangers, des Arabes pillards, ai-je le droit de me défendre et de repousser la violence par la force ? Laissons de côté les lois civiles, adressons-nous à la raison. — N'est-ce pas mon travail qu'on détruit et qu'il faut protéger ? Voilà le droit qui naît des rapports humains, le travail l'a enfanté, la force le garantit.

Ainsi ma personne, ma famille, mon travail, ma propriété, voilà l'objet du droit, joignez-y les engagements mutuels que la loi fait respecter, et vous aurez à peu près toute la matière juridique, code pénal, code de procédure, droit public, tout cela n'est autre chose que des garanties du droit, ce n'en est pas le fonds essentiel, primitif.

Ainsi tout se ramène à la défense, à la protection de l'individu. Ce sont là les rapports sociaux, les rapports de justice. Tous nous avons le droit de vivre, tous nous avons le droit de nous perfectionner. L'égalité est parfaite sur ce point entre les hommes ; toute invasion est injuste et par conséquent coupable — la protection doit être égale pour tous, rien de plus, rien de moins.

Cette idée a bien plus de portée qu'on ne l'imagine d'abord, et il est incroyable combien les sociétés modernes l'ont peu comprise. Nous l'avons vu il y a peu d'années dans une redoutable question, celle du droit au travail.

Sans doute l'État, la société, ne doit laisser souffrir personne et surtout celui qui ne demande qu'à vivre en travaillant, c'est là un devoir pour elle, devoir d'humanité, devoir de christianisme. Mais ce n'est pas une question de justice, et la loi ne peut assurer du travail à personne par un décret.

En effet, ce ne serait plus garantir une liberté qui existe d'ailleurs et qui est la même pour tous, ce serait créer une servitude, une créance, et par conséquent empiéter sur le droit d'autrui.

Suivez-moi bien : comme homme et comme chrétien, je ne dois pas laisser souffrir le mendiant qui m'implore ; mais si ce mendiant a un droit formel sur ma bourse, alors il faudra, que dans un temps don-

né, je sois le mendiant à mon tour ; — alors celui qu
vole un pain chez le boulanger est innocent, et c'est le
boulanger qui est le voleur, car s'il *doit* nourrir cet
homme, il ne peut pas lui refuser du pain. — Et c'est
le travail de la société tout entière qui est menacé
et qui s'arrête, parce qu'on a violé la justice au
profit de la pauvreté.

On se place donc en dehors de la justice dans les
théories communistes et socialistes, théories qui
détruisent l'individu et l'absorbent au profit d'une
abstraction. Le prétendu droit au travail n'est donc
pas un droit.

Pour rendre ces notions plus claires, Messieurs,
comparons le droit aux autres études morales, à la
religion, à la philosophie, à l'économie politique,
sciences qui toutes ont l'homme pour objet et qui
cependant ne sont pas le droit.

Toutes ces études s'appliquent à certains devoirs
des hommes, à certains rapports qui les unissent,
mais leur principe n'est pas la justice, et si elles
rencontrent souvent le droit, souvent aussi elles s'en
séparent. Ce sont des circonférences qui se coupent
mais qui n'ont pas un centre commun.

La morale, par exemple, a pour principal objet
l'étude de l'homme intérieur, l'étude de l'individu.
Elle apprend à l'homme à connaître son âme ; elle lui
montre ce qu'il se doit à lui-même et ce qu'il doit à
Dieu. Par tous ces côtés elle est en dehors et au-
dessus du droit. Quand au contraire elle étudie les
rapports des hommes entre eux, quand, à l'aide de

la raison, elle cherche à régler nos relations, alors elle se rapproche du droit. Elle se confond même avec lui lorsqu'elle s'appuie sur la seule idée de justice ; mais elle s'en sépare et se rapproche de la religion si elle s'appuie sur les idées d'humanité et de bienfaisance.

Dans le premier cas, elle est un guide pour le législateur ; dans le second elle peut l'égarer, en le faisant sortir de sa sphère.— Prenons un exemple : l'ivrognerie est un vice affreux qui dégrade l'homme au-dessous de la brute, et on ne peut trop le maudire. — Le philosophe demande que le législateur punisse les délits qui accompagnent un tel défaut et qu'une police bien faite ne souffre pas de désordre dans les cabarets. Ce sont là des exigences justifiées, il faut que chacun soit responsable du dommage qu'il a causé.

Mais la philosophie morale va plus loin ; non seulement elle établit des sociétés de tempérance qui ne se permettent de boire que de l'eau, mais elle prétend faire du législateur un moraliste et comme dans l'État du Maine, aux États-Unis, elle veut qu'on interdise l'usage de toute boisson fermentée.

Voilà un trouble inutile dans la société, une entreprise sur la liberté individuelle que rien ne justifie ; vous supprimez l'usage licite d'une boisson qui ne fait mal à personne et en même temps vous entravez ma liberté ; vous sortez de la justice et en même temps vous sortez de la vraie morale, ce qui arrive toujours en pareil cas.

Vous établissez la vertu par ordonnance; or une vertu imposée n'en est pas une, puisqu'elle n'est pas volontaire, et en même temps c'est la plus fragile de toutes, car elle n'a pas ses racines dans le cœur humain. Ce fut l'erreur des jésuites du Paraguay.

La morale a donc sa sphère qui n'est pas celle de la justice. Il en est de même de la religion qui n'est qu'une morale révélée et soutenue par une sanction divine.

La religion règle-t-elle ce que l'homme doit à Dieu, le respect qu'il se doit à lui-même, elle est dans sa sphère propre — règle-t-elle les devoirs mutuels des hommes, elle est sur le domaine du législateur quand elle parle au nom de la justice; elle fait du droit, droit *sacré*, chez les Romains, *Droit canonique* dans la chrétienté moderne.

Mais elle va plus loin, et, comme la morale, elle impose aux hommes une foule de devoirs fondés sur la charité et qui n'ont pas pour équivalents des droits.

Les jurisconsultes les ont nommés des devoirs *imparfaits*, il serait plus juste de les nommer les plus parfaits des devoirs. — L'aumône, la charité, le pardon des injures, voilà quelques-uns des devoirs qui n'engendrent pas de droits chez ceux que nous obligeons. S'il y a contrat, c'est avec Dieu qu'on l'établit, c'est à lui que nous demandons la force de pardonner l'injure, c'est pour nous rapprocher de lui que nous voulons être généreux et charitables.

Mais l'idée de justice exacte n'est pas dans cet engagement, et s'y on voulait l'y mettre, la société serait troublée. — Qu'une loi *ordonne* le pardon des injures, et le pouvoir passera sans conteste aux violents ; qu'une loi *ordonne* l'aumône, et vous aurez une *loi des Pauvres*, un impôt sur la propriété, mais plus de charité.

La religion et le droit n'ont donc pas une sphère commune, le juste et le bien moral ou religieux ne sont pas la même chose, et sur ce point toute confusion est redoutable.

Prenons un exemple que j'ai eu sous les yeux dans ma jeunesse — la loi *du Sacrilège*.

Le vol dans une église, la dispersion des hosties, le bris d'un ciboire sont des actes coupables. Violation d'un temple mis sous la protection publique, insulte aux croyances des citoyens qui sont troublés dans leur exercice — la loi fait bien de punir ce crime avec sévérité.

Mais au nom de la religion on demandait davantage ; le prêtre se substituait au législateur et réclamait la peine de mort pour l'homme qui avait outragé la divinité, on voulait renvoyer le coupable devant son juge naturel.

Dans un cas semblable, Messieurs, la loi sort de sa sphère, ce n'est plus le vol qu'elle punit, c'est un crime de lèse-divinité, crime que nous ne pouvons comprendre ; et du même coup la religion sort aussi de son rôle. Elle n'est plus l'amour de Dieu et des hommes. Elle est la violence et la persécution. Elle brûle, elle condamne au nom de Celui qui est mort pour nous sauver. — Elle se nomme l'Inquisition. De pareilles lois sont donc mauvaises.

Passons à l'économie politique, science en grande faveur, qui s'occupe de la formation, de la distribution, de la consommation des richesses. Son but, vous le savez, c'est l'utile.

L'économie politique embrasse une foule de questions qui ne sont pas du droit ; la division du travail, la concentration des capitaux, le rapport des salaires et du travail, de l'offre et de la demande, etc. Mais d'un autre côté elle touche au droit par mille points, car la propriété joue le plus grand rôle dans le droit et l'économie politique s'occupe de la propriété.

Tant que l'économie politique conseille ce qu'elle croit le plus profitable, elle est dans son rôle ; mais si elle impose des doctrines dans la législation, elle peut devenir la plus fausse et la plus dangereuse de toutes les sciences, car elle remplace par l'utile le juste, seule base du droit.

Or l'utile est chose particulière, difficile à constater, à démontrer surtout ; le juste, au contraire, est aisé à reconnaître, puisque tout s'y ramène à une loi générale égale pour tous.

Voyez par exemple les monopoles, pour les voitures, pour les sucres, les lois sur la protection du travail national, toujours et partout en pareil cas l'économie politique se traduisant en lois devient odieuse au lieu d'être bienfaisante, parce qu'elle met l'utile à la place du juste, c'est-à-dire la convenance de quelques-uns au lieu du droit de tous, et si elle prétend vou-

loir par ces mesures, l'utilité, le bien-être général,
je prétends qu'elle fait un circuit inutile; la justice
suffisait, *car la justice est le commun profit de tous.* —
En agissant ainsi l'économie politique ouvre la porte
au communisme qui détruirait bientôt la société.

En résumé, la philosophie, c'est la science de l'â-
me, son objet c'est le γνωθι Σεαυτον ; la religion c'est
la science de Dieu, son objet l'amour de Dieu et des
hommes pour l'amour de Dieu; l'économie politique
c'est la science de l'utile, son objet c'est le bien-être
général; tandis que le droit, c'est la science du juste,
son objet unique, c'est de maintenir l'ordre et la
paix dans la société par le respect égal de tous les
individus, ce n'est pas l'ordre dans l'égalité seule,
c'est aussi l'ordre dans la liberté.

Ainsi chacune de ces sciences tient aux autres,
mais chacune a son domaine, et la justice, comme
le disait Aristote, est la vertu sociale par excellence
et la seule, je le répète, qui convienne au législateur. Son œuvre essentielle n'est pas d'être moral,
humain, charitable, industriel; tout cela c'est l'œuvre des individus; son œuvre est d'être juste; car
avec la justice tout prospère, la moralité comme la
religion, la charité comme l'industrie; et sans la
justice, au contraire, il ne reste plus rien debout
dans la société.

Jamais, Messieurs, plus qu'aujourd'hui il ne fut
nécessaire de réveiller cette idée de justice. Elle est
absente de la société française; les Révolutions l'en
ont chassée, l'histoire l'a travestie. La conscience

publique est faussée. — Je citerai quelques exemples au risque de vous déplaire et de choquer peut-être vos préjugés, mais il le faut.

Qu'est ce que la condamnation de Louis XVI au siècle dernier? une grande mesure de salut public? la punition d'un parjure? un crime horrible contre le roi de droit divin, l'Oint du Seigneur?

Je me borne, Messieurs, à prendre le procès en lui-même, et je dis que Louis XVI a été frappé par une loi faite *après* l'accomplissement de ses crimes vrais ou prétendus; qu'il a été jugé par ses accusateurs; que sa défense a été une dérision et que sa mort a été un assassinat politique. — Ce fut d'ailleurs la destruction de la liberté, le sang l'avait tuée.

Prenons une autre loi : le milliard d'indemnité sous la restauration. Nous voyons le général Foy, un grand orateur, défendant la légalité des décrets de la Convention contre les émigrés et d'autre part les légitimistes demandant que la Révolution fît amende honorable; c'était le conflit des passions, et cependant le principe de la loi était juste puisqu'il était l'abolition de la confiscation.

Je pourrais vous citer encore la transportation des insurgés en 1848, — contre laquelle j'ai protesté avec mon ami M. Wolowski, — parce que ces hommes étaient sans doute des coupables, mais qu'on les avait déportés sans jugement et que le principe de la justice doit dominer tous les autres.

Ce sont là, Messieurs, de belles études, et vous voyez qu'elles intéressent tout le monde. Pour les aborder avec fruit, que chacun de nous descende dans sa conscience, pour en chasser les erreurs, et y faire entrer la vérité.

La tâche est grande pour un maître, et Ulpien a raison, c'est un sacerdoce qu'il exerce, c'est plus qu'une philosophie; mais croyez que j'en sens toute la grandeur et tout le poids.

Vous me verrez toujours ici, en dehors de tous les partis, défendre ce que je crois la justice ; c'est là ma règle et ma boussole. Vos devanciers m'ont tenu compte de ma sincérité, j'espère que vous me traiterez avec la même bienveillance, et que je trouverai en vous non seulement des auditeurs sympathiques, j'ai plus d'ambition, des amis.

1857-58 — (2° *leçon*)

MESSIEURS,

Nous avons vu ce qu'est le droit; au fond tout s'y ramène au respect de l'individu, de sa famille, de sa propriété, de tout ce qui est par son travail une extension de sa personne; dans la forme, nous l'avons défini : l'ensemble des règles qui gouvernent les rapports sociaux.

Demandons-nous maintenant si le droit a une histoire; ce que c'est que cette histoire; quelle est son importance ; enfin si c'est une science véritable.

Et d'abord le droit a-t-il une histoire? — Mais c'est l'histoire même dans le sens usuel du mot, l'histoire politique, l'histoire des institutions. C'est ce que reconnaissait Montesquieu quand il écrivait, dans l'*Esprit des Lois*, cette phrase célèbre : « Il faut éclairer l'histoire par les lois et les lois par l'histoire ; » phrase qui eût été une meilleure devise pour son ouvrage que le *prolem sine matre creatam*, épigraphe ambitieuse et qui n'est même pas vraie, car Montesquieu avait eu des devanciers qui s'appellent Aristote, Machiavel, Bodin, Gravina. Et avant Montesquieu, d'ailleurs, un de nos vieux jurisconsultes du xvi° siècle avait dit, avec non moins de raison : *Cæca sine historia jurisprudentia;* et la réciproque n'est pas moins vraie : *Cæca sine jurisprudentia historia.*

C'est ainsi que l'entendaient les anciens. Ils donnent une grande part aux passions, une trop grande part ; mais ils font une place considérable aux institutions et il ne peut pas en être autrement dans un pays libre : Salluste, Tacite, Tite-Live lui-même ne peuvent être compris sans la connaissance du droit. Quant à Cicéron son traité des Lois, son traité de la *Républ que* sont de vraies histoires du droit, — et si l'on remonte plus haut on trouve dans la *Politique* d'Aristote la connaissance et l'intelligence du droit de son temps.

Les modernes, du moins les Italiens, Machiavel, Guiccardin, ont compris les choses de la même façon ; mais il n'en a pas été de même en France, où l'on trouve surtout des histoires militaires et des histoires des rois.— Seulement les récits de bataille ont diminué à mesure que l'importance même de la guerre a baissé dans la vie des peuples. Plus l'industrie, plus le commerce font de progrès, plus l'esprit humain s'éclaire et mieux on comprend que la paix est la santé des nations, tandis que la guerre en est la fièvre.

Une histoire qui n'est autre chose qu'un bulletin militaire, ne s'adresse plus chez nous qu'aux gens de profession. C'est là le défaut de l'œuvre de M. Thiers, elle contient des pages admirables sur le début du Consulat, mais ensuite l'intérêt militaire l'emporte. Nous ne voyons plus cette tyrannie intérieure de Napoléon. L'histoire politique de l'Empire reste à faire; on n'en a pas une idée nette, malgré le talent des exilés qui l'ont ébauchée, comme Mme de Staël, qui disait alors de Paris : *le seul pays où l'on puisse se passer de bonheur;* ce que nous voudrions connaître, c'est l'histoire des institutions.

C'est que l'histoire chez nous a été longtemps réduite à la biographie des rois; on nous racontait sérieusement les règnes de Pharamond et de Clodion, de Mérovée et de Childebert.— Mais à mesure que l'histoire réelle a été mieux connue, la place des princes s'est amoindrie, on a songé à la société qui vivait autour d'eux et on s'est mis à l'étudier. Vous connaissez tous les beaux travaux de MM. Augustin Thierry, Guizot, Dareste, Cheruel — et lors même qu'aujourd'hui on s'occupe encore des rois, on se préoccupe moins de leur personne ; on laisse ces détails aux mémoires dont Saint-Simon nous a donné le modèle ; mais ce qui nous touche à présent, c'est ce que les rois ont fait pour leur temps, ce sont les institutions qu'ils ont fondées, et les études se multiplient sur le ministère de Sully, sur l'administration de Richelieu et sur celle de Colbert.

Le plus grand éloge qu'on donne à un prince, c'est qu'il a été législateur, et il n'y a pas de grand prince qui ne l'ait été : Charlemagne, Louis XIV, Napoléon. Mais les détails nous manquent et il reste plus d'un livre à faire sur ces rois législateurs, sur Philippe-Auguste, dont nous connaissons surtout la victoire de Bouvines, ce qui est insuffisant ; sur saint Louis et les Établissements ; sur Philippe le Bel, Louis XI, les Valois et tant d'autres.

Voilà ce qui nous touche, et c'est un beau symptôme ; nous ne sommes plus nés pour être des courtisans et démêler quelques misérables intrigues ; non, nous voulons savoir ce que nos aïeux, ce que la France a gagné ou souffert sous tel gouvernement. C'est, je le répète, l'histoire de nos institutions qu'il nous faut, et elle est encore à faire.

Certes les matériaux ne manquent pas, mais ce qui manque, c'est une pensée pour les mettre en œuvre. Et ce travail serait d'une utilité incomparable ; voyez comme on s'y attache à l'étranger : en Allemagne ce sont les livres d'Eichhorn et de Walter ; en Angleterre c'est Palgrave, Hallam, Macaulay ; en Italie, en Espagne même, ces recherches sont en honneur.

En France le droit a vécu pendant des siècles dans le Parlement qui formait une caste à part, on y trouvait sans doute de grands jurisconsultes, mais le pays y demeurait étranger.

Qu'est-ce maintenant que l'histoire du droit ? Est-ce simplement l'énonciation des lois et des codes, l'exposé des institutions, la classification des réformes, — un *Bulletin des Lois* gigantesque qui commence à la loi salique ?

Est-ce uniquement la recherche de la pensée du législateur ?

Sans doute, tout cela est nécessaire, mais l'histoire du droit, c'est encore autre chose. Tout cela, c'est la charpente, c'est le squelette de l'histoire. — Comme un herbier est nécessaire à la botanique, une collection d'échantillons à la géologie, ce sont les matériaux indispensables de la science, ce n'est pas encore la science elle-même.

Les lois, Messieurs, les institutions ont un but. Elles veulent atteindre une certaine fin, — vous en connaissez tous des exemples sur lesquels je n'insiste pas ; le droit d'aînesse, les substitutions, les lois sur la transcription, celles qui réglementent l'industrie, etc. — Ces lois sont donc l'expression de certains principes, de certaines idées qui s'incorporent en elles et ce sont ces idées qui nous intéressent.

Quand nous les connaissons, nous connaissons vraiment l'*Esprit des lois* et nous comprenons non seulement ce qu'a voulu le législateur, mais (quand une loi a duré) ce que pensait, ce que voulait toute une génération.

Si, par exemple, nous trouvons dans les lois que l'Église juge toutes les questions où la conscience est intéressée; les testaments à cause des legs, les mariages à cause du serment qui accompagne le contrat, nous en concluons que les idées religieuses étaient dominantes et le pouvoir civil moins fort que le pouvoir spirituel.

Ainsi une seule loi nous suffirait pour juger de l'état d'une société, de même qu'un seul os suffisait à Cuvier pour reconstituer un animal fossile dont la race est perdue.

Notez que c'est là un grand résultat qui donne à l'histoire une certitude qui autrement lui manquerait.

Vous me racontez l'histoire de Louis XIV ou de la Convention, mais vous y portez vos idées personnelles, l'auteur ne voit rien qu'en travers de ses passions et de ses préjugés. L'un sera frappé partout de la puissance monarchique, l'autre, Mme de Staël par exemple, ne verra que la liberté absente et dira qu'en France, c'est la liberté qui est ancienne et le despotisme qui est nouveau. Lequel des deux a raison?

Mais les lois sont là; leur pensée est claire et cette pensée souvent n'est pas celle de l'écrivain. Ce sont les passions et les préjugés du législateur que l'on trouve dans ses œuvres, ce ne sont pas celles de l'historien qui les interprète.

Quand je vois la Convention établir le divorce, assimiler les enfants naturels aux enfants légitimes, donner des récompenses aux filles-mères, je comprends ce qu'elle faisait de la famille et comment elle entendait l'égalité.

D'autre part, quand je vois Louis XIV légitimer des enfants fruit d'un double adultère, je sais ce qu'était cette société si vantée, j'en touche du doigt les défauts et les vices. Il n'y a pas de système qui puisse vous faire illusion là-dessus. Il y a des monuments qui parlent ; notre seul tort est de ne pas les consulter.

Ainsi l'histoire du droit, c'est l'histoire des *idées du juste*, et par ce côté c'est une étude morale incomparable.

Tous, nous apportons en naissant l'idée du juste, idée qui est dans notre esprit comme celle du vrai, du beau, du bien ; idée innée si l'on veut, qui est notre ressemblance avec Dieu même et qui explique ce mot de la Bible : *Nous avons fait l'homme à notre image;* mais cette idée, chaque siècle la rend, l'exprime à sa manière dans la mesure de ses forces, de ses défauts et de ses vertus.

Cette expression, c'est le droit qui nous la donne ; grâce à ce flambeau la poudre des siècles se ranime, chaque époque reparaît devant nous comme une personne vivante, et nous pouvons la juger ; œuvre excellente, car c'est l'expérience de nos pères qui vient nous éclairer à notre tour — et ces études nous permettent de faire *à reculons* l'histoire de la société, son histoire intellectuelle et morale.

Le droit use de toutes les sciences, recueille toutes les expériences, les rapproche du juste, puis les frappe de son empreinte pour en faire la règle de la liberté et de la société.

Ce rôle du droit, ce corps donné aux idées, nous explique comment le droit varie sans cesse avec les sociétés et quel est, à côté de lui, le rôle de la religion, de la philosophie et de l'économie politique.

Une idée nouvelle paraît dans le monde, elle est le rêve d'un homme; on la rejette, puis, peu à peu elle pénètre dans les esprits, elle s'étend, elle monte, elle s'empare du législateur même, et quand elle en est là, elle passe enfin dans les institutions.

C'est ainsi qu'une invention, œuvre d'un cerveau ardent, au début, donne bientôt la richesse à quelques hommes qui l'appliquent, pour devenir ensuite le trésor commun de la société.

Ce rôle de l'idée a été exprimé d'une manière admirable et divine dans une parabole de l'Évangile, celle du grain de sénevé qu'on sème en terre comme la plus petite des semences, puis qui devient la plus haute des plantes et porte des rameaux si grands que les oiseaux du ciel peuvent habiter sous son ombre.

Et cette marche aussi de l'idée est sensible dans le développement de certains principes chrétiens qui nous prouvent combien le christianisme est encore loin de son déclin.

On s'est demandé souvent ce qu'il avait fait pour la femme et pour l'esclave, on ne s'est pas rendu compte en cette matière du rôle de la religion et du rôle du droit.

Les femmes d'abord. — Le Christ recommande de demeurer avec elles pour toute la vie, de ne point séparer ce que Dieu a uni, de ne pas les répudier, aux maris, de les considérer comme eux-mêmes.

Saint Paul, qui recommande aux femmes d'être soumises à leur mari comme au Seigneur, parce que l'homme est le chef de la femme, et le Christ est le chef de l'Église et le sauveur de son corps, — saint Paul veut que le mariage soit l'emblème de l'union du Christ et de son Église, et que le mari aime sa femme comme le Christ aime l'Église.

Cependant le Christianisme trouve le divorce établi, peut-être même la polygamie; il n'y touche pas. — Celui qui a dit : *Mon royaume n'est pas de ce monde* n'a jamais flétri une institution, mais le germe est jeté, le voilà qui lève dans les âmes et qui nous donne sur le mariage des idées qui agissent sans cesse, qui, avec le temps, seront la base de la législation d'aujourd'hui, la plus humaine, la plus favorable que l'on puisse trouver pour les femmes, — et sans préjuger l'avenir, je n'affirme pas qu'en ce point l'Évangile ait dit encore son dernier mot. Ainsi le Christ agit sur les âmes, et par là, par les individus sur les sociétés ; c'est à l'homme à appliquer ces principes, lorsqu'il devient législateur.

Parlons maintenant de l'esclavage ; y a-t-il dans l'Évangile une condamnation contre l'esclavage ? Non, et d'ailleurs chez les Juifs il était doux. Mais saint Paul qui connaît la servitude romaine et qui *croit que la liberté vaut mieux que la servitude*, conseille aux esclaves d'être soumis, obéissants même à un maître dur, non pas pour plaire au maître, mais par crainte de Dieu ; en même temps il ordonne aux maîtres de regarder leurs esclaves comme les affranchis du Seigneur, comme des frères selon la chair et devant Dieu.

Le grain est jeté, sans doute, il faudra des siècles pour que l'idée donne son fruit, car c'est de nos jours seulement qu'elle s'achève, — mais le noble exemple qu'ont donné Clarkson, Wilberforce, le duc de Broglie, etc., vient à n'en pas douter de leurs convictions chrétiennes.

Et là même où la servitude est devenue le servage, le christianisme ne s'arrête pas. Vous connaissez tous le grand acte de l'empereur Alexandre II de Russie émancipant les serfs de nos immense empire.

Et quand l'esclavage, et quand le servage auront disparu, ce sera le tour de l'ouvrier, et le législateur se pliera à ces idées nouvelles, et tant qu'il y aura un *déshérité* sur la terre, l'idée chrétienne agira ; et tant que nous y serons fidèles la législation fera des progrès.

Prenons un autre exemple, l'idée d'*humanité*.

Au XVIIIe siècle, ce sont des philosophes qui se font, sans le savoir peut-être, les interprètes de la pensée chrétienne. L'*humanité* est leur devise, voilà une nouvelle idée.

Nos pères étaient féroces ; vous avez tous présents à la mémoire les supplices de Damien et de Calas, la torture, la procédure secrète, etc. Eh bien ! devant le mouvement de l'opinion, nous avons vu supprimer la torture, les lois pénales s'adoucir, la procédure régulière s'organiser; le jury apparaître avec la publicité des tribunaux. — Voilà un progrès; — en restera-t-on là? Non, cette idée de protection, d'humanité est incorporée dans l'idée de justice, elle n'en sortira pas, nos procès en cour d'assises prêtent encore à bien des critiques, en comparaison avec la procédure anglaise si libérale; en marchant dans cette voie, la liberté gagnera encore quelques victoires.

Vous voyez comment l'idée du juste marche, gagne, se développe, comment à sa maturité elle passe dans la législation, et comment cette maturité même est un point de départ pour un progrès nouveau.

De sorte qu'une conception bien nette de la nature de l'histoire du droit nous donne en même temps le secret de la marche des sociétés humaines. — C'est donc l'étude politique par excellence, car si quelque chose nous intéresse avant tout, c'est évidemment de nous rendre compte de notre situation, c'est de voir si nos lois sont d'accord avec nos besoins. Et [la seule façon de le savoir, c'est de refaire par la science le chemin parcouru par les générations passées qui nous ont laissé leurs lois, et d'examiner si ces lois s'accordent avec les idées nouvelles.

Ainsi voilà d'une part les idées que représentent les lois, voilà d'autre part les idées que nous avons aujourd'hui, comparons et jugeons ces deux ordres d'idées, toute la science est là. — Et cette comparaison est surtout grave quand il y a deux esprits en présence; un esprit ancien, maître encore de la législation, un esprit nouveau, à qui appartient l'avenir.

Nous en sommes là, Messieurs, nous avons le sentiment confus de cette situation, il faut en avoir l'idée nette. Où allons-nous aujourd'hui ? Je crois que l'histoire du droit peut nous l'apprendre. Je prends l'idée la plus considérable, l'idée de gouvernement, l'État.

Pour Aristote, l'État existe avant l'individu ; l'individu est fait pour l'État. La raison qu'il en donne est singulière, — c'est que le tout est plus grand que la partie, et que le tout n'existant plus, la partie est morte. — Mais peu importe, la pensée d'Aristote est la pensée de toute l'antiquité *libre*.

Le despotisme romain n'a pas changé cette idée. Il a mis une vaste administration à la place de la libre action des individus. C'est l'État qui a voulu, pensé, agi pour les sujets, et cette *épouvantable machine*, comme la nomme Montaigne, a broyé le monde et l'a façonné à la servitude.

Puis est venu le christianisme qui a tout ramené à l'individu, mais dans la société vieillie les chrétiens se sont mis en dehors du monde et ont laissé l'ancien esprit au gouvernement jusqu'au jour où les Germains ont apporté un principe qui s'unissait parfaitement au christianisme, la liberté, je dirais presque la souveraineté individuelle.

Les deux principes se sont trouvés en présence, et au xv° siècle, le principe romain a vaincu. De grandes monarchies administratives ont gouverné l'Europe. — Puis est venue la Réforme qui a été une réaction de l'esprit germanique ; c'est ainsi du moins qu'on la considère en Allemagne. Aussi a-t-elle été un mouvement local. Le catholicisme s'est maintenu dans les pays romains, dans la vallée du Danube, sur les bords du Rhin, et les protestants ont triom-phé dans le reste de l'Allemagne.

Les gouvernements libres à leur tour se sont iné-galement répartis ; il y en a eu en Angleterre et aux États-Unis. Il ne s'en est rencontré ni en France, ni en Italie, ni en Espagne.

Enfin le principe individuel a repris le dessus en France à la Révolution, non pas que les constituants en aient eu la notion bien claire, sans cela ils eussent agi autrement. Ils ont cru établir la liberté en abo-lissant les privilèges, mais ils n'ont pas touché à l'administration qui s'est trouvée fortifiée de l'abo-lition de ces privilèges, parce qu'avec leurs défauts, ils servaient de garanties pour certains ordres et pour certaines personnes.

La Convention a placé la liberté dans la souve-raineté du nombre. Elle a mis en bas le despotisme qui était en haut. Elle a cru que la majorité était le droit et la raison, *quand elle n'est que la force.* Or, les lois sont précisément faites pour empêcher les abus de la force, et par conséquent pour protéger l'individu, c'est-à-dire la plus faible des minorités.

L'empire a repris la tradition de Louis XIV ; c'était la pensée de Napoléon qu'il en était le légitime successeur. La nation en l'élisant avait remplacé une dynastie usée par une autre dynastie, rien n'était changé dans le fond. Une seule idée nouvelle était entrée dans le monde, celle d'égalité. — Cette idée, l'empereur en a été l'apôtre, et il l'a promenée dans toute l'Europe, partout abolissant les privilèges, affranchissant le sol et les hommes, établissant l'égalité à sa manière. — Aussi l'ordre dans l'égalité c'est encore la devise de Béranger. C'est la définition du despotisme ; ce qu'il nous faut à nous, c'est l'ordre dans la liberté.

Avec les Bourbons au contraire, ont reparu les idées qu'on a nommées par dédain les idées anglaises, et qui sont vraiment des idées chrétiennes, respectueuses des individus. De là une représentation puissante, trop puissante peut-être ; de là la liberté de la presse, une publicité dont on a abusé, mais qui n'en est pas moins la seule garantie de tous les droits, qui a pour raison d'être que le plus faible puisse élever la voix, et que la nation tout entière se porte au secours du moindre individu. C'est la conscience publique toujours en éveil, avec bien des passions sans doute ; mais dans ce monde il n'y a pas de liberté dont on n'abuse et l'arme qui sert à nous, défendre peut servir à assassiner.

Ce qu'il eût fallu à ces gouvernements de 1815 à 1848 pour achever leur œuvre, c'était de fortifier l'individu par l'éducation, par la liberté communale, par la liberté d'association, par la décentralisation. Ils n'ont pas osé aller jusque-là, et l'on peut dire qu'en France on a vu plus souvent les abus de la liberté qu'on n'en a senti les bienfaits.

Quant au nouvel empire, il a repris les traditions du premier, les traditions de Louis XIV.

Est-ce là que va la pensée publique? Est-ce un arrêt définitif? Est-ce seulement une étape? Je ne veux pas entrer dans cette question brûlante, mais je crois à l'Évangile et à la liberté; c'est le principe chrétien, c'est le principe de l'avenir.

Vous voyez, Messieurs, quelle physionomie prend le droit quand on l'éclaire ainsi à la lumière de l'histoire.

Ce n'est plus la science professionnelle qui s'occupe du mur mitoyen, c'est une étude morale qui prend l'homme tout entier et qui le force à agiter les plus grands problèmes de la vie sociale.

Après la religion il n'y a pas d'étude plus relevée, et s'y livrer c'est le devoir du citoyen.

Toutefois je prévois une objection, et je veux essayer d'y répondre.

Il est fort utile, dira-t-on, de connaître l'esprit de la législation actuelle et de le comparer à l'esprit nouveau qui anime la société; mais quel besoin avons-nous de nous perdre dans les ténèbres du moyen âge? Connaître l'esprit d'une législation n'exige pas de si longues études, et que font ici les Gaulois et les Germains, saint Louis ou Philippe le Bel? Ce que vous allez nous faire étudier, ce sont les erreurs de l'esprit humain. C'est à peu près aussi utile que de faire apprendre l'astrologie aux astronomes ou l'alchimie aux chimistes. Laissez les morts ensevelir les morts.

« Des erreurs, disait J.-B. Say, ne sont pas ce qu'il s'agit d'apprendre, mais ce qu'il faudrait oublier ; » et Say n'est ici que l'organe d'une école qui a longtemps régné sans partage.

Et d'abord est-il vrai qu'il soit inutile de connaître les erreurs de nos pères?

C'est selon moi une idée fausse et dangereuse : *Remonter à l'origine des choses est la voie d'observation la plus sûre*, disait Aristote dans sa *Politique*, mais réfléchissons un peu. Nous nous imaginon toujours qu'une fois une vérité découverte, je parle d'une vérité morale, elle éblouit tous les hommes comme le soleil et qu'il suffit de la voir pour la comprendre, C'est une illusion, Messieurs; la plupart des hommes se déterminent à agir, non par la raison, mais par la foi, et nous-mêmes, si nous voulons réfléchir sur nos principes et sur nos croyances, nous verrons que neuf fois sur dix nous agissons d'après les principes qu'on nous a donnés dans notre enfance, principes que nous n'avons pas discutés.

La conséquence de cette ignorance générale, c'est que quand on reprend une ancienne erreur sous une figure nouvelle, nous ne la reconnaissons plus, et que la nouveauté, au contraire, lui donne un attrait particulier.

Le moyen âge par exemple était pour nos pères

une époque de ténèbres et de misères, misères intellectuelles et morales, de luttes perpétuelles entre les papes et les Empereurs, où l'ambition n'était pas toujours du côté de la puissance temporelle; nous avons changé tout cela.

Aujourd'hui, pour certains esprits, le moyen âge était l'âge d'or; les papes ont toujours eu raison, même en politique. Les moines ont eu le monopole de la science et de la vertu. L'inquisition, qui repoussait l'erreur, avec une sévérité qu'elle regrettait, pour empêcher l'erreur de perdre les âmes, tout cet ensemble aurait constitué une société modèle, et notre ignorance est si grande que nous ne savons que penser de cette apologie. Rien n'est plus faux cependant, et pièces en mains nous verrons ce qu'il faut croire de ces réhabilitations hardies.

Sans doute on a été injuste envers le moyen âge, on n'en a voulu voir que les mauvais côtés, mais les mauvais côtés existaient et sur ce point on n'a rien exagéré.

Quand donc on nous fait l'apologie de ces institutions détestables, on nous trompe, et ce n'est même pas une erreur innocente, si elle doit ramener des privilèges pour le clergé, une mainmorte, une insinuation abusive de la religion dans la vie civile, toutes choses qui ont été combattues, non par des hommes passionnés, par des sectaires, mais par les hommes les plus respectables, les plus grands noms de la France, par un Pithou, par un Bossuet, par un Fleury.

Il y a dans Gœthe, Messieurs, une belle parole:
— *Ne nous lassons pas de combattre l'erreur, elle ne se lasse pas d'agir.*

La vérité ne nous appartient que dans la mesure de nos efforts pour la découvrir, et que par droit de conquête; elle ne se transmet pas par héritage; nous pouvons la trouver dans la succession, mais il faut aussi l'acquérir par notre travail, et c'est pour cela que l'étude du passé, même avec ses erreurs et ses fautes, est notre premier devoir.

Je crois vous avoir démontré que le droit avait une histoire, que cette histoire était celle des idées, qu'aucune étude, morale ou sociale, ne la dépasse en importance; il me faudrait maintenant aller plus loin et vous prouver que c'est une science véritable, c'est-à-dire qu'elle établit des lois certaines pour juger le passé et diriger l'avenir; mais l'heure est trop avancée pour entamer cette grave question.

J'en ai dit assez pour vous montrer quelle est l'utilité de ces travaux. Si nous ne voulons pas nous abandonner à tous les vents et à toutes les théories, il faut nous instruire; bien connaître ses droits, c'est le seul moyen de les exercer avec fermeté et résolution; il y faut une foi raisonnée.

En France nous sommes faibles de ce côté: notre devise était: *Dieu protège le roi;* aujourd'hui c'est: *la France.* Les Anglais ont mieux compris leur devise, que vous connaissez et qui les peint, c'est: *Dieu et mon droit.* Devise égoïste cependant et qui fait trop la part de l'individu. J'aime mieux la remplacer par celle de Voltaire, qui dit la même chose, mais en faisant la part d'autrui, celle qu'il prononçait sur le fils de Franklin en le bénissant par ces deux mots qui devront être la devise de l'avenir : *God and Liberty*, Dieu et la liberté !

1857-58 (3° *leçon*)

MESSIEURS,

Nous avons vu que seule l'histoire du droit nous donne véritablement *l'esprit des lois*.

Mais cette utilité incontestable ne constitue pas encore une science, au sens propre du mot. Qui dit science dit un ensemble de règles, de faits généraux, de principes, qui, dans la même circonstance, agissent ou se reproduisent toujours de même. C'est l'enchaînement reconnu des causes et des effets. Savoir que Scipion a été chaste et Alexandre généreux, est d'un bon exemple, mais ne prouve pas que tous les guerriers seront des Alexandre ou des Scipion. La morale en action est une excellente lecture, ce n'est pas une science.

Y a-t-il dans l'histoire du droit un caractère vraiment scientifique?

Précisons cette idée. Dans la physique et la mécanique nous étudions la dilatation des gaz et la résistance des matériaux. Nous ne constatons pas seulement que telle chaudière fait explosion dans telle circonstance, nous établissons que dans les mêmes conditions, l'explosion aura toujours lieu. Voilà une loi physique, les mêmes faits dans des conditions, identiques produisant les mêmes résultats.

Arrive-t-on au même résultat avec des lois morales ? Nons, Messieurs, et pourquoi ? Parce que cette identité de circonstances toujours pareilles, souvent constatées dans la matière, ne peut pas se retrouver chez les hommes. L'individu libre n'est jamais identiquement pareil à ses semblables, et tout calcul de ce genre, même fait sur de grands nombres, même réduit à des probabilités, n'est jamais qu'un à peu près.

Ainsi, nous pouvons bien dire que donner le pouvoir absolu, dégager un individu ou une collectivité d'individus de toute responsabilité, c'est préparer le despotisme ; mais nous ne pouvons pas affirmer que le despote, peuple ou prince, abusera de son pouvoir comme l'a fait un Néron. Il y a là des éléments variables qu'il est impossible d'évaluer exactement.

Le principe est sûr, mais les conséquences n'ont pas une certitude mathématique, car la diversité des hommes est infinie. On peut arriver cependant à une certitude morale qui ¡trompe rarement celui qui calcule avec soin. J'en prendrai un exemple assez près de nous, c'est la question des deux Chambres. Elle est bien ancienne.

Déjà chez les anciens, Aristote et Cicéron étaien

ennemis des gouvernements *purs* qui sont essentiellement tyranniques. C'est qu'ils avaient vu les gouvernements libres périr par les excès de la démocratie, et ils annonçaient sûrement que le peuple une fois grisé par les flatteurs, le tyran était proche.

Chez les modernes, nous voyons Delolme un théoricien, dire qu'on ne peut modérer le pouvoir législatif qu'en le partageant, puis le congrès des Etats-Unis établir au moment de l'indépendance la nécessité des deux chambres pour la nouvelle République. D'autre part. en France un peu plus tard la convocation de l'Assemblée Constituante, seul pouvoir législatif qui par sa forme même, amène la Révolution ; enfin en 1848 le rétablissement d'une assemblée unique, qui en peu de temps nous a conduit au résultat prévu. par les hommes vraiment politiques.

Voilà, en quelques mots, ce que j'entends par la certitude historique, et vous voyez qu'il y a là le caractère d'une science, d'une loi générale, constatée pour le passé et qui règle l'avenir.

Mais de toutes les lois que dégage l'histoire du droit, il en est une qui constitue pour ainsi dire la science elle-même et qui domine toutes les autres. C'est l'idée du développement, de la vie active de l'homme et de la société, idée nouvelle et qui explique comment l'histoire du droit a pris une importance si grande dans ces derniers temps ; idée délicate à saisir et pour laquelle je demande toute votre attention.

Il y a certaines vérités qu'on nomme absolues et

qui nous sont extérieures, qui n'empruntent rien en
notre esprit particulier, les vérités mathématiques,
par exemple 2 et 2 font 4 en tout pays et pour toutes
les intelligences. Une certaine culture de l'esprit
peut être nécessaire pour dépasser un certain degré
dans l'algèbre, mais il n'y a point diversité dans
l'intelligence des propositions. Quand nous les comprenons, nous leur donnons tous le même sens.

Il en est autrement des vérités morales, elles ne
nous appartiennent que dans une certaine mesure,
suivant que notre intelligence les a saisies. Il y a
un travail propre à chaque individu, un travail
d'assimilation ; c'est ainsi que dans toutes nos
croyances il y a une part de nous-mêmes. Notre
éducation, nos souvenirs, notre religion, et bien
d'autres causes, modifient successivement nos idées.

Tous les hommes veulent le bien, veulent le juste,
au moins pour les autres, mais tous ne le comprennent pas de même; c'est là l'argument par excellence
des sceptiques, leur épée de chevet pour parler
comme Montaigne. Vérité en deçà des Pyrénées,
erreur au delà, lui a été pris par Pascal.

L'erreur de Montaigne et de Pascal est de n'a-
voir pas compris que la liberté joue un rôle dans
toutes les idées humaines et que cette diversité qui
les choque est dans la nature même d'un esprit
libre. Plus il y a de diversité entre les individus
et plus l'espèce est intelligente. Les abeilles se ressemblent toutes et par l'instinct et par la forme; les
chiens diffèrent sensiblement et si nous pouvons les

instruire, il n'en est pas moins vrai que tous ne chassent pas de même, par exemple, chacun a ses qualités, et en vertu des principes de Montaigne on leur prouverait que l'instinct de la chasse n'existe pas chez eux.

Chez l'homme qui est un être plus parfait parce qu'il est plus libre, et chez qui les besoins intellectuels, moraux et matériels se modifient à l'infini, comme les moyens de les satisfaire, il y a nécessairement une diversité extrême qui doit se retrouver dans les lois.

De sorte qu'il y a une part de vérité que nous nous assimilons, vérité mélangée d'erreur, qui devient une part de nous-même, une partie de notre esprit.

Et cela est plus vrai encore du Droit qui représente non pas une vérité pure, mais l'application du juste à nos besoins. Car nos besoins varient suivant le climat, la race, la religion, les idées morales que nous nous faisons du bonheur ou de la richesse, et le droit, satisfait, doit satisfaire, du moins, à tout cela.

Cette diversité est entretenue notamment par l'éducation. Nous vivons, il faut bien le dire, par l'éducation, par la foi, plus que par le raisonnement. La plupart de nos opinions les plus fermes ne sont pas raisonnées, nous les avons reçues de nos pères, et nous y tenons souvent d'autant plus que la tradition nous les a imposées.

Un homme qui a beaucoup lu, beaucoup voyagé, aime son pays et ses lois d'un amour plus éclairé, mais non pas avec le même fanatisme que celui qui se laisse guider seulement par la foi ou par la tradition.

Le droit est donc national, local; non pas que par ses racines qui se rattachent au juste il ne plonge dans une terre commune à tous les hommes, mais les rameaux de l'arbre sont différents. Une seule et même idée, celle de justice, par exemple, donne, suivant les peuples, des résultats tout opposés.

Prenons les populations arabes; le Coran est à la fois pour elles la religion et le droit. Il y a, comme dans le Mosaïsme, une règle religieuse qui est le règle de la vie civile, qui divise les animaux en purs et en impurs, qui établit des jeûnes obligatoires, comme le *ramadan*, qui autorise la polygamie, etc. Essayez d'appliquer tout d'un coup nos lois civiles aux Arabes en Algérie, et vous les révolterez aussitôt.

Prenons des exemples plus voisins, des peuples de même race.

En France, l'égalité est notre idée dominante, nous lui sacrifions la liberté. Et cette idée se retrouve dans nos lois sur les testaments, la réserve légale, l'autorité du père de famille.

Passez la Manche, — la liberté est l'idée fixe des Anglais. Ils ont de l'individu et de sa propriété une plus haute idée que du pouvoir central, que de l'État. Aussi trouvons-nous dans ce pays un pouvoir absolu laissé au testateur, les substitutions, le droit d'aînesse, et c'est à ce point de vue que l'on s'explique la pensée de M. de Montalembert qui voulait rétablir le droit d'aînesse et la liberté testamentaire pour sauver la liberté française.

Voulez-vous un exemple politique : la Constitution fédérale des États-Unis, c'est la constitution anglaise. Les Américains sont des Anglais émigrés qui ont laissé sur la rive la noblesse et le clergé. Leur constitution s'applique à un peuple habitué depuis longtemps au soin de ses propres affaires, maître de l'industrie, de l'administration locale, de la religion ; et dans ce milieu qui leur convient, elle fait des miracles.

Cette même constitution transportée dans l'Amérique espagnole a été la ruine des colonies ; elle n'y a porté que le désordre. Pourquoi ? Parce que les mœurs n'y ont pas soutenu les lois, parce que cette constitution, en Colombie ou au Pérou, n'a été que quelque chose d'extérieur, et que le droit est nécessairement quelque chose qui nous ressemble et qui vit avec nous.

Il y a donc dans le droit un élement traditionnel et vivant. Ce sont des hommes à qui l'on a affaire et non pas de pures abstractions. C'est ce que savaient les anciens. C'est ce qui explique la sagesse de cette parole de Solon « qu'il avait donné aux Athéniens non pas les meilleures lois possibles ; mais les meilleures lois qu'ils pussent supporter ».

Et de Maistre a pu dire également que l'excellence de la constitution anglaise consistait en ce qu'elle était si anglaise qu'elle ne pouvait convenir qu'à des Anglais.

Ce principe si important, Messieurs, a toujours été méconnu par l'école révolutionnaire ; c'est une école qui a porté constamment dans ses conceptions l'absolu mathématique, et qui s'est imaginé qu'on pouvait faire des Français, du jour au lendemain, un peuple de Spartiates et de Romains.

Il y a là une erreur fondamentale, une méconnaissance complète de la nature humaine et des lois de notre organisation.

Prenez un enfant, n'a-t-il pas reçu de ses pères un certain tempérament comme plus tard il en recevra certaines idées? Il est sanguin ou nerveux, bilieux ou lymphatique. Réformerez-vous ce tempérament avec une ordonnance ? Non, n'est-il pas vrai ? Vous pouvez tout au plus tuer le malade, mais le changer vous est interdit.

Eh bien ! ce que vous ne pouvez pas faire au physique, vous ne pouvez davantage le faire moralement. Il y a des lois morales comme des lois hygiéniques, un tempérament moral que l'homme a reçu en naissant comme son tempérament physique. Vous pouvez l'étudier, en adoucir les côtés violents, en fortifier les parties faibles; mais le transformer, jamais !

Et cette assimilation de la vie morale à la vie physique nous donne précisément une des lois de l'histoire, la loi du développement qui est la loi même de la vie, vivre c'est se développer.

Cet enfant lymphathique n'est pas condamné à rester éternellement ce qu'il est en naissant; on doit le diriger, le réformer progressivement et la suite d'une vie régulière peut l'améliorer. Quoi qu'il fasse, en bien ou en mal, il se développe, à son avantage, s'il marche vers le bien et se perfectionne, à sa ruine, s'il prend la mauvaise route et se tourne vers le mal.

De même, encore une fois, ce qui est vrai de la vie physique est vrai de la vie morale. Là aussi il y a un développement, et ces idées juridiques (pour en revenir au droit) que nous avons reçues de nos pères, nous aussi nous les transformerons en vivant, et nous leur donnerons un développement visible soit en bien, soit en mal.

Il y a donc dans le droit un élément traditionnel, puis un développement, une marche; mais point de soubresauts. Tout progrès nous est permis, mais à la condition que ce soit un progrès réel, et non un bouleversement.

Le droit se modifie par conséquent comme toute chose vivante, mais il n'y a pas dans sa marche de ces *sallus* infranchissables. *Nihil natura facit per saltum;* c'est un adage qui est aussi vrai en droit qu'en physique ou en médecine.

Doutez-vous que le droit soit vivant et en même temps variable dans les âmes? Prenons encore un exemple, la polygamie et l'esclavage.

Pour les peuples chrétiens, pour l'Europe, ce sont deux abus, deux institutions irrévocablement condamnées. Passez en Arabie; qui sera vivant, admis partout? Ce sont ces idées, ces coutumes que nous repoussons et qui n'ont pas là-bas la même gravité, pas plus qu'elles n'inspirent la même horreur. Pourquoi? C'est que la religion, dont l'influence est si puissante, les condamne chez nous et là-bas les admet. Pour changer les lois, il faudrait donc changer les mœurs, et par suite pour faire les lois il faut bien tenir compte des mœurs.

Aussi toutes les réformes de la Révolution que les idées n'avaient pas préparées, qui ne faisaient pas suite aux traditions, toutes ces réformes sont tombées. Idées bonnes en soi peut-être, philosophiquement parlant, qui convenaient à l'homme idéal, dans des espaces imaginaires, mais qui ne convenaient pas à des Français.

Cette idée du développement progressif a été admirablement sentie par les Romains et par les Anglais; c'est pour cela qu'en ces deux pays on a laissé le droit civil se modifier de lui-même sans y mêler le législateur, et le droit n'en a pas moins grandi. Tel était le but du *jus gentium*, de l'Édit du préteur chez les Romains, du recours aux Précédents en Angleterre.

Mais, dira-t-on, s'il en est ainsi, si le droit a un développement fatal, nécessaire, nous allons tomber dans un extrême opposé.

Suivant l'école révolutionnaire, il est antérieur, on peut l'imposer. — Sera-t-il moins antérieur si l'on ne peut le modifier ? Si nous n'avons pas d'action sur le droit, s'il se développe en dehors de nous et malgré nous, il ne nous touche pas davantage, il nous est étranger ?

Cette objection, Messieurs, n'est pas fondée. Expliquons mieux notre pensée.

Il y a dans toute législation, si je puis m'exprimer ainsi, trois éléments :

1° Des institutions vieillies, mortes, qui restent à la surface, que les idées nouvelles ont abandonnées, ce sont des chrysalides dont le papillon s'est envolé. Elles se prolongent quelquefois comme un souvenir ; ainsi, les privilèges de la noblesse après la féodalité. Les abolir, ou plutôt les laisser mourir, c'est l'œuvre du législateur ;

2° Il y a des idées vivantes, des institutions en pleine vigueur, ce sont celles-là qui font la vie d'un pays. L'égalité civile, la liberté du travail, l'égale admission à tous les emplois, dans l'armée comme ailleurs, voilà ce qui est vivant chez nous ;

3° Il y a enfin des idées nouvelles qui cherchent à se faire jour dans les lois, je citerai actuellement : le droit de propriété littéraire, le libre taux de l'intérêt, etc. Le législateur doit seconder le progrès de ces idées, mais sans violence et sans destruction, par juxtaposition plutôt que par abrogation.

En résumé, il y a pour ainsi dire dans la vie juridique d'une nation une trame et un tissu. La trame nous est donnée par la tradition ; le tissu, c'est nous qui le faisons. Il dépend de nous qu'il soit brillant ou confus, fort ou faible. Toutefois, il faut reconnaître notre dépendance. Ce que nous sommes n'est qu'un point entre hier et demain, nous travaillons avec des éléments donnés, nous souffrons des fautes de nos pères, et nous profitons de leurs bien faits.

Dans ce système, si l'on peut appeler système cette simple observation des faits sociaux, vous voyez quel est la place de l'histoire du droit ; elle est le fanal du législateur.

Connaître, prédire l'avenir ne nous appartient pas ; mais nous connaissons le passé et le présent. Savoir dans quelle direction on a marché, c'est presque prévoir la direction de l'avenir, et il nous est permis ainsi d'avancer avec sécurité !

Sans doute les temps futurs nous réservent bien des mystères, besoins inconnus, idées nouvelles; mais si nous ne nous laissons pas arrêter par des idées mortes, si nous nous tenons au courant, nous serons prêts à toutes les réformes. Seulement il faut marcher et l'on peut juger de cette nécessité en comparant la France, l'Espagne et le royaume de Naples, peuples de même race, mais à des degrés bien différents de réforme et de progrès.

Une fois que nous avons admis cette loi de développement, l'histoire prend pour nous un double intérêt.

D'une part rien n'y est indifférent.

Un gland est chose insignifiante pour l'ignorant qui admire un chêne, mais ce chêne a été autrefois un gland, et ce petit fruit contenait en germe le grand arbre qui fait la gloire de la forêt.

Il en est ainsi des idées juridiques. Le barbare, par exemple, ne veut que le jugement de ses pairs ; voilà une idée qui va traverser tout le moyen âge, qui nous expliquera les pairs de France, les romans de chevalerie, les justices communales ; une idée que nous retrouverons dans l'établissement du jury, et qui sera peut-être l'élément de réforme de la législation à venir.

Cette idée dans la suite des siècles, elle a été négligée, contrariée chez nous, l'on a jeté au travers des idées romaines, impériales ; qu'importe, elle a repris son cours et elle revient au premier plan.

En Angleterre, au contraire, rien ne l'a troublée, et le jury est resté l'institution fondamentale au civil et au criminel.

N'y a-t-il pas là, Messieurs, les éléments d'une instruction solide et utile?

En second lieu, cette idée de développement et de vie nous amène à une autre grande découverte.

Quand l'enfant devient homme, ses organes grandissent avec lui et grandissent *également*. Les organes sont multiples, la vie est tout d'une pièce.

Il en est ainsi dans le droit, un développement en produit nécessairement un second, chaque organe agit sur l'autre et en reçoit le contre-coup.

Ainsi la propriété et la famille ont en politique une liaison indissoluble. Il n'y a pas d'aristocratie, de gouvernement des grandes familles, sans que la propriété soit conservée dans les mêmes mains, soit par les lois, comme dans l'ancienne France soit par les mœurs, comme aujourd'hui en Angle-terre.

Par suite, une loi qui supprime la substitution se lie forcément à une nouvelle organisation de la famille et ce changement réagit sur l'état politique tout entier.

La religion et l'éducation sont encore deux éléments qui se tiennent toujours. Là où la religion absorbe la loi civile ou la loi politique, les prêtres ont l'éducation; là où l'État domine la religion, c'est lui qui s'empare de l'éducation, comme nous l'avons vu sous la Convention; là enfin où la religion est en dehors de l'État, il faut aussi que l'éducation en sorte, et nous souffrons à ce point de vue en France depuis vingt ans d'une fausse situation.

Vous voyez, Messieurs, quel est le résultat fécond qu'on peut attendre de nos études.

Formulons les principes reconnus aujourd'hui :

Le droit, avons-nous dit, est vivant; *le présent, fils du passé, est père de l'avenir*. Nous sommes placés entre l'héritage d'hier et la conquête de demain.

Rompre avec le passé tout entier, c'est folie, c'est répudier l'expérience acquise et la sagesse de nos pères.

Rompre avec l'avenir, ne pas le préparer, c'est manquer à ce que nous nous devons à nous-mêmes, à ce que nous devons à nos enfants.

Cette rupture même est impossible; toute la question est de savoir si nous marcherons en aveugles ou en hommes qui cherchent la vérité.

Fata nolentem trahunt, volentem ducunt; et maintenant comprenez bien la situation de l'historien du droit entre les Écoles diverses qui se partagent les esprits.

Il y a l'École qui se fait du passé une idole, qui ne trouve bien que ce qui a existé ou ce qui existe et qui voudrait faire retourner l'humanité sur ses pas, *au char de la raison attelés par derrière*, ou la condamner à l'immobilité.

Or, Messieurs, l'immobilité, pour les nations comme pour les individus, c'est la mort. Du moment où notre corps ne se renouvelle plus, insensiblement sans doute, mais par un mouvement continu, nous ne vivons plus, nous mourons. Et de même, retourner en arrière, cela est aussi impossible que de retourner au temps de notre jeunesse quand nous sommes vieux, ou de faire de l'homme un enfant.

D'autre part il y a l'École qui ne vit que dans l'avenir et qui veut créer un monde idéal. Ce qui caractérise cette école, c'est le dédain du passé, le mépris de la tradition ; mais ce dédain conduit à un orgueil incroyable, joint à une extrême impuissance. Il n'y a rien de plus despotique que les utopies, on s'en prend aux hommes de ce qu'on ne peut appliquer son rêve et l'on finit par le désespoir en voyant tant d'efforts stériles.

La position de l'historien est bien différente. Il étudie le passé, non pas avec un respect imbécile, mais avec le respect que l'on doit à ses pères. Il ne justifie pas les fautes, mais il les explique et souvent il les excuse.

La raison n'abdique pas parce qu'elle reconnaît qu'il y a dans le monde autre chose que des conceptions pures ; son impartialité n'est pas de l'indifférence.

Reconnaître et accepter la condition présente de la société, étudier ces phénomènes variables, faire la part des souvenirs et la part des idées, avancer vers l'avenir sans brusques secousses, avec une foi constante dans le triomphe de la justice et de la vérité, *ménager la génération actuelle et préparer la génération future ;* c'est là une véritable philosophie, c'est ce qui constitue le vrai savant et le vrai citoyen.

Mais l'amour de la justice, le respect même du passé ne souffriront-ils pas de cette étude ? Savoir, n'est-ce pas une raison pour être moins dévoué ?

Tout au contraire, Messieurs, cet amour éclairé de la vérité est le seul durable.

Les Écoles exclusives ont toutes leurs défauts ; ceux qui vivent dans le passé, haineux, mécontents, s'éloignent chaque jour de la réalité, ou plutôt la vie les entraîne malgré eux ; — demain ils défendront la position que nous occupons aujourd'hui quand nous l'aurons quittée ; — nous n'avons pas à prendre souci de leurs clameurs.

Dans le présent il y a une inquiétude qui fait notre grandeur : le privilège, l'injustice nous irrite, le sort des déshérités, des malheureux nous fait pitié, mais le présent ne dure qu'un moment.

Quant à ceux qui vivent dans l'avenir, ils sont meilleurs, plus généreux que les hommes du passé; ils croient avoir vu la lumière. Ils s'élancent vers elle avec toute l'ardeur de l'imagination et de la jeunesse. Mais combien j'en ai vu retomber furieux dans la réalité, après s'être brûlé les ailes. Dégoûtés du présent parce qu'ils se sont fait un monde imaginaire, trop souvent ils maudissent l'illusion qui les a perdus... Ils ne croient plus aux hommes, c'est-à-dire qu'ils ne croient plus à eux-mêmes, et de ces théoriciens détrompés on fait souvent des êtres qui ne s'attachent plus à rien, qu'aux jouissances du moment.

Il n'en est pas ainsi de celui qui de bonne heure cherche la justice et la vérité, patiemment, pour elles-mêmes. Au début sans doute celui-là paraîtra moins ardent, parce qu'il sera moins téméraire. Il sera peut-être injurié par tous, ou méconnu; car les systèmes exclusifs vont seuls avec les passions. Rien de moins brillant que cet homme laborieux, qui n'évoque pas les morts, qui n'imagine pas des fantômes, qui pèse scrupuleusement les matériaux qu'il rassemble dans ses veilles.

Mais vienne le jour de l'épreuve, celui-là, je le dis à l'honneur de la science, celui-là, s'il est un vrai savant, n'aura pas de défaillance, il restera debout et ne prendra pas l'ombre d'un nuage pour la nuit éternelle. Sûr que la lumière est là-haut, il marchera d'un pas ferme et confiant, sans s'inquiéter de sa fortune, sans se laisser abattre ; car chaque jour l'étude des phénomèmes lui montre plus visiblement la main de Dieu qui gouverne les hommes, et qui par le malheur même les ramène toujours dans le sentier de la justice et de la raison.

Magnifique idéal, Messieurs, qu'il ne nous est pas donné d'atteindre, mais que nous pouvons tous poursuivre. La science ne trompe jamais celui qu ne lui demande que la vérité, *la vérité, à qui appartient toujours l'avenir*.

Il faut donc travailler, étudier, sans s'inquiéter outre mesure de faiblesses passagères, ou du tumulte des passions. Il est beau assurément de jouir de la victoire, mais il est plus beau de combattre; c'est ici-bas notre rôle et nous devons rester fidèles au cri du vieil honneur français :

Fais ce que dois, advienne que pourra.

1857-58 (4ᵉ *leçon*)

MESSIEURS,

Nous avons cherché si l'histoire du droit était une science, c'est-à-dire si on pouvait ramener les faits observés à des lois générales et constantes, qui, dans les mêmes circonstances amènent les mêmes résultats. Et nous avons vu qu'il en était ainsi, non pas d'une certitude absolue, comme pour les phénomènes matériels toujours identiques, mais d'une certitude morale comme dans tous les actes où intervient l'homme, c'est-à-dire où joue la liberté ; certitude qui est celle des lois, qui ne peut embrasser toutes les pensées et tous les actes de l'homme, mais qui suffit à la paix générale et à l'ordre de la société.

Nous avons cherché ensuite de quelle nature étaient ces lois, si elles étaient absolues comme les lois des vérités mathématiques qui n'expriment que les rapports des choses, et nous avons vu qu'il n'en était pas ainsi des lois morales qui ont pour objet les rapports des hommes entre eux, rapports qui se prêtent à des combinaisons et à des complications infinies.

De là nous avons conclu que l'esprit de l'homme étant chose mobile, variable, vivante, les lois du beau, du vrai, du bien, du juste étaient variables comme l'humanité même, non pas certes abandonnées au premier vent, non pas contradictoires, mais différentes en degré, mais essentiellement vivantes et se développant suivant une marche régulière, qui a ses lois, encore bien que mal étudiées.

En un mot, de même qu'on a étudié la vie humaine, la vie physique, et qu'on a créé la science de la biologie, de même pour la vie morale des nations, pour leur façon de saisir et d'incarner le juste, il y a des lois spéciales qu'il faut étudier, une biologie morale.

Ce sont là de grandes idées, des idées neuves et la base d'une science nouvelle.

Quand je dis qu'il y a là une science nouvelle, il faut bien nous entendre. Une science absolument neuve, que personne n'a jamais entrevue est toujours chose suspecte, cela ressemble à un système que l'on tire tout entier de son cerveau.

Mais si nous voulons définir la science, nous verrons que ce n'est pas de la sorte que les choses se passent, et que si la science est nouvelle, les phénomènes observés sont aussi vieux que l'humanité.

Toutes les fois qu'apparaît une science, la chimie par exemple, on dit, comme pour toute autre découverte, qu'elle a été faite longtemps avant le premier inventeur, et en un sens on a raison. Les faits ont été constatés et observés par hasard, mais on ne les a pas enchaînés, rangés sous des faits plus généraux, on n'a pas observé la constance de leur retour ; il y a eu des observations isolées ; il n'y a pas encore de science.

La science commence le jour où on a trouvé la loi générale de ces faits épars, où l'on a dégagé le principe qui explique leur enchaînement ; alors tout s'éclaircit dans les intelligences, et l'homme voit sa route s'illuminer derrière comme devant lui. Il a surpris un des secrets de la création.

Je prends pour exemple une des sciences les plus récentes, science de même espèce que l'histoire du droit, car elle a aussi l'esprit humain pour objet ; ses procédés sont les mêmes, elle a passé par les mêmes étapes et elle se ramènera un jour par quelque loi plus générale aux mêmes principes, c'est la Philologie.

De tout temps, on a étudié les langues, et les Grecs et les Romains ont eu des grammairiens ; mais tantôt on a considéré la langue à un point de vue absolu, et on a cherché une langue universelle primitive dont toutes les autres n'étaient qu'une altération, et alors l'hébreu a tout expliqué.

Tantôt on y a vu ce qu'il y a de plus arbitraire, et on a expliqué la formation d'une langue par les cris humains, par le climat, par le hasard, ce qui en somme n'explique rien.

Enfin on en est venu à considérer la parole comme une faculté naturelle à l'homme. Dieu l'ayant fait intelligent, lui a donné la faculté de parler pour exprimer par des sons ses sensations et ses idées. La faculté est la même pour tous, mais les jeux de cette faculté ont été divers comme les besoins des hommes.

On avait là une vue juste du phénomène et on l'a étudiée non plus par abstraction, mais dans ses effets ; alors, au lieu de ne voir que le hasard dans la parole, on a essayé de ranger les langues, de les classifier, tandis que d'une part on a retrouvé des parentés singulières entre les peuples, on a vu de l'autre que les langues étaient choses vivantes, et qu'elles se modifiaient suivant des règles certaines, passant de la forme synthétique à la forme analytique, se simplifiant sans cesse et recouvrant moins l'idée, la rendant plus claire à mesure que l'idée avait plus conscience d'elle-même.

Du même coup, Messieurs, il y a eu deux sciences

de fondées, la philologie ou l'histoire du langage, et la philologie comparée.

Le même mouvement a produit l'histoire des législations et leur comparaison, avec cette différence que la philologie a eu ses Burnouf, ses Bopp, ses Lassen, ses Renan, pendant que l'histoire du droit n'a eu que M. de Savigny, plus observateur d'une certaine loi que créateur à proprement parler d'une science ; et depuis lors cependant la science a été fondée.

Il est aisé de prévoir que le progrès n'en restera pas là et que cet horizon nouveau qui s'ouvre va se reculer à mesure que l'espèce humaine avancera. On a commencé l'histoire, c'est-à-dire on a constaté des faits, mais on trouvera la loi qui domine ces faits. La même méthode d'études, la même idée *de vie* régénérera la littérature, l'histoire, la religion, et un jour, bien lointain sans doute, toutes ces études réunies, fixant la loi qu'a suivie l'esprit humain dans sa marche, ouvriront encore de nouvelles perspectives.

Est-ce un rêve, Messieurs, que je déroule à vos yeux ? Non, sans doute, si l'on veut regarder le chemin parcouru depuis le dernier siècle ; les sciences naturelles et physiques, même dans les ouvrages des grands hommes comme Buffon ne reposaient que sur des hypothèses. — Où en sont-elles parvenues aujourd'hui ? Vous le savez. — Et d'où vient ce mouvement ? Il vient surtout des méthodes d'observation appliquées aux sciences et qui ont remplacé l'ancienne scolastique. L'esprit humain a senti qu'il fallait aussi s'observer lui-même, et cette idée a régénéré la science, jusqu'au jour où se fera place l'idée de vie, de développement, et où en toute science morale on se convaincra qu'il y a là un élément particulier à étudier et que, si l'essence même de la vie nous échappe, on peut du moins étudier les phénomènes qui s'y manifestent successivement.

De toutes ces sciences les deux premières devaient être nécessairement la philologie et l'histoire du droit.

L'une, parce que les hommes créent les mots suivant leurs besoins et que par conséquent il n'y a pas là, comme dans la littérature et la philosophie, *l'action individuelle du génie* ; l'autre, l'histoire du droit par une raison analogue, parce que les lois expriment, incarnent nos besoins, plus que le rêve du législateur, et qu'elles donnent, comme la langue, une base certaine, un champ général à l'observateur.

Essayons maintenant, Messieurs, de voir ce qu'ont fait les diverses Écoles qui se sont occupées du droit, et à l'aide de notre criterium, il nous sera facile de juger de leur force et de leur faiblesse. Même les tâtonnements sont précieux à connaître pour montrer le chemin par où on est arrivé à la vérité. Ce sera là une étude fort intéressante et qui nous assurera de ce qu'il y a de fondé ou d'illusoire dans ces découvertes.

Dans son *Novum organum* Bacon fait une réflexion

qui m'a beaucoup frappé par sa justesse et que j'ai eu déjà l'occasion de citer.

« Ceux qui ont traité des sciences ont été ou des empiriques, ou des dogmatiques.

« Les empiriques agissent à la façon des fourmis, ils amassent pour leur usage.

« Les *rationales* sont comme l'araignée, ils font des toiles qu'ils tirent d'eux-mêmes.

« L'abeille agit de façon mitoyenne, ses matériaux, elle les tire des fleurs des jardins et des champs, mais elle les digère et elle les transforme par une faculté qui lui est propre.

« Tel est le rôle de la philosophie. Elle ne s'appuie ni exclusivement ni principalement sur les forces de l'esprit. Elle ne se contente pas de retenir dans sa mémoire, sans y toucher, les matériaux que lui donnent la nature et l'expérience, elle s'assimile ces matériaux et les confie à l'intelligence après les avoir transformés. Le jour où l'on unira par un lien plus étroit et plus saint l'expérience et la raison, *ce qu'on n'a pas encore fait*, on pourra bien espérer de l'avenir. »

Le droit, Messieurs, pour parler comme Bacon, a eu ses fourmis et ses araignées qui se sont constituées en écoles juridiques. — Ces écoles ont existé bien avant qu'il fût question de la science dont nous parlons aujourd'hui.

Il y a eu une école politique agissant à la façon des fourmis, et une école philosophique, agissant à la mode des araignées ; l'une ne croyant qu'à l'expérience, l'autre ne croyant qu'à la raison ; toutes deux arrivant à des conclusions fausses par suite de leur caractère exclusif. La première, amenée fatalement à ne voir que l'homme et son action dans le monde, et remplaçant alors la justice par l'habileté ; la seconde réduisant l'homme à l'état d'abstraction et imposant, en vertu de ses principes, le despotisme de sa volonté.

C'est de cette dernière que je parlerai aujourd'hui, quoique la seconde en date, car elle ne s'est pas tenue dans le domaine de la spéculation ; elle a passé dans celui de l'action, conséquence inévitable avec un peuple aussi logique que le nôtre, et la France en a beaucoup souffert.

Cette première école suppose que l'esprit de l'homme peut, par un effort sublime, saisir l'éternelle vérité, l'éternelle justice, et elle suppose même que c'est chose facile ; il y a pour elle, suivant l'expression de Thomasius, *une mathématique juridique.*

Elle ne comprend pas que si les lois du monde physique sont invariables, c'est que ce monde n'est pas libre ; qu'une fatalité (qui n'est que la volonté divine) en règle tous les mouvements et que s'il en était de même dans le monde moral, l'humanité serait immobile, chacun remplissant ses fonctions sans pouvoir hésiter. La société serait-elle ainsi plus parfaite ? Je le nie, Messieurs, car ce qui fait notre grandeur est aussi ce qui fait notre faiblesse, c'est notre liberté. Et dans ce sens, Milton a pu dire que « c'est la grandeur d'Adam d'avoir pu pécher, car autrement, il eût été, non pas un homme, mais l'Adam des marionnettes ».

Pour cette école, il n'y a pas d'histoire, car l'histoire, c'est le catalogue des erreurs et des folies humaines, c'est l'objet d'une vaine curiosité comme l'alchimie et l'astrologie. Et non seulement il n'y a pas d'histoire, mais cette école en a horreur. Et elle dirait volontiers comme Mme de Staël : « Ce qui « me dégoûte de l'histoire, c'est de penser que tout « ce qui se passe aujourd'hui sera de l'histoire de- « main. »

D'Aguesseau, dans ses instructions sur les *Études propres à former un magistrat* qu'il a écrites pour son fils, nous a conservé en ce point une expérience toute personnelle et qui nous peint bien les idées régnantes à la fin du xviie siècle :

« Évitez, mon cher fils, et fuyez comme le chant « des sirènes les discours séducteurs de ces philo- « sophes abstraits et encore plus oisifs qui, sourds « à la voix de la société, nous disent que l'homme « raisonnable ne doit s'occuper que du vrai consi- « déré en lui-même, qui peut seul perfectionner « notre intelligence et qui peut seul la remplir ; que « si nous voulons connaître l'homme, c'est à la phi- « losophie qu'il appartient de nous le montrer dans « les idées primitives et originales dont l'histoire « ne nous présente que des copies imparfaites et des « portraits défigurés ; que nous n'y voyons que ce que « les hommes ont fait au lieu que l'étude de la phi-

« losophie nous découvre d'un coup d'œil non seule-
« ment tout ce qu'ils peuvent, mais tout ce qu'ils
« doivent faire ; et qu'enfin il y a plus de vérité
« dans un seul principe de métaphysique ou de
« morale bien approfondi que dans tous les livres
« historiques.

« Tels furent à peu près les discours que me
« tint un jour le P. Malebranche, lorsque, après avoir
« conçu quelque bonne opinion de moi, par les en-
« tretiens que j'avais souvent avec lui sur la méta-
« physique, il la perdit presqu'en un moment, à
« la vue d'un Thucydide qu'il trouva entre mes
« mains, non sans une espèce de scandale philoso-
« phique. » (*Œuvres de d'Aguesseau éditées par
M. Pardessus*, T. XV, p. 31.)

Au XVIIIe siècle, ces idées régnèrent partout dans
l'étude du droit dont l'histoire, fort suivie au XVIe
siècle par l'école politique, fut alors complètement
abandonnée. « Les savantes recherches sur le droit
« public ne sont souvent que l'histoire des anciens
« abus et on s'est entêté mal à propos quand on s'est
« donné la peine de les étudier, » disait d'Argenson
dans ses Considérations sur la France, et voilà précisément, ajoutait Rousseau, ce qu'a fait Grotius.

Le droit, qui vit des idées philosophiques, ressent
toujours le contre-coup de la philosophie contem-
poraine, et la réforme de Descartes avait entraîné
les esprits à chercher dans la raison pure les
règles de la vie. Leibnitz était entré dans cette
voie, mais avec sagesse ; son élève Wolf crut, non

seulement que la raison pouvait découvrir le juste, mais que le raisonnement pouvait *mathématiquement* en dérouler les dernières conséquences, et il écrivit ce que Formez, son abréviateur, appelle un ouvrage fondamental *bâti à chaux et à ciment*, un droit naturel en neuf volumes in-4. Il lui restait encore à publier l'Economie et la Politique « lorsqu'il fit un heureux échange de la *plume* contre la *palme* de l'immortalité (*Formez*) ».

Les principes de Wolf sont ceux de tous les auteurs de droit naturel ; l'histoire est une chimère, le christianisme disparaît, c'est aux Chinois que l'auteur emprunte leur morale ; c'est de l'homme et de sa nature comme d'une source pure et inépuisable, qu'il tire toutes les obligations et tous les droits.

L'idée de rapport qui constitue le droit disparaît ; la société n'est plus qu'un fait accidentel, et l'homme en y entrant se dépouille d'une partie de sa liberté et de ses droits pour contracter des engagements destinés à assurer le repos et le bonheur de sa vie.

Et il faut qu'il en soit ainsi, car si vous faites sortir le droit des rapports sociaux, c'est-à-dire *d'un fait* connu, ces rapports variant à l'infini, vous êtes réduits à en revenir à l'histoire.

Mais il en résulte que les hommes n'ayant que des obligations morales, la société ne pourrait pas vivre, il faut de plus le droit d'exiger des autres qu'ils accomplissent leurs obligations. Ce droit *parfait n'étant pas naturel* ne peut être qu'*acquis;* il dérive des conventions et des contrats. Il n'y a plus de droits, mais des volontés, et la justice est une créa-tion de la loi. Il faut constituer un pouvoir *coactif* pour empêcher l'égoïsme, l'injustice et le brigandage.

Ainsi c'est l'homme qui crée le droit, c'est l'homme qui crée le pouvoir social, la société n'est plus un fait naturel qui a ses règles, c'est un contrat et au fond c'est un contrat haineux, car il gêne toujours la liberté naturelle de l'homme. Voilà le résultat auquel en arrive la philosophie.

Cette illusion est visible dans Rousseau. Son *Contrat social*, c'est la chimère de Wolf en action ; écoutez-le :

L'homme est né libre et partout il est dans les fers ; l'ordre social est un droit sacré qui sert de base à tous les autres, cependant ce droit ne vient pas de la nature, *il est donc fondé sur des conventions*. Cette convention, quelle est-elle ? Il faut trouver une *forme d'association* par laquelle chacun *s'unissant à tous* n'obéisse pourtant qu'à lui-même et reste aussi libre qu'auparavant.

L'état social se réduit donc aux termes suivants : Chacun de nous met en commun sa personne et toute sa puissance sous la suprême direction de la volonté générale et nous recevons encore chaque membre comme partie indivisible du tout. L'homme perd sa liberté naturelle et le droit illimité à tout ce qu'il peut atteindre ; il gagne la liberté civile (limitée par la volonté générale) et la propriété.

La loi étant la volonté universelle ne peut être injuste parce qu'on ne peut être injuste envers soi-même, les lois sont les *registres de nos volontés*.

Voyez-vous ici, dans son germe, la tyrannie de la Convention ? la volonté humaine créant le droit, la volonté humaine le constitue et l'applique. Le nombre a toujours raison et le législateur est le maître absolu.

Au sujet de cette conception politique, Messieurs, je veux vous citer ce qu'écrivait, en 1796, Joseph de Maistre dans *ses Considérations sur la France :*

« La constitution de 1795, tout comme ses aînées,
« est faite pour l'homme. Or il n'y a point d'*hommes*
« dans ce monde. J'ai vu dans ma vie des Français,
« des Italiens, des Russes ; je sais même, grâce à
« Montesquieu, qu'on peut être Persan, mais quant
« à l'homme, je déclare ne l'avoir rencontré de ma
« vie : s'il existe, c'est bien à mon insu.

« Y a-t-il une seule contrée de l'univers où l'on
« ne pût trouver un conseil des cinq-cents, un conseil
« des anciens et cinq directeurs ? Cette constitution
« peut être présentée à toutes les associations hu-
« maines depuis la Chine jusqu'à Genève. Mais une
« constitution qui est faite pour toutes les nations
« n'est faite pour aucune, c'est une pure abstraction,
« une œuvre scolastique faite pour exercer l'esprit
« d'après une hypothèse idéale et qu'il faut adres-
« ser à l'*homme* dans les espaces imaginaires qu'il
« habite.

« Qu'est-ce qu'une constitution ? n'est-ce pas la
« solution du problème suivant :

« Étant données la population, les mœurs, la reli-
« gion, la situation géographique, les relations poli-

tiques, les richesses, les bonnes et les mauvaises qualités d'*une certaine* nation, trouver les lois qui lui conviennent ?

« Or, ce problème n'est pas seulement abordé dans la constitution de 1795, qui n'a pensé qu'à l'homme.

« Toutes les raisons imaginables se réunissent donc pour établir que le sceau divin n'est pas sur cet ouvrage : ce n'est qu'un *Thème.*

« Aussi déjà dans ce moment, combien de signes de destruction. »

Vous savez tous, Messieurs, ce qu'il est advenu de la constitution de l'an III.

Avoir une constitution ; et pour faire cette constitution, suspendre la vie publique, c'est là un rêve particulier à la France et qui n'existe nulle autre part.

Nous sommes un peuple logique, et nous disons volontiers avec M. Desfonandrès : « qu'il faut tou-
« jours garder les formalités quoi qu'il puisse arri-
« ver. Un homme mort n'est qu'un homme mort et ne
« fait point de conséquences, mais une formalité né-
« gligée porte un notable préjudice à tout le corps
« des médecins. »

Ceci n'est possible, je le répète, que dans le pays de la logique et de l'absolu. Il ne faut pas vingt-quatre heures pour savoir quelle organisation de pouvoirs demande une révolution, mais suspendre pour combiner savamment ces pouvoirs, la vie d'une nation, c'est une folie.

Ai-je besoin, Messieurs, de m'excuser de ramener

ainsi la science dans la vie réelle, et de vous montrer où l'on va avec de fausses idées ? Sincèrement je ne le crois pas.

Sans doute la science doit être pure, indifférente, mais l'enseignement n'est pas la science même : ce n'est pas la recherche que je vous apporte ici, mais le fruit de nos recherches, les résultats acquis.

D'ailleurs, il en est de la politique et du droit comme de la médecine, c'est une science et c'est un art. Il faut étudier sans parti pris, mais, la vérité conquise, s'abstenir d'en user serait insensé.

Ne me demandez pas une indifférence qui n'est pas dans vos cœurs. Si je suis sévère pour la Convention, ne vous y trompez pas, c'est que j'aime la liberté et la justice, et que nous souffrons aujourd'hui d'une mauvaise tradition qui nous cache la vérité.

Depuis 1789 nous avons en politique des sentiments vrais et des idées fausses. La France toujours trompée reprend toujours sa marche en avant et veut achever son œuvre, la liberté fondée sur la justice, c'est la seule qui ne trompe pas !

Conservons ces sentiments de nos pères qui firent leur gloire, repoussons les erreurs qui firent leur malheur et qui pèsent encore sur nous. Recherchons la vérité, demandons à l'histoire les conditions de la liberté, c'est à ce nouveau parti, à cette école nouvelle que l'avenir appartiendra.

1857-58 (5° leçon)

MESSIEURS,

Nous avons vu qu'il y a une école qui dédaigne l'histoire, et qui croit que de l'idée de justice absolue, des idées observées en elles-mêmes, on peut tirer la règle des actions humaines.

Son erreur en jurisprudence est de ne pas voir que le droit résulte d'un rapport et qu'un rapport est un fait, et que par conséquent l'étude des rapports, l'étude des faits est une part essentielle du droit.

C'est la même erreur que celle d'un théoricien qui voudrait établir *a priori* la nature de l'homme et ses maladies sans tenir compte des causes extérieures de la maladie. Les négliger dans l'ordre moral comme dans l'ordre physique, ce n'est pas étudier sérieusement l'humanité.

Toutefois il y a dans cette école, et au milieu de toutes ses erreurs, une idée grande et juste qu'il ne serait pas équitable de méconnaître, car cette idée est vraie, et a reparu à toutes les époques de l'histoire, c'est que le juste est en soi quelque chose d'absolu, de divin comme le beau, comme le vrai comme le bien.

Sans ce juste absolu il n'y aurait pas de justice

particulière, il y aurait simplement convenances utilités ; mais ces idées de convenance et d'utilité ne satisfont point notre âme, et quand, par exemple, un coupable terrassé par le remords confesse ses crimes et accepte la mort comme une expiation légitime, il est trop évident qu'il ne consulte alors ni sa convenance, ni son utilité.

Ces idées sont toutes *personnelles*, l'idée de justice est impersonnelle et absolue.

Le tort de cette école est donc de ne voir que la moitié de la vérité, de sentir qu'il y a quelque chose de permanent dans la vie des générations humaines, et de pas comprendre que la vie, ce phénomène de a vie, est l'expression du juste mélangé d'autres, éléments plus passagers, et que séparer l'un de l'autre c'est une chimère, c'est une conception sans réalité.

A côté de cette école, il y en a toujours eu une autre qui ne s'est occupée que des faits, qui les a généralisés, sans s'occuper de l'absolu, mais qui, par l'effort de la science, s'est toujours élevée, et qui, à mesure qu'elle s'avance, se rapproche de la première ; c'est l'école empirique, suivant Bacon, l'école politique. Elle tient compte aussi de la nature de l'homme, et elle a cet avantage sur l'autre, que tandis que ces métaphysiciens nous montrent leur génie personnel, les politiques, avec moins de prétention, amassent des matériaux qui serviront après eux.

Ces deux écoles ont été représentées dans l'antiquité par Platon et par Aristote. — L'un, le chef de l'école absolue qui, suivant l'expression de Polybe, écrit pour des statues ; l'autre qui est avant tout un observateur sagace.

Tous deux représentent dans leurs bonnes qualités le respect du juste, le respect des faits. — Dans leurs exagérations l'un va aux chimères et au communisme, l'autre à la doctrine de l'utilité, — y a-t-il opposition absolue entre ces deux écoles ?

« Tout homme, a dit Coleridge, est né aristotélicien ou platonicien. Je ne crois pas possible que celui qui est né aristotélicien puisse devenir platonicien, et je suis sûr que celui qui est né platonicien ne deviendra jamais adepte d'Aristote. Ce sont là les deux classes qui se partagent l'humanité, et en dehors de ces deux-là il est impossible d'en concevoir une troisième. Je crois qu'Aristote n'a jamais compris ce que Platon entendait par une *idée*. Chez Platon les idées sont actuelles, vivantes, innées, essentielles.

« Pourtant quel esprit était celui d'Aristote ! un seul l'a surpassé. — C'est le père de la science, le maître de la critique, le fondateur de la logique ; mais il a confondu la science avec la philosophie, ce qui est une erreur. La philosophie est un état intermédiaire entre la science et la sagesse. »

M. Geoffroy Saint-Hilaire exprimait les mêmes idées, sous une forme piquante : « Quand nous nous promenons dans la galerie des singes, Cuvier et moi, chose étrange, Cuvier en voit cinquante, et je n'en vois qu'un. »

Mais l'erreur de Coleridge et celle de M. Geoffroy, c'était de ne pas comprendre qu'il y a une troisième classe de philosophes qui admet l'absolu et qui l'étudie dans les phénomènes, qui croit que tous les singes appartiennent à une même espèce, et que cependant ils sont des individus, et qui pense que si les individus n'existaient pas, il n'y aurait pas d'espèce, quoique métaphysiquement parlant on puisse comprendre l'espèce sans les individus. Ce sont nos qualités qui nous constituent ce que nous sommes, et quoiqu'il y ait entre nous autre chose que nos qualités, on ne peut nous en séparer.

Vous voyez, Messieurs, comment chacune de ces écoles a quelque chose de grand et quelque chose de chimérique; chacune peut verser du côté où elle penche. Celle de Platon dans le rêve, celle d'Aristote dans l'utilité. La première pousse à la révolution, la seconde accepte ce qui existe.

Aujourd'hui nous parlerons de l'école politique.

Le premier peut-être qui ait étudié avec fruit les événements humains, et qui en ait tiré des lois, c'est Platon. — La chose peut sembler étrange, mais c'est une inconséquence à laquelle n'échappent guère les hommes de génie. Les gens médiocres tirent scrupuleusement les conséquences des principes qu'ils adoptent, et sont *absurdes avec méthode;* les grands esprits, même platoniciens, observent la réalité pour ainsi dire malgré eux.

Platon, il nous le dit, s'était promis dans sa jeunesse d'aspirer aux places de l'État. Il avait vu les *trente tyrans* menacer Socrate de mort, s'il ne se faisait pas leur complice, et plus tard une réaction nouvelle envoyer comme impie Socrate à la mort. Il connaissait donc les vicissitudes humaines.

Mais c'est lui qui le premier a donné pour règle à l'homme d'obéir à ce qu'il y a d'immortel dans son être, de donner à l'âme toute l'autorité, de ne reconnaître pour loi que la pensée et non pas l'intérêt.

Aussi Platon a-t-il écrit sur le passage de la démocratie au despotisme des pages immortelles — qui sont si bien la nature prise sur le fait que Cicéron les a traduites pour les appliquer à son temps, après le premier triumvirat, avant l'arrivée de César :

« — Il n'y a pas de tempête ou d'incendie qu'il soit plus difficile de calmer que l'insolence d'une multitude déchaînée : il se passe alors ce que Platon a si brillamment exposé, si je puis seulement l'exprimer en latin, mais cela est difficile à faire. J'essaierai cependant : Lorsque, dit-il, la gorge insatiable du peuple s'est desséchée par la soif de la liberté, et que corrompu par de mauvais serviteurs, il a bu à longs traits une liberté non pas modérée, mais enivrante à l'excès, alors il poursuit, il soupçonne, il accuse ses magistrats et ses chefs, à moins qu'ils ne soient très doux, très humbles, lui laissant une complète licence ; il les appelle des rois absolus, des tyrans, et voilà les conséquences de cette situation. Ceux qui obéissent aux autorités sont mal vus des peuples qui les appellent des esclaves volontaires. — Mais ceux, qui, dans leur magistrature, veulent paraître de simples citoyens..., ils les couvrent de louanges et les accablent d'honneurs. — Il en résulte que l'autorité disparaît même des familles. — Le père a crainte de son fils ; le fils manque d'égards pour son père. Il n'y a plus de respect afin qu'il y ait plus de liberté. — Le maître craint ses élèves et les flatte, les élèves méprisent leurs maîtres. Les adolescents prennent l'aplomb des vieillards, les vieillards s'abaissent jusqu'aux jeux des adolescents pour ne pas leur paraître désagréables et odieux. Les esclaves eux-mêmes se donnent des libertés, les femmes se mettent sur le même rang que leurs maris. Enfin, dit Platon, cette licence infinie arrive à ce comble que les âmes des citoyens deviennent si dégoûtées et si molles, qu'à la moindre apparence de gouvernement, ils s'irritent et refusent de se soumettre ; — et les lois elles-mêmes commencent à tomber pour que le peuple soit tout à fait sans maîtres. » (*De Republica*, p. 43.)

Le passage est un peu long, mais vous m'excuserez, à cause de son importance.

Après Platon, il faut citer Aristote qui est le vrai fondateur de la science, bien qu'avant lui Xénophon, dans sa Cyropédie, et dans sa Politique de Sparte et d'Athènes, eût déjà comparé les lois.

Le principe d'Aristote exprimé dans sa *Rhétorique*, liv. I, chap. i, est bien celui que nous reconnaissons aujourd'hui, c'est « qu'il y a dans l'opinion univer-

« selle, une chose commune à tous les hommes, le
« juste et l'injuste, que tous les hommes reconnais-
« sent quoiqu'ils n'aient aucune société ensemble
« ou qu'il n'y ait entre eux aucun contrat. »

On sait par quel enchaînement d'idées Aristote en
arrive à cette définition.

D'abord la politique pour les sophistes grecs
était une partie de la rhétorique, une espèce de *lieu
commun*. — Ensuite Aristote ne sépare pas la politique de la morale. Toutes deux forment la philosophie pratique, la philosophie des affaires humaines.
Les mêmes principes conduisent d'après lui à la
perfection de l'individu et à celle de l'État. La politique n'est qu'un fruit de l'expérience, c'est un art,
l'homme est pour lui un ζωόν πολιτικον, un animal politique.

Aussi cette idée de justice, Aristote la poursuit
dans les phénomènes, et il fait pour la politique ce
qu'il a fait pour toutes les autres parties de la philosophie, c'est la même méthode, la méthode d'observation, qu'il applique à tout, et cette méthode
même, appliquée aux actions humaines, c'est l'histoire.

Tout le portait à cette étude ; d'un esprit subtil,
mais profond et toujours pratique, d'une intelligence
la plus compréhensive et la plus systématique de
l'antiquité, on l'appelait le secrétaire de la nature
φυσεως γραμμάτευς ; le fleuve d'or, suivant l'expression
de Cicéron.

Son genre de vie passée dans les cours et non

dans les Académies, à une époque incomparable pour le mouvement des esprits, au milieu des plus grands événements de l'ancien monde et des révolutions politiques de la Grèce, enfin la fortune d'avoir eu pour disciple le conquérant de l'Asie, d'être le seul homme qu'admirait Alexandre, ce prince qui révélait aux Grecs un monde nouveau, et qui devait envoyer à son précepteur des constitutions étrangères comme des animaux inconnus, — nous savons en tout cas qu'Aristote en avait recueilli cent cinquante-huit.

C'est alors que comme il avait créé l'histoire naturelle, il créait aussi l'histoire du droit et la législation comparée dans la *Politique*, ouvrage qu'on n'a pas dépassé, et qui, après vingt siècles, fait l'admiration de ceux qui l'étudient.

Je n'entends pas ici discuter la doctrine d'Aristote, mais vous donner une idée de son principe. Pour lui, la fin de la société, c'est le droit et l'utilité. Ce sont bien des idées abstraites comme celles de la *République* de Platon, mais Aristote cherche comment les hommes les ont comprises et réalisées, et il se livre à l'étude critique des codes et des lois. Il en montre les défauts et recherche les causes générales qui gouvernent la marche des institutions, rendent possible l'empire du droit, et du monde des idées les fait entrer dans le monde des faits.

La critique des lois ne suffit pas à Aristote; il étudie les systèmes philosophiques, justement convaincu que dans l'histoire des lois, les doctrines sont chose importante, plus importante même que les lois qui ne sont jamais que filles des idées.

C'est ainsi qu'il rapproche sans cesse les faits des théories, et fonde véritablement une science.

Le second livre de la *Politique* est une parfaite réfutation de la *République* de Platon. Aristote y blâme le système de la communauté des femmes qui, loin de produire l'unité, n'amènerait que la dissension.

« L'homme, ajoute-t-il, a deux grands mobiles de sollicitude et d'amour : la propriété et les affections, et il n'y a place ni pour l'un ni pour l'autre de ces sentiments dans la *République* de Platon. »

« Si l'on fixe la quantité des fortunes, dit-il encore, il faut fixer la quantité des enfants ; » et plus loin : « Ce ne sont pas les propriétés, ce sont les passions qu'il faut niveler, et cette égalité-là ne résulte que de l'éducation réglée par de bonnes lois. »

Quelques-unes de ses observations sont d'une justesse incomparable, par exemple, la division du gouvernement en monarchie, aristocratie, timocratie, auxquelles il oppose la tyrannie, l'oligarchie, la démocratie (ce que nous nommons aujourd'hui la démagogie).

Tout Grec qu'il fût, il n'est pas tombé dans l'erreur de ne voir qu'une forme de gouvernement qui soit bonne ; pour lui, chaque gouvernement est un problème à données spéciales, et il a vu, au contraire, que dans cette diversité infinie des besoins humains, toute forme était relativement bonne, pourvu qu'elle fût tempérée, et mauvaise quand elle était pure, absolue, et par suite, qu'un gouvernement mixte était le meilleur des gouvernements.

C'est, vous le voyez, ce qu'il y a de plus opposé à l'école absolue et à toutes les écoles révolutionnaires ou tyranniques.

Toutefois il manque à Aristote l'idée de développement et de vie. Les systèmes politiques qu'il expose sont des combinaisons extérieures, faites pour des quantités invariables. La succession des idées n'y apparaît que dans la corruption des mœurs qui amène la corruption des gouvernements.

Les idées d'Aristote furent adoptées par ses successeurs. Polybe est de son école. Son étude du gouvernement romain est un chef-d'œuvre. On n'a rien écrit de plus juste, et quand Cicéron voulut faire aussi sa *République*, il plaça ses idées sous le nom de l'élève de Polybe, sous le nom de Scipion.

Les deux ouvrages de Cicéron portent le titre de ceux de Platon : *les Lois, la République;* mais ils n'ont de commun que le nom. Les Romains étaient une race toute pratique comme les Anglais; plus occupés d'améliorer ce qui existait que de rechercher *a priori* ce qui devait être.

Cependant avec les Romains, avec Cicéron lui-même la science ne réalise pas de progrès. On en reste à l'observation des faits, mais de ce côté les connaissances humaines s'enrichissent singulièrement.

Les Romains ont le dédain des vaincus, sauf des Grecs, et ils ont détruit ce qu'avaient écrit les Carthaginois; mais ils avaient profondément étudié

leurs gouvernements et leur politique, et le traité
de la *République* de Cicéron est très remarquable.

Cicéron s'occupe de la constitution romaine, et
cette constitution, nous ne la connaissons pas suffisamment, aussi comprenons-nous assez mal les
doctrines du grand orateur. Nous y reconnaissons
néanmoins les théories d'Aristote contre les gouvernements purs, et nous y voyons que la société la
plus parfaite est celle qui est mêlée de monarchie,
d'aristocratie et de démocratie.

Mais quand il en vient aux institutions romaines,
il nous prouve que ce ne fut pas à la fortune, mais
à la sagesse de leur constitution que les Romains
durent leurs succès, et du même coup il nous apprend
une vérité trop peu sentie aujourd'hui, c'est que les
gouvernements libres ont des conditions nécessaires, et que, sous des formes différentes, les Romains se proposaient et avaient atteint le but que
nous poursuivons aujourd'hui.

On répète que les Romains avaient des esclaves,
mais s'il en résulte que le gouvernement était constitué par une minorité, cela n'empêche pas que ce
gouvernement n'eût des riches et des pauvres, et
que le problème en fût le même à résoudre que dans
notre temps.

On dit aussi qu'ils n'ont pas connu le régime représentatif, mais cela prouve que la représentation
n'a pas une forme essentielle ; il faut qu'un pays
soit représenté d'une façon quelconque, que son
opinion arrive au grand jour, mais il y a plusieurs

moyens d'y parvenir. Rien n'est moins absolu que les combinaisons représentatives, qui peuvent reposer à la fois ou séparément sur les personnes, sur les propriétés ou les terres, sur les intelligences ou sur l'instruction.

En réalité, si le gouvernement libre est un gouvernement d'opinion, nul pays ne fut mieux constitué que Rome, nulle part on n'a établi de dispositions plus sages pour que la volonté du peuple suffisamment murie, puisse prévaloir.

Je citerai l'élection populaire des magistrats, le recrutement du sénat par les magistrats, leur responsabilité. — La discussion publique ou *concio*, la liberté individuelle. — L'absence d'armées permanentes, le jury pour les citoyens ; — l'abolition de la peine de mort en matière politique ; le respect des précédents avec un grand esprit de liberté.

On peut dire que les modernes n'ont pas inventé une condition ni une garantie nouvelles. Les formules ont pu changer, le fonds est resté le même. Le meilleur gouvernement est celui où la personne et la propriété du citoyen sont sacrées, où le pouvoir s'exerce dans l'intérêt du peuple, où les magistrats sont responsables ; où l'opinion publique contrôle le gouvernement, où cette volonté du peuple est prise pour le principe du gouvernement, non pas comme dans les démagogies pour frapper comme la foudre, mais où, tempérée et refroidie, elle se rapproche le plus près possible de la raison, seule règle légitime des actions humaines.

Il est injuste qu'au nom de la raison un seul homme nous impose sa volonté, mais la volonté du peuple n'a de sens qu'autant qu'elle est juste, et de là ces tempéraments qui respectent les minorités et constituent vraiment la liberté.

Avec la République romaine tombèrent ces belles études, compagnes inséparables des institutions libres. Tacite est le dernier écrivain qui ait eu des idées politiques, et son jugement sur Nerva m'a toujours frappé : *Duas res insociabiles miscuit, principatum et libertatem* (*Agricola*, 3.); non pas : l'autorité (ou l'ordre) et la liberté, mais : la centralisation du pouvoir et la liberté.

Le christianisme à son tour est venu apporter dans le monde deux idées qui se retrouvent aujourd'hui dans tous les esprits : l'idée de fraternité et l'idée de Providence.

L'idée de fraternité, en rapprochant les destinées humaines, montre que la vie des hommes, leur vie intellectuelle et morale, est chez tous profondément semblable.

L'idée de Providence fait intervenir dans le monde l'idée de justice. Ce n'est plus le hasard ou l'intérêt qui gouvernent les hommes, c'est une main suprême qui les dirige, qui les soutient et qui ne peut les abandonner.

De là une philosophie de l'histoire qui donne à l'étude des institutions un caractère tout à fait particulier.

Deux hommes en ont été les interprètes, saint Augustin et Bossuet ; l'un dans sa *Cité de Dieu*, l'autre dans son *Histoire universelle*.

Tous deux ont fait marcher l'humanité sous la main de Dieu, et tous deux par conséquent ont vu la vérité, mais non pas la vérité immédiate, car tous deux n'ont vu que la religion ; c'est un point de vue exclusif et faux parce qu'il est exclusif. L'homme est fait pour le juste et pour le beau, aussi bien que pour l'amour de Dieu.

Tous deux, en faisant agir Dieu directement, ont amoindri la liberté humaine ; ce ne sont plus les hommes qui, par leurs fautes ou leurs vertus, gâtent ou améliorent leur destinée ; c'est Dieu qui, à son gré, brise ou détruit les empires ; la responsabilité directe, effective de l'homme disparaît.

Je crois que la véritable histoire est plus morale, et que l'étude des institutions comme celle des mœurs prouve que les sociétés, comme les individus, ont plus de part à leur destinée qu'on ne semble le penser dans certaines écoles.

Et ce n'est pas là, Messieurs, affaiblir l'idée de Providence, mais la grandir. Dieu gouverne le monde physique par des lois générales, et nous n'en sommes plus à voir un effet de sa colère dans le tonnerre qui gronde, ou les fleuves qui débordent. Dieu doit gouverner aussi par des lois générales le monde des libres intelligences, et rien de plus divin qu'une loi qui punit nécessairement les fautes des peuples, une loi dont ils peuvent deviner l'effet dans l'histoire et qui fait peser sur eux le soin de préparer l'avenir.

Pendant le moyen âge, ces idées de saint Augustin dominent tous ceux qui veulent toucher à l'histoire et notamment, Albert le Grand et saint Thomas, élèves d'Aristote cependant, qui le font dogmatiser quand il discute simplement; mais au commencement du xvi° siècle reparaissent les deux écoles de Platon et d'Aristote. L'Italie se remplit de platoniciens adorateurs de l'absolu, philosophes ennemis de l'histoire, et à côté de ceux-là sont des gens pratiques, aristoteliciens sans le savoir, des hommes qui observent les faits, et le plus remarquable de ces hommes, c'est Machiavel.

Malheureusement ces écrivains sont venus dans des temps horribles, corrompus, où la fraude et la violence règnent partout, où l'Italie est abandonnée à l'invasion étrangère, où les papes sont des monstres comme Alexandre VI et des soldats comme Jules II. Aussi cette école est-elle sans morale, et ne croit-elle qu'au succès; pour Machiavel, le juste est l'utilité du plus fort : *Utilitas justi prope mater et æqui.* Il observe les faits, mais la raison des faits lui échappe ; au fond, cette école ne croit ni à la Providence ni à la justice, et de là des maximes odieuses dont on parle souvent, mais qu'il est bon de voir de près, moins pour en reculer d'horreur, que pour comprendre jusqu'où l'erreur peut conduire.

Les histoires Florentines, les discours sur Tite-Live sont célèbres, le *Prince* l'est plus encore.

Dans les *Discours,* Machiavel veut étudier les conditions d'une république ; dans le *Prince*, les conditions d'une principauté.

On a dit qu'il voulait peindre dans leur horrible vérité les émeutes de son temps, mais on ne l'a jamais prouvé. Il pensait comme ses contemporains ; il croyait à la force et à la ruse et il voulait mettre sa science au service d'un prince qui fût le vengeur et le sauveur de l'Italie. Il croyait à la souveraineté du but. — Son livre est dédié à Laurent de Médicis, et finit par une exhortation chaleureuse pour le décider, pour le pousser à affranchir l'Italie en se servant des arts et des armes des oppresseurs. La pensée est claire : où va-t-on avec de pareilles doctrines, nous allons le voir. Écoutez le chapitre x, l. VIII : *De quelle façon les princes doivent garder leur foi :*

« Qu'il soit louable à un prince de garder sa foi
« et de vivre par l'honnêteté et non par l'astuce,
« chacun le sent. Néanmoins *l'expérience de notre*
« *temps* prouve que les princes qui ont fait de
« grandes choses ont tenu peu de compte de leur
« parole, que c'est par l'astuce qu'ils ont tourné
« les cervelles des hommes, et qu'à la fin ils ont
« surmonté ceux qui ont compté sur leur loyauté.

« Il faut qu'un prince sache faire la bête et
« l'homme, qu'il imite le renard et le lion. Le lion
« ne se défend pas des filets, le renard ne se défend
« pas des loups.

« Il faut donc qu'il soit renard pour voir les filets,
« et lion pour étouffer les loups. Ceux qui ne

« veulent être que lions n'y entendent rien. — Un
« seigneur prudent ne doit pas garder sa foi quand
« cette observance tourne contre lui et que n'exis-
« tent plus les occasions qui lui ont fait donner sa
« parole.

« Si tous les hommes étaient bons, ce précepte
« ne serait pas bon; mais comme ils sont pervers
« (*tristi*) et qu'ils ne te garderont pas la foi, tu ne
« dois pas la leur garder.

« Jamais d'ailleurs un prince ne manquera de
« causes légitimes pour colorer son manque de foi.
« On en pourrait donner une infinité d'exemples
« modernes, montrer combien de traités, combien de
« promesses sont devenues vaines par l'infidélité
« des princes; et celui qui a le mieux fait le renard
« est celui qui a le mieux réussi. Mais il faut sa-
« voir bien colorer sa conduite, et être grand simu-
« lateur et grand dissimulateur. Les hommes sont
« si simples et obéissent si bien aux nécessités du
« moment que celui qui trompe trouvera toujours
« qui se laisse tromper.

« Alexandre VI ne fit jamais autre chose que de
« tromper les hommes et ne pensa jamais à autre
« chose, et il trouva toujours occasion de le faire.
« Il n'y eut jamais d'homme qui affirmât avec plus
« de chaleur et avec plus de serments et qui obser-
« vât moins sa parole; néanmoins toutes ses trom-
« peries lui réussirent *ad votum* parce qu'il con-
« naissait bien cette *partie du monde.*

« Il faut bien comprendre qu'un prince, et surtout

« un prince nouveau, ne peut observer toutes ces
« choses qui donnent aux hommes la réputation
« d'être honnêtes. Il est souvent forcé, pour mainte-
« nir l'État, d'agir contre la foi, contre la charité,
« contre l'humanité, contre la religion.

« Il faut donc qu'il ait un esprit prompt à tourner
« selon le vent et les variations de la fortune, et qu'il
« sache, non pas quitter le bien quand il y peut res-
« ter, mais entrer dans le mal quand il y est forcé.

« Le prince doit donc avoir grand soin qu'il ne
« lui sorte jamais de la bouche une parole qui ne
« soit pleine des qualités dont j'ai parlé. A le voir et
« à l'entendre il faut qu'il paraisse tout piété, tout
« honneur, tout humanité, tout intégrité, tout reli-
« gion.

« Rien n'est plus nécessaire que cette dernière
« qualité, parce que les hommes jugent plus des
« yeux que des mains. Chacun voit, peu ressentent.
« Chacun voit ce que tu parais, peu sentent ce que
« tu es, et ce peu n'ose s'opposer à l'opinion de la
« foule, la majesté de l'État le défend ; et là où il
« n'y a point de tribunal chacun regarde à ce qui
« peut arriver.

« Qu'un prince fasse donc tout ce qu'il faut pour
« dominer et pour maintenir l'État ; les moyens se-
« ront jugés honorables et loués de chacun parce que
« le peuple juge toujours par l'apparence et l'événe-
« ment, et dans le monde il n'y a que du peuple.

« Il y a maintenant un prince, qu'il n'est pas bon
« de nommer, qui ne prêche jamais que paix et

« honneur, quoiqu'il en soit l'ennemi, et s'il les avait
« gardés tous deux, il aurait plus d'une fois perdu
« la réputation et l'État. »

Voilà cette politique que Balbo a si justement nommée *scélérate*.

On a dit, pour excuser Machiavel, que son livre était fait pour discuter les combinaisons de la tyrannie ; idée ancienne, puisqu'un contemporain de Machiavel, le cardinal Pole, qui avait connu l'existence du livre par Cromwell, ministre de Henri VIII, s'en plaignant à des Florentins, on lui répondit que ce n'était pas le *Bréviaire des princes*, mais le *Miroir de la tyrannie*.

Cette explication est plus ingénieuse que vraie : Machiavel est un politique d'expérience ; il lui semble absurde qu'un homme de bien se laisse duper par des scélérats, et il prétend que le jeu soit égal. La fin pour lui justifie les moyens, rien de moins, rien de plus.

Son livre n'en est pas moins un livre exécrable qui a fait le plus grand mal, bien que les observations qu'il contient ne soient que trop vraies ; mais au lieu de démasquer le tyran, Machiavel l'accepte. *Tout pour l'indépendance de l'État*, c'est sa devise, ce n'est pas son excuse.

Je veux vous montrer comment le juge un Italien illustre, le comte Balbo dans sa *Politique de l'État présent* :

« Machiavel nous a rendu un grand service qu'il me plaît de remarquer parmi tant de maux qu'il nous a apportés. On sait qu'à la fin du xve et au commencement du xvi° siècle il y avait une foule de pédants, amoureux de l'antiquité, amoureux surtout de Platon et de sa philosophie. J'imagine que sans les écrivains de l'école expérimentale et surtout sans Machiavel la science politique serait aussi devenue platonicienne, c'est-à-dire détestable. En tout cas l'école de Machiavel fut tout l'opposé, l'exagération opposée à cette doctrine, et à cause de cela, fut elle aussi détestable.

« Dans cette école, l'expérience, les faits accomplis, comme on dit, ou mieux les faits passés, ne sont pas pris seulement comme argument, comme la raison d'être des faits à venir (c'est là le juste fondement de la politique expérimentale), mais comme la raison, la justification, la vertu des faits passés, on ne regarde que ce qui a été et ce qui sera, jamais ce qui *devrait* être. On élimine complètement toute morale et toute philosophie.

« Pour Machiavel, l'habileté est non seulement une vertu, mais la seule vertu, et le succès est l'unique preuve de cette vertu.

« Du reste, comme nous avons dit qu'une politique purement philosophique et rationnelle est inadmissible, autant en dirons-nous d'une politique purement expérimentale. Machiavel lui-même ne la conçoit pas ainsi, et quelquefois il tire d'excellents principes d'une considération judicieuse de la nature humaine.

« Mais comme cette nature, et la politique surtout étaient très corrompues de son temps, trop souvent il tire de ces considérations les conséquences et les principes les plus exécrables. Ce fut le vice de son époque plus que le sien. Guichardin en Italie, Commines en France, contemporains de Machiavel, ne sont pas plus moraux que lui, et quant aux politiques et aux princes de son temps, on sait ce qu'ils furent depuis César Borgia et Alexandre VI jusqu'à Maximilien, Charles-Quint, Louis XII même et François Ier.

« Mais il y eut cette grande différence entre l'Italie et les autres nations chrétiennes, c'est que celles-ci, indépendantes et actives, s'arrachèrent à cette corruption, je dis au moins à la corruption scientifique, tandis que l'Italie tombée dans la dépendance, la servitude et l'oisiveté, dans la nullité politique et scientifique, en est encore à estimer et à étudier Machiavel comme un classique non seulement de langue, mais de politique.

« On le niera, sans doute, et pourtant la chose est trop vraie; que ceux qui ne le croient pas aillent étudier les conspirations, les sectes, les moyens d'action (*modi*) pires que nos Révolutions, moyens tous machiavéliques quel que soit le nom qu'on leur donne; et que l'on ne me reproche pas de découvrir la honte de l'Italie, je n'ai pas voulu en parler; si je l'avais voulu, j'aurais fait un livre exprès. et si je ne l'ai pas fait, ce n'est pas par crainte.

« Je suis d'âge à n'avoir plus rien à craindre, ni la popularité ni la gloire, mais quand je rencontre nos malheurs et nos fautes, je regarderais comme une bassesse, comme une trahison, de fuir l'occasion d'en parler. Tout écrivain est soldat de la vérité ; on peut tout au plus accorder au soldat de ne pas chercher les occasions, il ne lui est pas permis de les fuir ». (P. 434.)

Messieurs, toute la différence des deux écoles est dans ce ferme langage, il nous montre ce que les idées font des hommes.

Machiavel fut un patriote qui vécut pauvre, et qui mourut brisé par la torture ayant toujours aimé l'Italie.

Balbo aussi a souffert pour elle : exilé en 1821, en 1848, devenu ministre, il avait cinq fils à l'armée, l'un d'eux est mort sur le champ d'honneur.

J'ai vu ce vieillard presque aveugle frappé dans sa famille, dans ses affections royales, frappé dans son patriotisme, et pourtant plein d'espoir dans l'avenir, parce qu'il était plein de confiance dans le triomphe final de la bonne cause.

Attachons-nous, Messieurs, à ces idées puissantes ; croyons à la justice, à sa victoire certaine au milieu de toutes ces éclipses qui nous effraient. Gardons la foi dans l'incorruptible avenir.

DE L'HISTOIRE DU DROIT
ET DE SON IMPORTANCE SCIENTIFIQUE

1859-1860. — (*Discours d'ouverture*)

MESSIEURS,

Avant de commencer nos études, je voudrais vous donner une idée de l'esprit du cours, des méthodes que nous suivrons et vous montrer la place que l'histoire du droit occupe dans la science. — Pour cela il nous faut faire l'histoire même des idées qui ont conduit, dans le droit comme dans les sciences morales, à envisager le problème sous un jour différent.

On a été amené à considérer un élément nouveau dans toutes les études morales : la tradition.

Le présent n'existe pas, c'est un mot ; la vie de l'humanité est une chaîne non interrompue ; on ne peut s'en détacher nulle part quoique l'humanité puisse modifier chaque nouvel anneau — à vrai dire dans toutes les sciences c'est le changement de point de vue qui fait faire un progrès de plus, — toute réforme est une transformation de méthode ; et c'est pour cela que les philosophes comme Bacon et Descartes y ont attaché leur nom.

Déjà, Messieurs, au xvi⁰ et au xvii⁰ siècle, on s'est occupé de l'histoire du droit. Cujas, pour renouveler les études du droit romain, s'est entouré de tous les textes de l'antiquité et d'une science de dialectique comme le considéraient Balde ou Bartole, il a fait une science historique. Aussi ses livres sont-ils des œuvres qu'on peut lire encore aujourd'hui avec instruction et avec profit, surtout ses *Observations*.

Jacques Godefroy, au commencement du xvii⁰ siècle, a suivi la même méthode. Son *Commentaire sur le Code Théodosien* contient le dépouillement complet de tous les textes historiques qui peuvent expliquer les lois.

Toutes les fois qu'on a voulu étudier le mystère de la décadence romaine, rechercher comment était tombé, devant une poignée de barbares, cet empire qui embrassait les mondes, c'est à Jacques Godefroy qu'on a eu recours, c'est à lui et à Tillemont que Gibbon a pris la meilleure part de son grand livre sur le *Déclin et la chute de l'Empire Romain*.

Le droit français a eu aussi ses historiens ; toute l'école française du xvi⁰ siècle : Pasquier, Loiseau, Loisel, Desmoulins, a uni l'étude des lois à celle de l'histoire ; leur devise est celle de Montesquieu : Expliquez l'histoire par les lois, et les lois par l'histoire.

Au xvii⁰ siècle et au commencement du xviii⁰

nous trouvons des noms distingués : Ducange dans ce grand *Dictionnaire* où tout le monde a puisé ; Laurière dans son *Commentaire sur Loisel*, sa *Coutume de Paris*, ses *Ordonnances*. En même temps on publiait des textes anciens : Ducange donne le *Desfontaines* ; Laurière les *Établissements*, les *Ordonnances*. Pour les querelles du parlement on copie les *Olim*, en un mot l'histoire jouit alors d'une faveur particulière.

Mais cette histoire ne constitue pas encore à proprement parler une science. Une science a son objet en elle-même et non pas dans la série des expériences qu'elle a faites. L'astronomie a pour objet la découverte des lois qui régissent les mondes ; l'histoire de l'astronomie n'est que l'étude partielle de l'esprit humain. On peut supprimer le nom de Képler, de Galilée, de Laplace, on ne touchera pas à l'astronomie.

Il en est de même de l'histoire du droit à cette époque, elle a pour objet d'expliquer les lois, de faire pénétrer dans la pensée du législateur ; mais le droit subsiste en dehors d'elle. Elle le sert, elle ne le constitue pas.

Pothier a pu faire d'excellents ouvrages sur le droit ; Domat nous a laissé un livre admirable, mais ni l'un ni l'autre n'a donné à l'histoire une très grande place dans ses préoccupations.

Aujourd'hui il en est tout autrement. L'histoire du droit est considérée comme une part même, comme la substance de la science.

Quel changement s'est donc produit dans les idées et comment en est-on venu là ?

On y est arrivé, Messieurs, par le chemin en apparence le plus opposé, c'est le dédain même de l'histoire qui en a fait comprendre la grandeur et la nécessité.

Au XVII° siècle, après Descartes, l'esprit humain, la raison a commencé à prendre grande confiance en elle-même. On s'était affranchi de la théologie, et du même coup on avait rompu avec la tradition; c'est la raison qui, dans la philosophie comme dans les mathématiques, devait trouver directement la vérité. L'évidence des idées les justifiait, et cette évidence, on croyait la reconnaître avec un peu de travail et d'attention.

Leibnitz admirait l'esprit *géométrique* des Romains, et, depuis Leibnitz, cette admiration s'est perpétuée; c'est en effet qu'il n'y a rien de semblable dans un droit fondé sur la procédure, comme l'est celui des Anglais.

Le droit, qui est une étude morale et une étude dérivée, une application de la philosophie et de l'économie politique puisqu'il a pour objet de ménager la liberté et les biens des individus, le droit reçut au XVIII° siècle le contre-coup de cette révolution.

« Toutes les religions sont des hérésies de la religion naturelle, » disait-on alors, et de même, on chercha partout le droit naturel, le droit de la raison, sans soupçonner un seul instant qu'on s'engageait ainsi dans une voie pleine de dangers, qu'on ne peut pas ainsi rompre avec l'expérience et se délivrer de l'héritage d'idées et d'habitudes que nous ont laissées nos ancêtres, cet héritage, qui est pour ainsi dire une part de notre propre constitution.

En France, ce ne furent pas des jurisconsultes qui préparèrent cette révolution. Les jurisconsultes s'occupaient de pratiquer, et la pratique empêchera toujours de s'égarer; ce furent les philosophes qui préparèrent l'avènement des idées modernes; et parmi ces philosophes, il en est deux qui eurent la plus grande influence sur la Révolution, Rousseau et Mably.

Rousseau est un grand écrivain, une âme ardente et passionnée, mais il n'aurait pas eu le même succès ou pour mieux dire il n'aurait pas été le même s'il avait vécu dans un autre temps ou dans un autre pays.

Ces violentes protestations contre la société n'ont un succès général que chez un peuple et dans un siècle où tout le monde souffre et se sent mécontent de sa situation.

Au reste, Messieurs, du temps de Rousseau on avait raison d'être mécontent, je ne sais pas dans notre histoire de page plus triste que le règne de Louis XV.

L'antique société française, la société féodale fondée sur le privilège avait ses défauts, mais elle mettait en évidence l'individu privilégié — c'est une époque grande ou monstrueuse, suivant le côté par où on la regarde. — Le baron qui peut faire la guerre au roi quand il lui dénie la justice ; l'évêque librement élu par son chapitre, et qui protège la ville née autour de la cathédrale contre la rapacité des barons ; la commune indépendante qui arbore sa bannière et qui a ses milices, ses juges, son administration ; les corporations, les corps de métiers qui se gouvernaient eux-mêmes, tout cela était vivant.

Au milieu d'énormes abus, de souffrances réelles, l'individu se sentait soutenu par ses compagnons, et il était souvent grand et généreux.

Mais quand Louis XI et les Valois eurent abattu toutes les résistances individuelles ; quand Richelieu et Louis XIV eurent tout fait plier sous la centralisation, il ne resta plus des anciennes institutions que des privilèges sans raison d'être, privilèges qui ne *protégeaient plus les uns et qui écrasaient les autres.*

Une noblesse de cour avide et mendiante, ne se relevant qu'à la guerre, où on lui permettait de donner le reste de sa fortune et de son sang. Des évêques de cour, pour la plupart sans foi sincère, et qui n'étaient plus que des ennemis jaloux de la pensée et des soutiens du despotisme. A côté, des cités sans indépendance, et des corporations étroitement fermées, tel était l'état de la France, et l'on comprend que dans ces conditions, il y ait eu une lutte sourde entre une société active, intelligente et qui voulait vivre, et un gouvernement qui se sentait abandonné par l'opinion.

Louis XV ajouta encore à cette fatale situation : égoïste, étranger à ses propres affaires, tout entier à d'ignobles passions, abandonnant la Pologne, livrant le Canada, méprisé au dedans, méprisé au dehors, il consomma la ruine de la monarchie. Chacun en voulait à ce passé gothique, à ces institutions surannées ; c'est l'avenir vers lequel se tournaient tous les regards.

Seulement c'est de la raison seule, maîtresse du monde qu'on attendait le remède à tous ces maux. Ces maux, Messieurs, ce n'était pas précisément l'oppression ; il y a quelquefois de la grandeur ou du moins de l'énergie dans l'oppression ; elle appelle la résistance de l'opprimé. Non, c'était un gouvernement taré, manquant de volonté, qui gênait sans tyrannie, qui persécutait sans violence, n'ayant qu'une idée, celle d'étouffer la pensée qui éclatait de toute part et d'enfermer la société dans cette chrysalide morte d'où elle voulait s'envoler.

Ce fut alors que parut Rousseau, et qu'il donna une voix éloquente à ces plaintes confuses et indécises.

Rousseau n'est pas un philosophe original, il n'a pas le bon sens de Voltaire, l'esprit observateur de Montesquieu ; c'est un déclamateur passionné qui exagère les idées d'autrui, mais dans ce genre il est sans rival, et il exercera sur son siècle et sur la Révolution une influence profonde mais, j'oserai le dire, fatale.

On se plaignait de la société, on se plaignait de la tradition, Rousseau se fit l'apôtre de la nature et de la raison. Le *Contrat social* est la politique de cette école, qui, rompant avec le passé, ne veut compter qu'avec l'avenir :

L'homme est né libre, et partout il est dans les fers ;

Rousseau ne voit dans le monde que des individus tous également libres, mutuellement indépendants et égaux. En un sens il a raison, et je ne voudrais pas affaiblir cette juste idée, qui est le fond même du christianisme. Comme Rousseau, je crois que l'État n'est qu'une institution politique, faite pour garantir la liberté des individus, et que toutes les fois qu'il agit en dehors de cette sphère, c'est-à-dire en dehors du droit, son action a plus de dangers que d'avantages.

Mais Rousseau va plus loin, il ne voit pas que l'homme est essentiellement sociable, fait pour vivre avec ses semblables, que la première société a commencé avec la première famille et que l'homme *seul* n'est qu'un sauvage déguisé. « Pour vivre seul, disait Aristote, il faut être un dieu ou une bête ; » et nous ne sommes pas des dieux.

Mais si la société n'est pas un fait naturel, qu'est-elle donc ? C'est un contrat, dit Rousseau, un contrat dont chacun fait la condition. En d'autres termes, chaque société peut être organisée par le libre vote des individus, et la loi est la volonté de la majorité. Tous étant libres et égaux s'associent, choisissent un chef qui représente toutes les volontés, et Rousseau en arrive à cette conclusion étrange, que vous connaissez, qu'on est libre quand la volonté générale commande en toute chose, même en religion. Il ne voit pas que son livre est l'évangile de la tyrannie, le triomphe de la force, la suppression du droit.

Si Rousseau, au lieu de consulter seulement sa raison avait étudié l'histoire, il aurait vu que son contrat social était une chimère. Avant de le conclure, les hommes auraient dû s'entendre et auraient déjà fait une société naturelle.

Rousseau l'avait compris pour le langage, car il repoussait l'idée qui en fait une convention ; en effet, dit-il justement, il aurait fallu parler pour convenir du sens de ce qu'on disait. Mais en politique il est tombé dans la même erreur.

S'il avait mieux lu le livre du *Gouvernement civil* de Locke qu'il avait pris pour modèle (comme il avait emprunté à Locke et à Montaigne ses idées sur l'éducation), il aurait vu que Locke faisait reposer sur un contrat, non pas la société, mais le gouvernement, l'État, ce qui est toute autre chose. Qu'il y ait ou non un pacte primitif, une charte jurée, il est évident que les sujets ne sont pas faits pour le plaisir du prince. Ils ont un but, une destinée, une fin pour et par eux-mêmes.

Bossuet a pu soutenir dans la *Politique tirée de l'Écriture sainte* que les sujets devaient toujours se soumettre tandis que le roi devait être juste, sage, comptable devant Dieu ; mais dans ses *Avertissements aux protestants*, lorsque Jurieu le pousse à bout et lui demande ce qu'on ferait d'un prince qui tuerait ses sujets sans raison, Bossuet lui-même est obligé de dire qu'on l'enfermerait, et de faire céder la rigueur de ses principes sur un point où la raison et le droit doivent l'emporter sans conteste.

Quoi qu'il en soit, les théories de Rousseau furent reçues comme la vérité même, et la Révolution française en fit l'application. Robespierre, vous le savez, fut le fidèle disciple de Rousseau ; il en imite le style, il lui emprunte ses idées, et c'est là ce qu'il y a de terrible avec les doctrines fausses ; innocentes dans les livres, elles trouvent tôt ou tard des cerveaux étroits qui y voient la vérité absolue et qui les appliquent sans scrupule, fallût-il pour cela dresser des échafauds et marcher dans le sang.

S'il y a une idée régnante pendant la Révolution, depuis la Constituante jusqu'au Directoire c'est qu'on peut refaire la société ; c'est que c'est une œuvre pieuse de jeter au feu tous les abus, et de fonder une Jérusalem nouvelle.

C'est, religion à part, le même fanatisme que chez les sectaires de tous les siècles. Et rien n'est cruel et féroce comme les gens qui partent de ces idées absolues, en même temps rien n'est plus absurde. Ils s'acharnent sur la société qui leur résiste, et j'ai déjà eu l'occasion de le dire ici, ils ne lui pardonnent jamais les mécomptes de leur ambition.

A côté de Rousseau, Messieurs, il faut citer Mably qui n'a pas exercé une moindre influence quoiqu'il fût bien loin d'avoir le même talent ; ses livres aujourd'hui ne souffrent pas la lecture, ils sont aussi ennuyeux qu'ils sont faux, et cependant ses contemporains le proclamaient plus courageux et plus utile que Montesquieu ; parce qu'il avait appelé la convocation des États généraux.

Au reste l'homme valait mieux que ses livres, c'est une figure qui ne manque pas de grandeur. Stoïque, désintéressé, tout entier à l'étude, il vivait de trois mille livres de rente, n'ayant pas voulu prendre les ordres majeurs quoique protégé par le cardinal de Tencin : Mably n'a de commerce qu'avec les anciens, son idéal est à Sparte ; ce qu'il aime dans Platon c'est ce qui se rapproche des idées de Lycurgue, et rien ne lui semble plus *naturel* et plus raisonnable que de faire de nous des Spartiates. Il est vrai qu'il a essayé pour lui-même et qu'il a réussi.

Sa mort est touchante. Il est vieux, seul, veillé par un domestique aussi âgé que lui ; près de mourir son unique pensée est de ne pas fatiguer son vieux serviteur. Il l'envoie se reposer, se fait veiller par un jeune homme, et lui dit : « Mon enfant je ne vous « fatiguerai pas beaucoup ; la première fois que je « vous appellerai vous me ferez boire, la seconde « fois je ne parlerai plus, mais j'aurai encore la « force de frapper, ce sera le dernier service que « vous me rendrez, et ce sera fini. » Tout se passa

comme il l'avait dit ; son domestique l'entend, Mably
lui sourit et meurt dans ses bras.

Messieurs, vous concevrez facilement ce qu'est la
législation naturelle de Mably : c'est la république de
Platon mêlée à celle de Sparte ; Mably est le père
du communisme : éducation en commun, suppression
de l'hérédité, l'État disposant des citoyens, pour lui,
tout cela est chose *naturelle*... Il plaçait la corruption au delà de ce qui est nécessaire à nos premiers
besoins : ennemi du luxe, des richesses, des arts,
enfants du luxe non moins pernicieux que leur père,
il en voulait surtout aux femmes brillantes : que
peut-on faire de cela à la maison ? disait-il.

Mais, inconséquence du cœur humain, cet homme
qui n'a pas eu d'enfants, qui n'a jamais connu le
mariage, supprime la famille en supprimant la succession, et sa raison ne doute pas de la vérité de ses
principes ; mais ce vieux domestique qu'il a aimé,
l'oubliera-t-il aussi ? Non, il laisse au mourant le
droit de léguer quelque chose à ceux qui l'ont servi,
et il refuse au père le droit de laisser à ses enfants
le bien qu'il n'a acquis que pour eux !

Que va faire maintenant la Révolution ? Que fe-
ront les générations élevées dans de pareilles idées ?

Elles auront pour le passé, pour la tradition, pour
les droits acquis le mépris le plus complet ; rien ne
leur semble plus *naturel*, plus raisonnable que d'imaginer un système politique et de l'imposer au pays.
Le respect du droit individuel, le respect des intérêts,
le respect des habitudes leur est étranger ; on fera

de nos pères des Spartiates et des Romains ; on leur imposera des consuls, un sénat, que sais-je encore ? au lieu de voir que ce sont des Français et que depuis 1,300 ans ils vivent sous des rois.

Cette erreur primordiale est universelle ; on la retrouve chez les plus sages comme chez les plus violents. Au début de la Révolution, Louis XVI veut donner à la France une constitution ; le 20 juin 1789 est le jour choisi pour cette concession, c'était un recul sur les États généraux, il était bien tard pour agir, mais enfin un peuple sage sait profiter de tout.

Les patriotes se réunissent chez le ministre américain, chez Jefferson. C'est un homme de la nouvelle école, ce n'est pas un Américain de vieille roche comme Washington, mais c'est un homme pratique ; il blâme l'Assemblée « qui a montré la résolution de « mettre le feu aux quatre coins du royaume et de « périr dans l'incendie plutôt que de céder un iota « de son plan de changer complètement le gouver- « nement », il conseille d'accepter la Constitution. — Qui refuse ? c'est Lafayette qui a servi la Révolution américaine, mais qui n'a rien compris à l'esprit américain ; il veut pousser les choses jusqu'au bout : plus de noblesse, même au sens politique ; plus de clergé, il faut régénérer la France.

Ce fut lui qui l'emporta, et en 1815 après vingt-six ans de guerres et de despotisme, Jefferson lui écrivait pour lui rappeler le passé :

« Vous rappelez-vous qu'à la date du jeu de Paume je vous recommandais ardemment, à vous et aux patriotes de ma connaissance d'entrer en composition avec le roi pour en obtenir la liberté religieuse, la liberté de la presse, le jugement par jury, l'*habeas corpus* et une représentation nationale, toutes choses qu'on savait qu'il accorderait, puis de retourner chez vous et de laisser ces institutions améliorer la condition du peuple jusqu'à ce qu'elles l'eussent rendu capable de faire davantage, à quoi l'occasion n'eût pas manqué. Voilà tout ce que, selon moi, le peuple français pouvait supporter *soberly* et utilement pour lui. Vous avez cru que la dose pouvait être plus forte. » (Lettre du 12 février 1815.)

Viennent les journées d'octobre, il est facile de voir qu'on va à l'abîme. Le Gouverneur Morris en prévient Lafayette. Quelle est sa réponse ? « J'aime mieux me perdre avec mes amis que me sauver seul. » *Alea jacta est*, et on sacrifie la France à une utopie.

Vient la constitution de 1791, cette fameuse constitution à laquelle on ne devait toucher qu'en 1821 et qui fut emportée en un jour de 1792. Lafayette se réjouit, il a fait une constitution toute républicaine avec un roi, ce monstre lui sourit. Washington lui répondit avec sa sagesse ordinaire, en lui faisant voir ses illusions ; mais cette sagesse, qui la comprenait alors ?

Avec la Convention l'utopie prend des forces nouvelles ; changer la société semble la chose la plus simple ; on connaît l'histoire d'Hérault de Séchelles faisant demander à la bibliothèque les *lois de Minos* ;

on a révoqué en doute cette lettre publiée, je crois, par Nodier ; néanmoins elle est bien dans l'esprit du temps.

Mais la Convention va plus loin, elle fait pis que supprimer la constitution, elle supprime la religion ; qu'adore-t-on alors? La raison, et dans nos temples vides on installe la Raison, sous la figure d'une femme qui ne représente pas toujours la vertu. — Nos aïeux, à en juger par Molière, n'auraient peut-être pas choisi la femme pour représenter la raison, mais les révolutionnaires sont plus galants et ils se prosternent devant la raison, en attendant que, par un coup de politique, Robespierre réintroduise l'Être suprême à la grande fureur de ceux qui ne voient plus en lui qu'un capucin.

Tristes égarements, direz-vous, d'une époque ou la passion faisait perdre toute modération !

Non ; Robespierre pratiquait simplement son Contrat social ; c'est là qu'il avait appris qu'on ne peut avoir d'autre religion que celle de la majorité. Puisque la société est un contrat, qui donc pourrait n'être pas astreint à suivre les lois de la majorité? La souffrance est venue de l'application de ces idées, mais le vice était dans le principe.

Sommes-nous devenus plus sages? On le disait avant 1848 et peut-être le croyait-on ; 1848 a prouvé sans doute que nous étions plus humains, le respect des personnes et des propriétés est apparu. C'est beaucoup pour une république que d'avoir eu horreur de l'échafaud et de la confiscation, d'avoir rompu avec un passé odieux ; mais qu'était-ce que la Constitution de 1848 sinon une folie révolutionnaire reposant toujours sur cette idée qu'on peut refaire la société ?

En tout ceci, vous le voyez, je n'attaque pas les hommes ; cela est inutile avec les morts, inutile aussi et dangereux avec les vivants ; on ne les corrige pas et souvent il est injuste de blâmer trop sévèrement un vice d'éducation. Mais j'attaque le système, et je veux vous montrer comment, de ce point de départ qu'on doit rompre avec le passé, que l'histoire ne fait pas partie de la science, on ne peut aboutir qu'à des désastres sans nombre.

Si je voulais définir l'esprit révolutionnaire, je dirais que c'est celui qui ne fait pas dans le présent la part du passé, de la tradition.

Ces critiques, Messieurs, sont nécessaires, pourquoi?

C'est que rien n'est plus [fatal qu'un fétichisme qui s'attache à l'erreur, parce que l'erreur a été défendue par de nobles caractères ; ce qu'il faut aujourd'hui à la France, c'est la vérité. Elle n'est, croyez-le bien, contraire ni à la justice, ni à la liberté, mais elle nous apprend à servir le pays, au lieu de lui imposer nos systèmes ; elle nous donne le respect du droit, et elle dénoue les questions au lieu de les trancher.

Nous avons passé le milieu du XIX⁰ siècle, il est temps que les idées de la génération nouvelle se produisent, et ces idées, j'ose le dire, sont contraires à tous les despotismes, despotisme des systèmes comme despotisme des hommes.

En politique comme en religion, la parole du Christ est éternelle : c'est la vérité qui délivre. Et quand nous l'aurons trouvée, alors la vérité, devenue notre amie, s'assiéra à notre foyer, et nous dira au jour de notre mort: « Connais-moi, je suis ce Dieu même que tu as aimé. »

1859-1860. — (2° *Leçon*)

Messieurs,

J'ai essayé de vous démontrer que l'histoire du droit n'était pas une espèce de littérature utile pour connaître la science, mais une part essentielle de la science elle-même, celle qui représente l'élément traditionnel, le passé, qui est une portion, et la plus grande, du présent. L'histoire repose sur l'observation des faits, des événements. Mais dans le droit comme dans toutes les sciences morales, ce n'est pas seulement l'observateur qui change, c'est l'objet observé.

L'homme n'est pas toujours le même, les nations se modifient, les civilisations se transforment, vous le savez, Messieurs, et je n'en dirai que quelques mots. L'Europe est toute différente de la Chine, de l'Inde, des pays musulmans. — En Europe même la France diffère du tout au tout avec l'Angleterre ; et si nous remontons les siècles, la France d'aujourd'hui ne ressemble guère à celle de saint Louis ni à la Gaule de César.

Sans doute il y a un élément fixe ; l'homme est l'homme partout, né pour la famille, pour la société, pour la liberté, mais la façon dont il envisage ces choses, la satisfaction qu'il exige pour ses besoins légitimes n'est pas la même ; le droit varie donc nécessairement, quoique partout et toujours il ait la justice pour objet, et que les *Præcepta juris* d'Ulpien soient éternellement vrais : *Honeste vivere — alterum non lædere — suum cuique tribuere —* seulement, il peut y avoir et il y a en effet une grande variété dans l'unité, entre la liberté du XIX° siècle, par exemple, et celle de la féodalité au moyen âge ; c'est la méconnaissance de ces conditions, je le répète, qui a causé nos erreurs depuis 1789.

L'esprit révolutionnaire n'est pas celui qui veut la liberté, alors nous serions tous révolutionnaires, c'est celui qui se détache du passé et qui s'écrie : *Alea jacta est ;* coupez le câble. C'est à cet esprit que je fais la guerre, — parce qu'il existe toujours parmi nous et que la mer n'est pas encore calmée.

Au début de ce grand mouvement de 1789, après les journées d'octobre et les réformes toutes nouvelles de la Constituante, la Révolution française fut attaquée avec une vivacité extrême par un homme qui avait au plus haut degré le sens politique, l'Anglais Edmond Burke. — « La liberté qu'il aimait, ce « n'est pas, dit son biographe, cette sauvage indé- « pendance qui livre l'individu aux passions de la « foule, c'est la liberté sociale, ce régime où la « liberté de l'individu ne peut pas envahir la liberté « d'autrui. » (Life of Burke, p. 297.)

C'est en 1790 qu'il publia ses *Réflexions sur la Révolution en France*

Burke n'appartenait pas à l'aristocratie : né en Irlande en 1720, parvenu par son travail, c'est grâce à ses talents littéraires qu'il avait obtenu, avec l'appui du marquis de Rockingham, une place dans le Parlement.

Il s'y était distingué en 1777 par la défense des colonies américaines, et ses discours sont, avec celui de lord Chatham, ce qu'on en a dit de plus éloquent. Économiste avant Adam Smith, Burke combattit la balance du commerce, et venu à Paris en 1776, il fut bien accueilli par la cabale philosophique ; — ce n'est certes pas un aristocrate de naissance ni de position, c'est un Anglais d'esprit pratique, mêlé aux affaires, et qui a longtemps réfléchi sur les choses humaines.

Son point de départ est à l'opposé des idées françaises ; chez nous c'est la raison, chez lui c'est l'expérience qui fait loi. Pour traiter avec les hommes il ne connaît encore une fois que les faits observés. Il a peu de goût pour ce qu'il appelle la métaphysique de la politique, « convaincu, dit-il, que l'imagination humaine peut tout détruire, qu'on peut « critiquer la création même et présenter l'œuvre « de la divine sagesse comme une folie. »

Le livre eut un succès énorme ; 30,000 exemplaires furent vendus en un an ; en France, traduit par Dupont, de Nemours, il fit une sensation profonde. En Angleterre, Price, Payne, Priestley, Mackintosth, y répondirent. La réponse la plus célèbre est celle de ce dernier, publiée en 1791, sous le titre de *Vindiciæ Gallicæ* ou Défense de la Révolution française. Fox se sépara de Burke comme d'un renégat. Enfin il eut contre lui tous ceux qui, prenant le mot pour la chose, croient que la liberté existe là où ils voient un drapeau sur lequel on a écrit *Liberté*, ce drapeau fût-il porté par la populace et traîné dans le sang et la boue.

Aujourd'hui, quand on lit ce livre, et qu'on est Français, on éprouve un sentiment douloureux, poignant ; c'est un ennemi qui écrit et un ennemi plein de préjugés, mais on sent que trop souvent il a raison, et les événements l'ont justifié.

« Vous avez détruit la royauté, votre point d'appui, dit-il, vous irez plus loin, vous *tuerez* le roi quand son nom ne sera plus nécessaire à vos desseins, pas un moment plus tôt ; maintenant vous le gardez comme une bête en foire, vous rendez la monarchie méprisable en l'exposant au mépris public dans la personne du plus bienveillant des rois. » (*Letter to a member of the National Assemblee*, 1791.)

« Vous détruisez la religion, vous aurez les forces exécrables de l'athéisme et les désordres de la rue.

« Vous confisquez les biens du clergé pour assurer la dette publique, vous détruisez la confiance, vous aurez des assignats et la ruine universelle.

« Toute assemblée doit donner au pays une garantie contre ses excès.

« Le parlement avait bien des abus, mais les charges vénales et héréditaires rendaient le magistrat indépendant. Vous aurez maintenant des juges dans la main du pouvoir; vous voilà déjà au comité des recherches, c'est-à-dire à l'Inquisition.

« Vous croyez fonder la liberté et vous ne fondez que le despotisme, il est au bout de tous vos efforts, et ceux qui l'établiront ce sont vos démagogues; il y a longtemps qu'Aristote a écrit l'histoire des Révolutions: flatteurs du peuple, flatteurs du prince, passent aisément de l'un à l'autre.

« Le démagogue et le flatteur ont une ressemblance frappante. Tous deux ils ont un crédit sans borne, l'un sur le tyran, l'autre sur le peuple ainsi corrompu. Les démagogues, pour substituer la souveraineté des décrets à celle des lois, rapportent tout au peuple dont ils ont surpris la confiance. Tous les pouvoirs légaux sont anéantis. (Aristote, *Politique*, IV, 4.) »

Je termine par cette dernière réflexion de l'auteur anglais :

« Vous proclamez la paix, vous aurez la guerre universelle. »

D'où venait à Burke, Messieurs, cette triste clairvoyance? Du point de vue où il se mettait. C'est qu'il voyait la France rompre absolument avec le passé, tentative la plus insensée la plus chimérique qu'un homme ou un gouvernement puisse imaginer.

Rabaut Saint-Étienne, le fils de Rabaut le ministre

protestant, prononçait alors aux acclamations de l'assemblée les paroles suivantes :

« Tous les établissements en France couronnent
« le malheur du peuple ; pour le rendre heureux, il
« faut changer ses idées, changer ses lois, changer
« ses mœurs, changer les hommes, changer les
« choses, changer les mots, tout détruire, oui, tout
« détruire pour tout recréer. »

« Ce gentleman, ajoutait Burke, a été choisi président d'une assemblée qui ne siége ni aux Quinze-
Vingts, ni aux Petites-Maisons, et qui est composée
de personnes qui se donnent pour des êtres raisonnables. »

Puis il comparait ainsi l'Angleterre et la France :
« Quant à nous, grâce à notre résistance aux inno-
« vations, grâce à la froideur et à la lourdeur de
« notre caractère national, nous portons encore la
« marque de nos ancêtres. Nous n'avons pas perdu
« la générosité et la dignité chevaleresques du
« moyen âge ; nous ne sommes point les prosélytes
« de Rousseau, ni les disciples de Voltaire. Helvétius
« n'a pas fait de progrès chez nous : nous ne pre-
« nons pas des athées pour prédicateurs, et des fous
« pour législateurs.

« Nous savons que nous n'avons pas fait de dé-
« couvertes en morale et qu'il n'y en a pas à faire.
« On n'en fera pas davantage dans les grands prin-
« cipes de gouvernement ni dans les idées de liberté.
« On les entendait fort bien, longtemps avant que
« nous fussions nés, on les entendra de même quand

« la tombe aura entassé sa poussière sur notre
« vanité, quand le silence du sépulcre aura imposé
« sa loi à notre vain bavardage. En Angleterre on
« ne nous a pas complètement arraché les entrailles,
« nous sentons encore au dedans de nous-mêmes,
« nous nourrissons, nous cultivons ces sentiments
« dans lesquels on nous a élevés, sentiments qui
« sont les fidèles gardiens, les maintiens actifs du
« devoir, les vrais soutiens de toute morale libérale
« et virile. On ne nous a pas ouvert la poitrine et
« ôté le cœur pour nous empailler comme des
« oiseaux dans un musée, en nous emplissant de
« chiffons et de papiers sur les *droits de l'homme.*
 « Nous craignons Dieu, nous regardons les rois
« avec crainte, le Parlement avec affection, les ma-
« gistrats avec respect, le prêtre avec vénération,
« la noblesse avec considération, pourquoi? Parce
« que lorsque ces idées se présentent à notre esprit
« il est *naturel* d'éprouver un sentiment semblable,
« parce que tout autre sentiment est bâtard, faux,
« corrupteur et nous rend incapable de toute liberté
« raisonnable.
 « En vous abandonnant à une licence et à une
« insolence serviles, on vous donne de bas plaisirs
« pendant quelques jours de vacances, et on vous
« prépare à l'esclavage que vous aurez bien mérité
« et qui durera toute votre vie. »
 Et d'où vient cette différence entre les deux
pays? « C'est, dit Burke, que nous nous rattachons
« au passé; nous sommes effrayés de laisser chaque

« homme vivre et *commercer* sur son capital de
« raison, parce que nous croyons qu'en tout homme
« ce capital est petit et que les individus feraient
« beaucoup mieux de se servir de la *banque géné-*
« *rale* et des capitaux accumulés par toutes les na-
« tions et tous les siècles. »

Idée profonde et vraie que j'ai retrouvée chez
un vieux rabbin juif : « *Honore ton père afin que*
« *tu vives longuement*, cela veut dire que si tu ho-
« nores et si tu étudies tes ancêtres, tu vivras de la
« vie accumulée par les siècles. »

N'en est-il pas ainsi, Messieurs, ne pensons-nous
pas nous-mêmes avec la pensée de tous les temps?
n'y a-t-il pas en nous la marque d'un Platon, d'un
Aristote? pouvons-nous rejeter cette éducation traditionnelle de l'humanité en philosophie, en morale?
Pourquoi donc la rejeter en droit et en politique?

« Le premier principe, dit encore Burke, sur
« lequel reposent l'État et les lois, c'est que la géné-
« ration vivante, qui n'est qu'usufruitière, n'oublie
« ni ce qu'elle a reçu de ses ancêtres, ni ce qu'elle
« doit à sa postérité. Elle n'a point le droit de diver-
« tir cet héritage, de détruire cette substitution, de
« renverser à plaisir l'édifice social, au risque de
« laisser à ceux qui viendront après elle une ruine
« au lieu d'une habitation, en apprenant à ses suc-
« cesseurs à respecter aussi peu les œuvres de leurs
« pères que leurs pères ont peu respecté les insti-
« tutions de leurs aïeux.

« Avec cette facilité de changer le gouvernement

« aussi souvent, autant de fois et d'autant de façons
« qu'il y a de modes et de caprices dans l'air, on
« brise la suite et l'enchaînement de l'État; une
« génération ne peut plus se rattacher à l'autre;
« les hommes ne deviennent guère plus que des
« mouches en un jour d'été. »

Ajoutez que cette rénovation est impossible : quand nous voyons dans l'histoire se succéder la république monarchique de 1791, la dictature de la Convention, le gouvernement spartiate des Directeurs avec une société dissolue, le Consulat à la romaine avec ses tribuns et ses sénateurs, l'Empire, il semble que de longs siècles séparent ces révolutions, en réalité, ce ne sont que des révolutions de costume et d'habit. On compte naufrage après naufrage, mais sauf les noyés, c'est toujours le même équipage et rien n'a changé dans le fond. On a accumulé les misères, les ruines, le sang versé, et on se retrouve au point de départ; c'est ce qu'a montré Tocqueville.

Après Burke il faut nommer un autre philosophe politique, aussi ennemi de la Révolution, mais plus ami de la France, et ami presque malgré lui, le comte Joseph de Maistre.

On l'a beaucoup surfait, c'est un esprit vigoureux mais paradoxal, emporté souvent au delà des limites de la raison, cherchant à étonner et à frapper fort pour faire de l'effet.

Elever une statue à Voltaire par la main du bourreau, c'est là un procédé favori de son style et de sa pensée.

Le livre *du Pape* est un paradoxe de cette nature et ceux qui l'invoquent semblent ne pas se douter des dangers de l'arme qu'ils manient. On a défendu l'infaillibilité du pape par des raisons tirées de l'Évangile, de Maistre la défend par des raisons politiques et de convenances — parce qu'il faut pour un gouvernement comme pour la justice, qu'il y ait un dernier ressort, une *ultima ratio* sans quoi toute querelle est indéfinie.— C'est ce qu'a senti le moyen âge, à cette époque le suprême ressort, c'était le pape.

Politiquement, Messieurs, ce peut être une justification habile de ce qui s'est fait au moyen âge ; mais religieusement ?

Y a-t-il un dernier ressort pour la pensée, fondé sur la convenance qu'il peut y avoir à s'arrêter ? Si c'est Dieu qui parle, il faut l'écouter. Sinon, si c'est un homme, comme le dit Pascal, c'est à la raison seule à voir ses propres limites, à se méfier d'elle-même et à savoir jusqu'où elle peut aller.

En politique, de Maistre aime aussi les paradoxes ; il a lu Burke, il l'a compris, il lui emprunte ses meilleurs arguments.

Les *Considérations sur la France* publiées en 1796 à Lausanne ont eu un grand retentissement. Elles annonçaient la Restauration. Il est vrai qu'en 1796 on y croyait ; la France y revenait visiblement quand elle fut *Fructidorisée*, et, par suite, de Maistre s'est trompé de vingt ans, mais il y avait dans son ouvrage un jugement sur la Constitution de l'an III

qui est resté avec raison, car c'est un éclair de génie.
— J'ai eu déjà l'occasion de le citer (v. p. 203).

Cependant cette constitution de l'an III est la plus sage que nous ayons eue ; c'est la tentative la plus raisonnable qu'on ait faite pour établir la République. Deux chambres, un gouvernement régulier, lui auraient permis de vivre. On avait échoué cependant dans la constitution du pouvoir exécutif, cinq directeurs étaient inadmissibles, mais la France, croyait-on alors, n'aurait pas voulu d'un chef unique.

Toutefois, de Maistre allait plus loin dans son principe générateur des constitutions politiques; il prétendait que toute constitution se fait *d'elle-même*, et qu'une constitution écrite est par cela même une constitution morte. Idée vraie en ce sens qu'on ne fait pas les constitution tout d'une pièce ; quant à les écrire, peu importe ; celle d'Amérique n'est pas moins vivante que celle d'Angleterre.

Ces idées, du reste, étaient celles de nos jurisconsultes qui ont fait le code civil : « On écrit les lois, on ne les fait pas, » disait Portalis. Grand est l'étonnement de ceux qui lisent les procès-verbaux de la rédaction du Code, en y trouvant si peu de philosophie, si peu d'idées générales. Sans doute ce n'est pas une œuvre d'art, mais une œuvre de sagesse et de raison, qui ne fait pas table rase avec le passé. C'est la coordination du droit existant et des réformes égalitaires de la Révolution.

Burke et de Maistre s'étaient tenus dans la région

politique ; un homme qui s'est véritablement inspiré des idées de Burke, M. de Savigny, les fit descendre dans le droit.

C'est lui qui a opéré dans la science, vers le commencement du siècle, une révolution qui n'a guère pénétré en France que depuis vingt-cinq ans, révolution qu'il lui a d'ailleurs été donné de voir, car, né en 1779, M. de Savigny supporte encore vaillamment ses quatre-vingts ans.

Quelle est la thèse de M. de Savigny. On l'a formulée en une phrase bien connue et pleine de sens : « *Le présent fils du passé est père de l'avenir* ».

Ce n'est pas là une vaine comparaison ; c'est l'affirmation que, dans le monde intellectuel et moral, les choses se passent comme dans le monde physique.

1859-60 (3ᵉ *leçon*). — (*Notes de cours*)

Regardez-vous vous-mêmes, Messieurs, ne voyez-vous pas immédiatement que votre corps est un instrument que vous n'avez pas fait vous-même, quoique vous puissiez en user et le modifier sur quelques points.

Votre tempérament, votre santé, vos dispositions naturelles, vous les avez reçues de vos parents, souvent même c'est un ancêtre éloigné qui revit en vous : *Sic oculos, sic illa manus, sic ora ferebat.* « Les fils ressemblent aux frères de la mère » disent les rabbins.

Au moral n'en est-il pas de même ? Combien de fois avons-nous vu des enfants orphelins de bonne heure, reproduire les gestes, les idées, les habitudes de gens qu'il n'ont jamais connus ?

Que fait l'hygiène, physique ou intellectuelle ? A-t-elle un type absolu, des règles générales ? Non, elle se proportionne à chaque individu, elle établit pour chacune le *canon*, la règle de sa propre santé. A-t-elle des lois universelles? Non ; des principes généraux, oui, mais qui se modifient suivant chaque cas particulier.

Ce qui est vrai des individus est vrai des peuples. L'armée anglaise ne se bat qu'avec une pièce de bœuf dans l'estomac ; l'armée française a besoin de vin et de café ; l'armée espagnole, plus sobre, se contente d'un cigare.

Mais ceci n'est que l'extérieur; passons aux qualités intellectuelles et morales. Vous trompez-vous sur un Français ou un Anglais : un Gascon ou un Normand ? Affaire d'éducation ou d'habitudes, direz-vous. Soit, mais croyez-vous qu'en un jour vous puissiez renoncer à ces habitudes, croyez-vous qu'on puisse y faire renoncer tout un peuple ?

La France a encore le caractère que décrivait César en parlant de la Gaule. Les mêmes qualités bonnes ou mauvaises ; la mobilité, la légèreté d'esprit, le courage militaire, le mépris de la mort, *Nil paventis funera Galliæ*, et il ne faudrait pas grand effort pour retrouver, dans le soldat de Solferino, le compagnon de Vercingétorix.

Qu'en résulte-t-il ? c'est qu'il y a là un élément déterminé, sur lequel chaque siècle agit mais qu'aucun siècle ne peut rejeter.

La France donnée par l'histoire garde la même marque à travers les siècles. Nous pouvons personnellement nous faire une place pendant notre vie, mais non pas rompre avec le passé. Chaque âge d'une nation n'est que la continuation, le développement des âges précédents.

Ce qui fait illusion, Messieurs, pour en revenir à notre sujet, c'est que, comme on voit le droit dans les livres, on suppose qu'il existe là seulement. On ne sent pas que c'est en nous que le droit existe, et que le droit ne fait qu'exprimer certaines idées dominantes qui vivent en nous ; celle de l'Égalité, par exemple, en France, celle de la Liberté en Angleterre.

M. de Savigny compare le droit à la langue et il a raison.

Demandons-nous si la langue existe dans les grammaires ou en nous-mêmes ?

Il y a des gens qui cherchent la langue universelle. Qu'exprimerait-elle ?

Des mots ? Rien n'est plus aisé. Des idées? Rien n'est plus impossible, car chaque peuple a ses idées distinctes et particulières. Toutes ont une racine commune dans l'esprit humain, mais ce sont des floraisons différentes.

Notre langue tient à tout le passé ; prenons les mots : parole, parabole, Évangile, qui sont d'origine grecque. Essayez de traduire et de comprendre saint Paul, vous vous heurterez partout à des difficultés sans nombre, tant que vous ne rétablirez pas les choses et les mots dans leur milieu historique. Alors seulement vous pourrez par la pensée vous transporter dans ce milieu, et alors aussi seulement vous pourrez vous assimiler ce qui est général dans ces livres, dans ces œuvres et vous pourrez vous en servir.

Vous comprenez maintenant, Messieurs, l'histoire du droit et son rôle. A côté des théories philosophiques, le Code est une œuvre de raison ; oui, en ce sens qu'il est raisonnable et qu'il convient à la France ; non, en ce sens qu'il pourrait convenir à tous les peuples. Ce serait sa condamnation. De même, la constitution britannique, nous l'avons dit, convient aux Anglais. La charte de 1814 qui nous donnait un gouvernement à l'anglaise, n'a pu s'implanter en France dans un milieu tout différent.

Mais quoi, dira-t-on, si chaque peuple a son rôle, comme chaque individu, l'homme n'a-t-il pas d'action sur sa destinée? Sans doute, il en a une, mais à la condition d'agir résolument, fortement sur le milieu où il vit, au lieu de se perdre dans les espaces imaginaires. « Il faut, dit Bacon, arracher les mau-
« vaises herbes, élaguer, greffer et non pas tout
« labourer pour planter à neuf. »

L'Angleterre a suivi ces principes, aussi voyez ses progrès depuis trente ans. La réforme parlementaire, l'émancipation des catholiques, l'abolition de l'esclavage, la réforme commerciale, enfin une transformation complète de la nation, mais faite progressivement et pas à pas.

C'est là, Messieurs, l'esprit qui nous manque et que l'étude seule peut nous donner.

Vous ne vous trompez pas encore une fois, sur la portée de mes paroles et de mes critiques.

Si je blâme la Révolution, ce n'est pas pour ce qu'elle a voulu faire, mais pour ce qu'elle a fait : Ce n'est pas parce que je trouve qu'elle a trop donné de liberté, mais parce que, selon moi, elle n'en a pas donné assez et qu'elle l'a mal donnée.

Si elle avait mieux compris son rôle, si elle ne s'était pas livrée à la tentative insensée de refaire un peuple à nouveau, nous jouirions depuis long-temps de cette liberté qui semble toujours se rire de nos efforts.

Nous avons raison d'y revenir, mais ce n'est plus par la route des révolutions que nous l'atteindrons, mais par celle des réformes, par la connaissance du passé, route plus difficile, mais aussi plus sûre. Heureux si ma voix pouvait pénétrer dans tous les cœurs, et si après avoir tant souffert, nous pouvions assurer du moins à nos enfants le bonheur qui nous a manqué.

Il faut nous élever au-dessus des épaules de nos pères, ne pas nous modeler sur eux ; ce qui est in-gratitude dans la vie de famille, est un devoir dans la politique et la science, car si eux-mêmes n'avaient pas avancé plus que leurs devanciers, où en serions-nous ? Mais nous étudierons ce qu'ils ont fait, et cette étude nous permettra de vivre avec eux d'une vie plus intime, d'aimer la justice comme un patri-moine, et de porter à la patrie l'amour qu'on doit à une mère.

DU ROLE DE LA FRANCE DANS L'HISTOIRE DU DROIT

1859-60 (*4ᵉ leçon*)

MESSIEURS,

Nous avons vu la place qu'occupait l'histoire du droit dans la science juridique ; le rôle qu'elle jouait dans l'histoire générale, c'est le testament fidèle des générations, écrit avec leurs passions et de leurs propres mains ; l'importance philosophique d'une pareille étude, puisque l'esprit du passé est une part de notre esprit ; entrons maintenant dans l'étude historique du droit français, et cherchons d'abord quelle peut en être l'importance générale ?

Avant de s'engager dans un pays, il est bon d'en étudier la géographie, de s'orienter sur la terre qu'on va parcourir et de savoir comment on n'y marchera pas au hasard.

C'est encore une étude générale, mais vous allez le voir, du plus haut intérêt.

Si nous considérons le monde dans son état actuel, et dans l'avenir qui lui semble promis, il est bien évident que l'Europe chrétienne est à la tête de la civilisation. L'Amérique en sort et lui appartient, l'Australie commence à se civiliser par elle. L'Afrique est un pays barbare, attaqué du côté de la Méditerranée par les Français, du côté du Cap par les Anglais.

Quant à l'Asie, nous n'y voyons que des civilisations arrêtées, ou du moins (car il n'y a jamais d'arrêt dans ce qui vit), qui ne marchent pas du même pas que le nôtre. Il est trop clair que l'avenir du monde, n'appartient ni aux Indous rêveurs, ni aux Chinois formalistes, ni à la civilisation musulmane.

Cette civilisation qui un moment a envahi le monde, qui a brillé de Bagdad à Cordoue, est en pleine décadence. Les Turcs qui n'en ont jamais été que frottés pour ainsi dire, ne se relèveront pas, et il y a déjà un siècle (1734) que Montesquieu disait d'eux :

« L'Empire des Turcs est à présent à peu près dans le même degré de faiblesse où était autrefois celui des Grecs, mais *il subsistera longtemps*, car si quelque prince que ce fût mettait cet empire en péril en poursuivant ses conquêtes, les trois puissances commerçantes (Angleterre, Hollande et France) de l'Europe, connaissent trop bien leurs affaires pour n'en pas prendre la défense sur-le-champ.

« C'est une félicité que Dieu ait permis qu'il y ait dans le monde des Turcs et des Espagnols, les hommes du monde les plus propres à posséder *inutilement* un grand empire. »

C'est donc à l'Europe qu'appartient l'avenir ou au moins à la civilisation européenne. Un jour viendra où la politique embrassera le monde tout entier, où l'Europe ne sera plus qu'une unité en face de l'Amérique et de l'Australie, mais quel que soit le secret des siècles futurs, c'est toujours en Europe que l'on ira chercher les premières origines du droit et de la civilisation : *Et campos ubi Troja fuit.*

Ce serait sans doute, une belle étude que d'observer cette civilisation dans son ensemble, mais avant d'en arriver là il faut étudier dans le détail.

Voyons donc quelle est celle de ces histoires particulières nationales qui offre l'intérêt le plus général.

Quand on envisage l'Europe et qu'on laisse de côté certains peuples que leur situation ou leur petit nombre, comme celui des Basques, des Finnois, des Albanais, par exemple, n'appelle pas à jouer le premier rôle, on trouve trois groupes considérables différant de langue, d'institution et de religion.

A l'est le groupe le plus nombreux est celui des races slaves.

Ce sont celles qui sont le plus récemment entrées dans la civilisation ; mais elles ont devant elles un grand avenir, plus beau, je le crois, du côté de l'Orient que de l'Occident.

Ces races slaves comprennent le plus grand nombre des peuples de la Russie d'Europe, Russes ou Polonais ; en Allemagne, le duché de Posen, la Bohême, la Croatie et la Dalmatie ; puis les Serbes à demi indépendants et les Bulgares sujets de l'empire turc.

Ces peuples se partagent eux-mêmes en groupes distincts : les Russes, qui, par la langue sont voisins des Serbes et des Croates ; les Polonais, qui se rapprochent des Tchèques ou Bohêmes, ensemble de peuples qui, malgré des différences politiques ou religieuses, ont entre eux plus d'affinités qu'avec le reste de l'Europe.

La grande distinction vient surtout de la religion. Les Russes, les Bulgares, les Serbes, les Slovaques, les Bosniaques sont grecs ; les Polonais, les Tchèques, les Croates et les Dalmates sont catholiques. Cette différence est facile à reconnaître par l'alphabet même dont ils se servent. L'alphabet russe et serbe est l'alphabet grec, enrichi de quelques lettres coptes ; l'alphabet polonais et croate est l'alphabet romain ; ce serait une étude curieuse à faire que l'origine de ces écitures différentes, puisqu'elle nous donne en deux alphabets différents la notation exacte des mêmes sons.

Quel est l'avenir de ces peuples ? Se fondront-ils en un seul malgré la différence de religion ? Se fera-t-il une confédération slave ? Nul ne le sait : mais ce n'est pas en vain qu'une race s'éveille à la civilisation. Il est visible que dans un temps donné, un même courant d'idées s'étendra de la mer Blanche à la mer Adriatique, et que l'influence slave s'établira en face de l'Allemagne et de l'Italie; touchant à la fois à la race germanique et à la race latine.

Toutefois, si l'avenir politique de ces peuples semble devoir être considérable, il faut reconnaître que, dans le passé, ils ont joué un rôle effacé, peu marquant en Europe, et qu'ils ont reçu la civilisation plus qu'ils ne l'ont portée au dehors.

Leur religion est venue de Rome et de Constantinople, et la religion permet de mesurer assez exactement le degré de civilisation d'un peuple. Leurs institutions anciennes sont purement slaves. La commune a chez eux un caractère particulier, mais, depuis Pierre le Grand, la Russie a emprunté ses institutions administratives à l'Allemagne et à la France. C'est le droit municipal allemand qui a été introduit dans les villes de Pologne. C'est le Code civil français qui a été donné aux Polonais, leur histoire du droit n'est, en général, qu'un reflet de l'histoire germanique ou française.

Ce n'est donc pas là, dans le passé, qu'est pour nous l'intérêt principal.

Entre la Russie, la France et l'Italie, se trouve l'Allemagne en y comprenant les peuples scandinaves.

Les Scandinaves (Suède, Danemark, Norvège, Islande), sont des frères aînés des Germains, de la branche gothique; leur histoire juridique, leur mythologie est intéressante pour expliquer le droit germanique, mais par elles-mêmes ces nations n'ont jamais eu le premier rang en Europe.

Il n'en est pas de même des Germains ou des Allemands proprement dits.

Ce sont les peuples de Germanie qui ont renversé l'Empire romain, et mêlé leurs coutumes et leurs lois aux institutions romaines, en Espagne, en France, en Italie.

C'est l'empire germanique qui, au moyen âge, a joué le grand rôle dans ce dernier pays et dans une portion considérable de la France. Vous vous rappelez les luttes mémorables des papes et des empereurs et la grande époque de Frédéric II.

C'est l'Allemagne qui, en rompant violemment avec la papauté, a adopté la Réforme et commencé une ère nouvelle dans l'histoire de l'Europe.

Il y a dans ce pays des lois, des institutions qui ont un caractère particulier. Lois germaniques, féodalité, réforme, ce sont trois grandes choses qui tiennent une place immense dans l'histoire du monde.

Et ce n'est pas tout. Quand on parle des institutions germaniques, il ne faut pas regarder l'Allemagne seule ; il faut y comprendre deux nations qui ont joué et qui jouent encore un grand rôle : la Hollande et l'Angleterre.

La Hollande est un pays tout germanique. Sa langue est le *platt Deutsch*. Ses institutions, sa vie municipale, tout cela est allemand. Aujourd'hui on parle peu de la Hollande ; abattue par la révolution, on ne s'en occupe plus guère, quoiqu'elle ait conservé dans les mers de l'Inde un vaste empire qu'elle administre et qu'elle gouverne avec une sagesse sans égale.

Mais la Hollande a été le premier pays libre et commerçant de l'Europe. Montesquieu la place à cet égard parmi les grandes puissances.

C'est la Hollande qui, en se révoltant contre Philippe II, a fondé la liberté de conscience et les droits du peuple. C'est elle qui, au xviie siècle, a tenu en échec le despotisme de Louis XIV ; ce sont les presses de Leyde et de la Haye qui ont maintenu les droits de l'esprit humain. Nous leur devons Descartes, Spinosa, Bayle, Saurin et tant d'autres.

C'est à La Haye que Locke se réfugia devant la persécution. C'est de Hollande que partaient les puritains, les *Father Pilgrims* qui allaient fonder la Nouvelle-Angleterre. C'est un Stathouder de Hollande, Guillaume d'Orange, qui porta la liberté en Angleterre et y donna la dernière main à un gouvernement, objet de haine et d'envie pour tous les despotes et qui maintient énergiquement la liberté depuis deux siècles.

L'Angleterre elle aussi est une colonie germanique. Ce sont les Saxons qui ont donné à l'Angleterre sa physionomie. La conquête normande n'en a pas altéré le caractère. Il ne faut pas oublier d'ailleurs que les Normands eux-mêmes appartenaient à la race scandinave, et que les institutions qu'ils portaient en Angleterre s'accordaient avec les institutions saxonnes.

Sans doute, le développement de l'Angleterre se

présente sous un aspect spécial. Les lois romaines n'y sont jamais entrées; le régime féodal y a été plus régulier, et la féodalité plus rude que sur le continent; mais de cette féodalité même, les Anglais ont su tirer la liberté qui y était en germe. En France nous avons *réagi* contre la féodalité, *les Anglais s'en sont servi.* Ils y ont trouvé le Parlement, le vote de l'impôt, la liberté individuelle, le caractère souverain de la propriété; tout cela est germanique et on sait quel parti les Anglais en ont tiré.

Remarquons aussi que tous ces peuples ont embrassé le protestantisme à des degrés différents, mais sans difficulté. Il est vrai qu'une partie considérable de l'Allemagne l'a repoussé; mais c'est là où étaient les colonies celtiques et romaines, entre le Rhin et le Danube ou dans les montagnes des Alpes. Le flot germain les a recouvertes, mais jamais l'Allemagne du Nord et celle du Sud n'ont pensé de même, et ce n'est pas le hasard qui explique la rivalité traditionnelle de la France et de l'Autriche.

Ce serait donc un grand et beau sujet d'étude, que celui de l'histoire du droit germanique, surtout si l'on embrassait, dans ce large cadre son développement plus sensible dans les colonies que dans la mère patrie.

Le défaut, c'est que le sujet est bien vaste et que nous n'avons encore aucune bonne histoire du droit anglais ni du droit hollandais.

Ce n'est pas que les sources manquent ; elles abondent ; mais la Hollande éloigne un peu par son langage, et l'Angleterre n'a que l'ouvrage de Reeves qui n'est pas tout ce qu'on pourrait désirer.

Nous arrivons maintenant à l'occident de l'Europe ; ici nous trouvons trois grands peuples : l'Espagne, l'Italie, la France. Trois peuples différents à l'origine, composés de races diverses mais mêlés, confondus par la conquête romaine et entièrement *romanisés* depuis plusieurs siècles quand les Germains envahirent l'empire épuisé.

L'Espagne (et j'y comprends le Portugal) a une fort belle Législation.

Ce sont d'abord les lois des Wisigoths. Montesquieu les a jugées très sévèrement. On dirait qu'il n'en a lu que le préambule imité du style de la chancellerie romaine. C'est à elles qu'il attribue les maximes de l'inquisition, sans voir que ces maximes sont des lois empruntées aux Romains par les évêques.

Il suffit de dire à l'honneur de ces lois Wisigothes qu'elles s'appliquent encore aujourd'hui en Espagne. Combien y a t-il de siècles que dans notre pays les lois barbares n'existent plus ?

Il faudrait citer ensuite les *Siete partidàs* du roi Alphonse, vaste compilation du droit romain et canonique faite en langue vulgaire au xiii° siècle ; la *Recopilacion de las Indias*, et toutes les *Recopilaciones* des lois espagnoles, enfin les *Fueros* des provinces basques.

Mais il est juste de reconnaître que ces lois souvent compliquées n'ont pas eu d'action sur le reste de l'Europe, ce sont d'ailleurs en général des lois romaines ou canoniques ; quant au droit féodal, il paraît s'être inspiré du nôtre.

L'Espagne, il ne faut pas l'oublier, a été presque entièrement conquise par les Maures ; il a fallu se battre pendant que l'Europe se civilisait, puis quand s'est faite la *Reconquista* il semble qu'on ait emprunté à la France sa littérature et ses idées, si bien que ce n'est pas un peuple qui ait exercé une influence durable, quoique au XVI° siècle la conquête de l'Amérique et l'union de l'empire aux mains de Charles-Quint aient donné le premier rôle au peuple espagnol.

Il n'en est pas de même de l'Italie, c'est elle qui, par les papes, et par son propre génie a exercé la plus grande action sur le monde moderne. Dans le droit comme dans les lettres et dans les sciences, l'Italie a été la mère de notre civilisation. De là cet intérêt particulier qu'on ressent pour elle. Elle n'est pas pour nous une étrangère, mais une aïeule et une bienfaitrice.

Le droit canonique et la renaissance du droit romain à l'université de Bologne, voilà les deux armes légales avec lesquelles l'Italie a régénéré l'Europe; mais remarquez-le bien, ce n'est pas à vrai dire, le droit *italien*, pas plus que Galilée n'a renouvelé l'astronomie *italienne*.

Ce sont des lois qui étaient communes à un grand

nombre de nations, à toute l'Europe catholique, qui ont été seulement promulguées ou modifiées en Italie. C'est une gloire qui appartient à tous .

Quant aux lois italiennes proprement dites, à ces lois municipales si sages, si libérales : *Statuts* de Pise, de Florence, de Gênes, de Milan, de Venise, sans doute ce serait une étude curieuse et qu'on nous a rendue facile, mais ces institutions n'ont eu qu'un effet limité, et, en ce sens l'histoire du droit italien a son principal intérêt pour l'Italie.

Il s'en faut d'ailleurs que nous possédions sur ce point une œuvre complète, malgré les excellents travaux de Sclopis et de Muratori.

Enfin, Messieurs, nous arrivons à la France, et là nous trouvons un peuple qui par sa position et par la souplesse de son génie a donné la main à tous les peuples de l'Europe (les Slaves exceptés) et qui représente comme dans un miroir tout le mouvement juridique de cette partie du monde.

Prenez une carte d'Europe, et regardez la France : D'un côté nous touchons à l'Espagne et quelques-unes de nos provinces, la Navarre, le Roussillon, sont des provinces espagnoles ; le Languedoc a vécu presque de la même vie que la Catalogne. La langue des deux pays est la même.

En nous occupant de ces provinces qui avoisinent les Pyrénées nous retrouvons en partie le droit espagnol.

Rapprochons-nous maintenant de l'Italie. Déjà du temps de Pline on remarquait que la *Provincia*

(la Provence) était *Italia verius quam provincia.*
Rien n'est changé depuis lors : même climat, mêmes
habitudes, presque même langage, navigation perpétuelle entre les deux pays dans la Méditerranée.
Il n'est pas excessif de dire que par ce côté, nous
sommes un abrégé de l'Italie.

Remontons le long des Alpes et du Rhin ; au pied
des Alpes, la Savoie et la Suisse *romande* sont des
provinces de France, sinon politiquement pour leur
intégralité, du moins par le lien plus fort de la
langue, des idées, des origines. Ce sont des démem-
brements de l'ancien royaume des Bourguignons qui
avait sa capitale à Genève. La Réforme a creusé
une séparation profonde entre la Savoie et la Suisse
romande, mais jusque-là elles vivaient des mêmes
idées, de la même vie.

L'Alsace est une province toute française de
cœur ; toute allemande par le passé, la langue et les
lois. Mais chose remarquable elle a toujours tenu à
son indépendance et s'est donnée plus volontiers à
la France qu'à l'Empire. Toujours ménagée par
nos rois et par la Révolution même, elle pense qu'il
y a pour les peuples quelque chose de plus nécessaire que l'unité, c'est la liberté. Du reste, la population appartient à la race *allemanique*, et cette race
peuple encore la Suisse allemande, qui elle aussi,
s'est séparée de l'Empire pour conserver sa liberté.

Plus loin, en approchant de la mer, nous trouvons
la Flandre dont la vie municipale sort tout entière

des coutumes des Pays-Bas, à Dunkerque la langue est la même et par là nous touchons aux institutions germaniques, c'est toujours par ce côté que s'est faite la pénétration des deux peuples.

Cette pénétration est de longue date. César avait reconnu que les Belges étaient à demi-celtiques et à demi-germaniques ; on peut dire que même après l'invasion ce peuple n'a pas changé de caractère.

Plus loin encore, en face de l'Angleterre est la Normandie. C'est de là qu'est parti Guillaume le Conquérant et si l'Angleterre est une colonie saxonne, il est vrai de dire qu'elle est aussi une colonie normande, cela est évident surtout quand on s'occupe du droit. Les vainqueurs ont conservé leurs droits et leur langue. C'est en normand que les lois ont été écrites ; et cette langue est restée celle du droit jusqu'à Henri VII, jusqu'aux Tudor. Encore aujourd'hui la reine donne en normand sa sanction aux lois : *la Reyne le volt.*

Spectacle bizarre d'une langue qui peu à peu devient langage de convention, et dans laquelle ont été écrites les œuvres les plus curieuses du droit féodal, *Britton* notamment. Il y a là comme une *colonie* du droit français que nous n'aurons garde de négliger.

N'oublions pas, enfin, Messieurs, que dans les Croisades, la France a tenu le premier rang, *Gesta Dei per Francos. Les Assises de Jérusalem* ont été écrites dans notre langue et, jusqu'à la conquête des Turcs en 1570, Chypre a vécu de nos lois. Il y a ou là une action immense de la France que nous ne devons pas oublier.

Il est donc vrai de dire que par sa situation la France, touchant à tous les peuples civilisés du moyen âge, a emprunté à tous, a donné à tous, et que par conséquent l'histoire du droit francais est, avec celle du droit germanique, la plus importante de toutes, et qu'elle l'emporte même sur l'autre, en ce qu'elle peut, à elle seule, représenter la triple action du droit germanique, du droit romain et du droit français proprement dit.

Là, Messieurs, est le secret de l'influence française et du rôle politique que la France a toujours joué en Europe ; nous ne pouvons nous remuer sans que le contre-coup se ressente en Espagne, en Italie, en Allemagne, même en Angleterre.

L'Angleterre n'a pas de prise sur le continent et si l'Allemagne en a beaucoup sur les pays slaves et sur l'Italie, du côté de l'ouest, elle est tenue en échec par la France. Pour nous, par une destinée bonne ou mauvaise, nous tenons à tout et nous agitons tout en même temps.

L'histoire du droit dans un pareil pays a donc une importance considérable et ce n'est pas une fois, mais dix peut-être que le mouvement législatif est parti de notre nation.

Prenons les lois barbares. Assurément les Allemands ont autant de droit que nous à réclamer Clovis ou Charlemagne. Charlemagne parlait allemand et vivait à Aix-la-Chapelle ou à Ingelheim.

Mais les lois barbares, où ont-elles été rédigées? La loi Ripuaire aux bords du Rhin; la loi Salique près de l'Escaut; la loi Burgonde, dans la Bourgogne et le Dauphiné; les lois Visigothes dans le midi de la France. C'est chez nous et par l'influence de notre clergé que ces lois ont pris la forme que nous connaissons.

Où ont été faits les capitulaires de Charlemagne? Sous l'influence des conciles et des évêques de France, à Quiersy, à Épernay, c'est l'action de ces évêques qui a fait la France, suivant l'expression de Gibbon, comme une ruche est faite par les abeilles.

Vient ensuite le temps des Croisades, dont j'ai déjà parlé. A cette époque, nos poèmes chevaleresques sont traduits par toute l'Europe, c'est aussi la floraison de nos Coutumes. C'est alors qu'apparaissent les Établissements de saint Louis, les Œuvres de Beaumanoir et de Desfontaines.

Au xive et au xve siècle au milieu des malheurs des guerres civiles, des querelles de la papauté et de l'Empire, où se fait le mouvement politique et religieux qui essaie de réformer l'Église et de sauver l'unité?

C'est dans l'Université de Paris, où viennent étudier Dante, saint Thomas d'Aquin, saint Ignace; c'est Gerson, c'est l'auteur du Songe du Vergier; ce sont les défenseurs des libertés gallicanes qu'aujourd'hui on foule aux pieds en oubliant le passé, elles ont été cependant une des gloires de la France et ont peut-être empêché le triomphe du protestantisme.

Au XVIe siècle, c'est encore en France que se fait la Renaissance juridique. Avec Cujas, Dumoulin, Hottman, Baudouin, Godefroy, nous donnons des professeurs à toute l'Europe.

Au XVIIe siècle on ne peut rien comparer hors de France aux grandes réformes, aux belles ordonnances de Louis XIV et de Colbert ; à cette œuvre de codification continuée si bien par d'Aguesseau.

A la fin du XVIIIe siècle, vient la Révolution, qui porta partout aussi des idées nouvelles en matière de droit. Sans doute on a pu maintenir ou ramener l'ancien régime, mais les peuples ont pris à la Révolution ses idées d'unité, d'égalité. Les vaincus ont été plus grands, plus puissants que les vainqueurs car ils ont laissé, pour ainsi dire, le dard dans la plaie. La force a eu son jour, mais l'idée subsiste, et transforme la génération nouvelle.

Mais toutes ces réformes se sont-elles faites fatalement, mécaniquement sans l'influence personnelle de grands hommes ? C'est là une erreur, Messieurs, trop répandue aujourd'hui. Non, ce sont toujours des hommes qui prennent une idée, qui lui donnent une forme et qui la lancent dans le monde ; et que de grands hommes compte notre jurisprudence !

Le pieux Philipe de Navarre, consultant la tradition française pour fixer le partage des filles ;

Beaumanoir disant que : *justice est le commun profit de tous ;*

Philippe de Cugnière combattant la monarchie universelle des papes qui eût étouffé la pensée ;

Dumoulin écrivant l'édit des petites dettes ;

L'Hôpital qui eut le tort d'avoir toujours raison ;

Au XVII° siècle Lamoignon, le modèle des magistrats ;

Au XVIII° siècle Domat, cet esprit supérieur ; la liste en serait infinie.

Mais parmi tous ces hommes il en est qui me vont au cœur. On a souvent reproché aux légistes d'être les instruments de la tyrannie, cela est vrai ; il y a toujours eu des hommes qui ont aimé à faire *bien* le mal, qui croient qu'il faut transiger avec le despotisme, et qu'on doit adoucir l'oppression au lieu de la combattre. Ce sont tantôt d'honnêtes gens comme Daguesseau, tantôt des politiques comme Cambacérès, tantôt des lâches comme Merlin.

Mais ce n'est pas là que j'irai vous chercher des modèles, non, c'est un chancelier de l'Hôpital, c'est un Pithou écrivant avant de mourir : *Patriam unice dilexi;* c'est de Harlay, c'est Mathieu Molé, c'est Desèze, Tronchet, Malesherbes défenseurs courageux du roi, mourant aussi en martyrs; c'est de nos jours Dupin réclamant dans une époque difficile la libre défense des accusés, Béranger publiant son traité de la Justice au milieu des cours prévôtales; le courage civil n'est pas rare en France, il a aussi ses héros, et ce sont presque tous des noms de jurisconsultes.

Voilà nos modèles, voilà l'exemple qu'il nous faut

suivre, voilà la vraie philosophie, que je veux vous enseigner. C'est en honorant ces hommes que nous élèveront notre caractère. Ils n'ont été de grands jurisconsultes qu'en étant avant tout de bons Français et de grands citoyens.

1860 (50° *et dernière leçon*)

MESSIEURS,

Arrivés à la fin de l'année, il est bon de résumer nos études communes et de jeter un regard rapide sur le chemin que nous avons fait. Il y a quelque chose de plus doux que le plaisir d'un premier voyage : c'est de revoir tous ensemble les lieux qu'on a déjà parcourus.

Étudier le droit français, ou plutôt les origines de la civilisation française, telle a été notre pensée et nous avons vu que cette civilisation se composait d'éléments différents, successifs dont chacun a donné un tour particulier à la physionomie de la France.

Laissant de côté les influences de climat, de constitution physique qui ont contribué à faire de la France le théâtre de l'histoire d'une grande nation, comme Strabon l'avait deviné, nous nous sommes occupés des peuples qui se sont superposés sur le sol de notre pays et qui y ont laissé chacun leur marque : les Gaulois, les Romains, les Germains. A côté de cette action de la race, nous avons étudié une action non moins grande, celle de la religion.

C'est, en effet, un des mystères les plus profonds de l'histoire que ces courants d'idées religieuses qui, à un moment donné, soufflent sur la terre et modifient les idées, les lois, les gouvernements. Force supérieure à la race, car, tout en lui laissant son caractère particulier, elle la dompte et la transforme, elle la rapproche des peuples qui lui sont le plus étrangers.

C'est ainsi que le christianisme a pu réunir le Grec, le Romain, le Barbare, le Juif, l'Égyptien, et comme l'a dit saint Paul aux Galates, III-28 : « Il n'y a ni juifs, ni gentils, ni esclave, ni libre, ni homme, ni femme, mais vous n'êtes tous qu'un en Jésus-Christ. »

C'est le levain qui change le vieux monde et le monde moderne n'est pas le produit d'autres éléments. La philosophie du xviiie siècle a été une émancipation de l'Église et de l'État, mais sa morale n'a pas été autre que la morale chrétienne. Liberté, égalité, fraternité, cette sublime devise, si elle se trouvait ailleurs qu'au fronton des édifices, c'est la devise chrétienne par excellence, et l'évêque d'Imola, Pie VII, avait raison de dire : « Soyez bons chrétiens, vous serez bons républicains. »

Revenons à l'histoire. Les Gaulois ou Celtes, de race aryenne suivant toute apparence, sont une des plus vieilles races de l'Europe, et ce n'est pas seulement la Gaule qu'ils avaient peuplée ; l'Espagne où ils s'étaient mêlés aux Ibères, les Iles Britanniques, la Haute-Italie, une partie de l'Allemagne, la vallée du Danube, ont été {peuplées par des Celtes pour être plus tard et à des époques diverses recouvertes par le flot romain et germanique.

Un peuple qui a tenu tant de place, que les Romains ont rencontré partout, le seul contre lequel Rome combattit non pour la gloire, mais pour le salut (vous connaissez le *Tumultus Gallicus*), devrait, ce semble, avoir laissé de grands souvenirs.

Il n'en est rien cependant, et quoique d'après les calculs les plus modérés les Gaulois aient dû occuper la Gaule pendant cinq ou six siècles avant l'arrivée des Romains, ils n'ont rien laissé, ni monuments ni écrits, rien qui ressemble à l'Égypte, à la Grèce, à la Perse, à l'Inde, à Carthage.

Les Gaulois n'étaient cependant pas des sauvages comme les Indiens du Nouveau-Monde ; c'était un peuple sédentaire, agricole, parvenu déjà à la féodalité, qui semble marquer une espèce de degré dans la civilisation. Ils avaient une religion fortement constituée, une caste de prêtres, une caste de guerriers, un peuple industrieux quoique demi-esclave. La justice était entre les mains des Druides, et cette justice était régulière.

Il y aurait là un curieux sujet d'étude, mais par

malheur, je le répète, les monuments nous manquent
—on ne voit pas que les Romains les aient détruits,
comme ils ont fait chez les Carthaginois, mais ils ne
nous ont conservé que quelques détails insignifiants,
et il est fort difficile de reconstituer par la pensée
cette société gauloise depuis si longtemps disparue.

Ce qui ajoute à cette difficulté c'est que les Gaulois se sont de suite fondus dans la société romaine
avec une facilité, une rapidité sans exemple.

Un peuple vaincu garde sa religion, sa langue, et
souvent ses lois, comme la Grèce ou la Pologne ; en
Gaule la religion disparut : Claude persécuta les
Druides et les anéantit ; j'ai expliqué comment cette
religion ne fit pas de résistance. Ce fut le dogme
secret et non le prêtre qu'on persécuta. Le paganisme
s'ouvrit pour recevoir le dieu Gaulois, il prit place
dans le Panthéon romain ; Belenus devint Apollon,
et le Druide qui le servait se nomma *Phebicius*
comme nous le voyons dans Ausone. Il y eut transformation dans le sens populaire plutôt que destruction.

En second lieu la langue disparut ; le Digeste
nous dit bien dans une citation du III° siècle qu'on
peut laisser des fidéicommis en *gaulois*, mais ce gaulois n'était plus qu'un patois provincial. Combien
de temps dura-t-il ? On voit au V° siècle saint Martin,
saint Germain parler gaulois, mais dans les provinces de l'ouest. Quant à Sidoine Apollinaire,
quand il parle de la *Squamma celtica* il s'excuse
d'être provincial. Ce qu'il y a de certain c'est qu'il

ne reste ni écrit, ni traduction, ni livre quelconque des Gaulois, phénomène sans exemple, et qui ne peut s'expliquer que par l'absence de toute littérature sérieuse.

Nous savons d'ailleurs que la littérature était orale, contenue dans des vers innombrables, toute religieuse, et qu'elle dut disparaître avec les Druides qui emportèrent leur secret. Quant aux lois, il ne nous en est rien resté. Un siècle après la conquête la Gaule est devenue toute romaine, et lorsque à l'époque de Vitellius, Civilis essaye de se révolter, la Gaule ne veut pas suivre un chef germain dans cette voie d'aventures.

Placée entre les Romains et les Germains, forcée d'être romaine ou germaine, elle a fait son choix, et ce choix n'a pas varié ; la France (nous ne le sentons pas assez à Paris) a choisi d'être une nation du Midi.

Cependant on a voulu retrouver à tout prix la langue des Gaulois, et il existe encore en effet des dialectes celtiques, en Bretagne, dans le pays de Galles, en Irlande.

Mais il faut bien le dire, ces langues ne nous expliquent pas les 320 mots qu'on a recueillis dans les auteurs grecs et romains et par conséquent nous n'avons affaire qu'à des dialectes voisins et non identiques.

Au contraire le fond de notre langue est tout romain, plus romain même que nous le supposons.

Sans doute quand on lit Cicéron ou Virgile, on

voit bien que la plupart des mots français ont des racines latines, mais ce qu'on ne voit pas, c'est la langue populaire d'où est sortie la nôtre.

Cette langue parlée, qu'il faudrait rechercher. on peut la trouver dans deux sources qu'on a trop négligées :

1° Les lois et les formules barbares qui sont écrites dans le latin parlé aux vi° et vii° siècles et dont je vous ai donné de nombreux exemples : *Involare*, testes *præstos* habere, *appellire*, *malo ingenio* mal engin, *colpus* coup, *sangulentus* sanglant, *hospitalem dare* donner l'hospitalité, *labor* labour, *ostis* ost, *negotiare* négocier, *manum mittere* main mettre, *intertiare* entiercer, *tricare* tricher;

2° La langue vulgaire italienne ; la langue populaire, les poésies pastorales, la *Tancia* de Michel-Ange. *Il Malmantile raoqiustato* de Lorenzo Lippi. — Les proverbes italiens et espagnols, qui nous prouvent que le développement, ou si l'on veut la décomposition de la langue latine ne s'arrêta pas un jour et que nous parlons aujourd'hui des dialectes de cette langue et rien de plus.

Il ne faut donc pas chercher une langue gauloise pas plus qu'une religion gauloise, quoique certains hommes de mérite se soient laissé entraîner par une mystification du xvi° siècle où l'on prétendait voir *les mystères des bardes de Bretagne.*

Il n'y a pas davantage de lois gauloises, quoique nous possédions des lois *Galloises* recueillies, dit-on, au x° siècle par Howell Dha ou le bon, mais dont les manuscrits sont seulement du xiiie ou du xive siècle. Lois toutes germaniques où se retrouvent la vengeance privée, les épreuves judiciaires, les *cojuratores;* où la famille et le mariage sont aussi germaniques et ne ressemblent en rien à ce que César nous a appris sur la Gaule.

Que nous est-il donc resté des Gaulois?

Une seule chose et bien étrange. Le type physique a changé; ces grands corps blancs, ces cheveux roux, ces yeux bleus, on les trouve encore dans la Souabe, mais rarement en France.

Seulement le type moral, le caractère national est resté. La furie française, *Nil paventis funere Galliæ*; la mobilité, et ce que certaines gens peu polis nomment la vanité.

Un pays où tout arrive ; c'est la définition de la France. *La plus inconséquente des nations ; beaucoup d'esprit, mais pas de suite dans les idées ;* disait Frédéric II dans une lettre à Voltaire, le 12 mai 1760.

C'est le malheur de notre pays que cette inconstance et cependant depuis 1789 nous avons fait de grands progrès de ce côté. Néanmoins l'éducation que donne la liberté, nous est plus nécessaire qu'aux autres peuples, car c'est elle seule, qui en établissant des habitudes régulières, en ôtant le goût des aventures, donne aux esprits la solidité dont le pays a besoin.

Retournons aux Gaules. Toutes romaines qu'elles se firent avec une rapidité qui étonnait déjà Strabon, elles ne perdirent pas leur caractère. Un peuple jeune qui entrait dans la civilisation ne pouvait pas ressembler à l'Italie épuisée par les guerres civiles et corrompue par les révolutions.

La Gaule fut romaine mais pour son compte, mais sans tenir à la suprématie de Rome, mais détestant les mauvais princes, mais faisant face à l'invasion. Elle fut pendant quatre siècles le boulevard de l'Italie.

Ainsi, Messieurs, notre patrie a dix ou douze siècles d'existence au moment où nous ouvrons nos annales; pourquoi oublier, pourquoi perdre cette noblesse qui nous appartient, car nos ancêtres l'ont payée de leur sang? Soyons donc fiers d'être de leur race.

Quand César entra dans notre pays, deux idées l'y conduisirent : l'une toute personnelle, l'autre toute politique.

Il lui fallait se faire un nom pour combattre Pompée et renverser la vieille aristocratie. Il disait, d'après Suétone : *Nihil esse Rempublicam, appellationem modo sine corpore et specie. Syllam nescisse litteras qui dictaturam deposuerit.* César était le favori de la démocratie, mais une armée était nécessaire à cette démocratie, ce fut en Gaule qu'il la forma, c'est avec une légion gauloise, l'*Alauda*, qu'il marcha sur Rome et abattit ce qui restait de liberté. Son excuse fut celle de tous les ambitieux; perdu de dettes et de crimes, il s'écriait à Pharsale : *Hoc voluerunt, tantis rebus gestis C. Cæsar condemnatus essem, nisi ab exercitu auxilium petiissem.*

La pensée politique qui l'animait fut plus grande. Géographiquement la Gaule, avec la Savoie, Nice et le Valais, domine l'Italie, elle s'étend jusqu'aux crêtes des montagnes d'où une descente est toujours facile. Ce n'est pas le hasard qui a fait descendre les Français près de trente fois en Italie, depuis Pépin, et qui si souvent y a amené l'Autriche, tandis que l'Espagne reste à l'écart.

C'est par là qu'étaient entrés les Cimbres et les Teutons qui avaient mis à deux doigts de sa perte Rome, déjà maîtresse de tout le bassin de la Méditerranée et des plus riches pays de l'Orient.

Arioviste était dans les Gaules; l'invasion germanique se faisait flot à flot; ou germaine ou romaine, c'était la destinée de la Gaule. César le sentit, et ce fut au Rhin qu'il porta la frontière et la défense de l'Empire, la Gaule et les Alpes formant un immense bastion qui défendait et couvrait l'Italie. Trajan l'étendit jusqu'au Danube et même au delà. Ce fut ainsi que l'invasion fut retardée de cinq siècles, cinq siècles qui préparèrent la fusion des deux races.

C'était une chance de salut pour Rome, un coup de génie; par malheur, César défaisait d'une main ce qu'il édifiait de l'autre. *Matériellement*, il fortifiait l'empire; *moralement*, il l'affaiblissait en détruisant la liberté.

Il avait l'illusion de plus d'un homme d'État, il voyait dans la force militaire un instrument qui suffit à tout; et il ne sentait pas que cette force même est morale autant que matérielle. Ce n'est pas une machine qui tient le sabre ou la baïonnette, c'est un homme, et c'est la valeur de l'individu qui fait la valeur du soldat. Le bon état d'une armée est de plus une question d'argent, et sans liberté, il n'y a ni fortune privée, ni fortune publique.

C'est ce que le despotisme romain ne comprit jamais. De César à Adrien, tout ce reste de libertés, tout cet esprit qu'on ne peut détruire en un jour disparut peu à peu. D'Adrien à Dioclétien s'établit ce système d'administration *mécanique*, qui croit remplacer par des ordonnances et des règlements ce que la liberté seule peut donner.

On dit, on répète que les règnes de Trajan, d'Adrien, des Antonins sont la plus belle époque qu'ait connue le genre humain ; si l'on veut dire qu'il y eut alors une suite remarquable de princes honnêtes, dévoués à leur pays, on a raison de la louer, mais ce ne fut pas moins une époque de décadence ; la force morale et le bien-être qui l'accompagne allaient en s'affaiblissant. Dès le règne de Marc-Aurèle il n'y a plus d'armée, plus de richesses ; il est facile de voir que l'Empire ne résistera pas à ces barbares qui n'ont pour eux que l'énergie de la liberté. Marc-Aurèle lui-même ne pouvait plus douter de cette décadence qu'il contemplait avec une tristesse stoïque. Ce despotisme administratif ; cette centralisation qui étouffe toute pensée et toute action ; cette œuvre d'Auguste qu'on admire sans la connaître, nous l'avons étudiée et nous avons vu avec Montaigne que ce n'était là qu'une épouvantable machine. Il eut fallu, à chaque changement de règne, un homme de génie, et encore doit-on douter qu'a la longue il ait pu soutenir cet écrasant fardeau.

Qu'est-ce donc, Messieurs, qui fait la puissance d'un peuple? Le territoire, la richesse, le nombre de ses habitants ou la valeur des individus ? La force matérielle ou la force morale? Les plus grands pays du monde seraient-ils l'Inde et la Chine? Voyez pourtant cette poignée d'hommes qui va réduire la Chine (1860) et qui ne doute pas de son succès. Est-il plus facile aujourd'hui de conquérir la Suisse ou la Turquie ? La réponse n'est pas douteuse parce que la force d'un peuple est en raison *inverse* du nombre de ses habitants et en *proportion* de sa liberté.

Voyons maintenant ce que l'empire avait fait de tous les éléments de la liberté, ce que pouvait être alors la pensée, la volonté des citoyens.

D'abord, la religion, toute en cérémonies, était sous l'autorité de l'empereur, l'incrédulité régnait dans les villes, une basse superstition dans les campagnes. « La religion païenne, nous dit Montesquieu, ne défendait que quelques erreurs grossières, *elle arrêtait la main, elle abandonnait le cœur.* » (*Esprit des Lois*, XXIV, 13.)

Ensuite, la philosophie était sans force; il ne restait rien du spiritualisme de Platon, véritable doctrine de la liberté. Épicure pour les heureux et ceux qui voulaient oublier, le stoïcisme ou le désespoir pour un Tacite ou un Marc-Aurèle. On ne *parlait point d'espérance* dans cette société où tout étouffait sous l'absolutisme impérial.

Une éducation sans virilité, toute de mots, des rhéteurs, des discussions puériles, l'histoire bannie et persécutée, la tribune du Sénat muette ou menteuse. *Le premier trait de la corruption des mœurs,* a dit Montaigne, *c'est le bannissement de la vérité,* la vérité *officielle,* c'est le mensonge certain ou probable. La liberté politique, cette grande éducatrice des peuples, était confisquée au profit du prince, caché derrière le Sénat. La législation n'était pas moins faussée par le Sénat, tribunal d'exception, toujours prêt à condamner les innocents.

La liberté individuelle n'était qu'un mot; l'industrie et le commerce réglés par un gouvernement jaloux et ignorant, la propriété écrasée par l'impôt ou détruite par la confiscation.

Enfin, les libertés municipales anéanties et, pour tout dire, le sujet dans la loi n'étant plus qu'un *contribuable,* et le sénateur municipal qu'un exacteur d'impôts.

Au-déssus de ce gouvernement de police, l'Empereur qui seul est tout et dont la volonté ou le caprice fait loi : général, pontife, législateur, juge, suprême administrateur, tout vient de lui et tout y retourne.

Au-dessous de l'empereur, d'innombrables employés, tyrans subalternes, pillards, concussionnaires, protégés par le nom du chef de l'État.

Pour seul bien de l'empire, la force, une armée d'abord romaine, mais bientôt et dès le règne d'Auguste, italienne et provinciale, recrutée parmi les barbares depuis Marc-Aurèle, et enfin, toute composée d'étrangers.

Les Germains entraient ainsi dans l'Empire sous prétexte de le défendre, pour un jour, se le partager.

Voilà donc l'Empire romain dans toute sa vérité et toute sa laideur. Ce qui fait illusion, c'est cette unité extérieure, matérielle qui séduit toujours les hommes. L'égalité dans les lois civiles, l'uniformité dans l'administration, une même langue, un seul commandement, des routes, des postes, une grande armée, toutes choses bonnes et même excellentes en soi, quand d'accessoires on n'en fait par le principal, quand on les tempère en les modérant par la liberté ; et qui, autrement, ne servent guère que d'instruments à la tyrannie.

Ce qui fit périr l'Empire, ce ne fut donc pas une vieillesse inévitable pour les peuples comme pour les hommes, car les peuples conquis par Rome se remirent à vivre aussitôt que l'Empire expira.

Ce qui le tua, ce furent ces lois qu'il nous a laissées ; ce gouvernement qui étouffait la pensée, qui détruisait l'individu, qui finit par créer des castes, et attacher héréditairement le laboureur au sol, l'ouvrier à son industrie, le décurion à son Sénat, le soldat à son drapeau.

Jamais la nécessité de la liberté ne fut écrite en caractères plus sanglants et plus visibles que dans la ruine de ce despotisme qui avait dévoré le monde, et ne laissait après lui que la mort.

Après le gouvernement romain, nous avons étudié l'avènement du christianisme au point de vue moral et politique. C'est un germe nouveau qui paraît dans le monde et pour ainsi dire une nouvelle forme de la liberté humaine.

Le christianisme retire, en quelque sorte, une part de l'individu, et la part la plus précieuse de cette société politique qui prétendait tout absorber. Désormais l'âme est à Dieu ; nos pensées, notre conduite, nos actes mêmes dépendent avant tout de nous et de notre conscience. *Nous sommes nos premiers juges et nos vrais souverains.*

Nous devons à César le tribut et l'obéissance extérieure, nous ne lui devons plus notre âme, et nous avons une loi, l'Évangile, qui juge entre César et nous ; qui, dans certains cas nous oblige au martyre plutôt que d'accepter le crime ou l'infamie — à César ce qui est à César, à Dieu ce qui est à Dieu.

Ce caractère du christianisme, nous l'avons étudié dans la lutte des martyrs contre les empereurs. Les persécutions n'ont pas été ce qu'on en dit d'ordinaire ; ce n'est pas le fanatisme qui les a imposées, les empereurs ne croyaient guère à leurs dieux, c'est la lutte de la *légalité* contre la *conscience*, de la vieille société qui finit contre la nouvelle qui commence.

On croit à Rome, et on a toujours cru que la loi seule décide quel Dieu on doit adorer, c'est une des maximes les plus sacrées de Cicéron, tandis que les martyrs entendent choisir librement le Dieu qu'ils adorent.

De là ce phénomène qu'on a mal compris. Les persécuteurs sont toujours les grands empereurs, ceux qui veulent relever les mœurs anciennes : un Trajan, un Marc-Aurèle, un Decius, un Dioclétien, tous restaurateurs et défenseurs de l'Empire, tandis que Commode, Caracalla, Héliogabale ont été indifférents et même favorables aux chrétiens. Leur égoïsme les rendait tolérants.

Nous avons vu enfin quel fut le triomphe politique du christianisme, et comment Constantin fit entrer l'Église dans le cadre administratif de l'empire, grande victoire suivant les uns, fatale erreur suivant les autres.

Depuis lors en effet, le christianisme a eu un double caractère, et, suivant le point de vue où on se place, on peut le louer sans crainte ou le critiquer avec raison.

Il est toujours l'Évangile, la religion de l'amour et de la liberté intérieure, le protecteur des faibles, des femmes, des enfants, des esclaves ; le soutien de toutes les misères ; le vengeur de tous les crimes, l'ennemi de toutes les tyrannies. Il est digne de cette belle pensée de saint Augustin : *Ubi non est caritas non est justitia.*

Mais il est aussi l'Église, c'est-à-dire une société

politique unie à l'État, qui partage souvent toutes les passions et toutes les faiblesses du jour.

Tantôt, comme au moyen âge, elle maintient la morale publique, encourage l'éducation et les lettres, force les rois à plier ; tantôt aussi elle est ambitieuse pour son propre compte, elle jalouse l'esprit humain, elle est l'ennemie de la liberté. En entrant dans la politique, elle a perdu ce vêtement sans tache qui en faisait la suprême beauté.

Telle est l'union qui a duré depuis Constantin jusqu'à 1789, union fatale à la liberté et au progrès de l'esprit humain, fatale à l'État, plus fatale encore à l'Église : *Mon royaume n'est pas de ce monde*, a dit le Christ ; oublier cette parole, c'est, comme le disait Arnaud, tomber dans *l'hérésie de la domination*.

Voilà, vous vous en souvenez, Messieurs, ce qu'ont été nos études du premier semestre.

Dans le second nous avons étudié les Germains, d'abord dans la Germanie avec Tacite, et plus tard nous les avons suivis dans leurs établissements en Gaule, en étudiant les principales lois des Barbares assis sur le sol de la France, Burgondes et Visigoths, races gothiques déjà romanisées, Francs Saliens et Ripuaires, plus barbares et ayant mieux conservé le vieil esprit germanique.

Or, ce vieil esprit, quel est-il ?

C'est l'opposé de l'esprit romain. C'est la liberté individuelle dans ce qu'elle a de plus tranché, c'est en toutes circonstances l'individu préféré à l'État.

Dans le système romain, c'est l'Etat qui paraît seul ; le droit public ne connaît que le prince, le droit criminel ne voit que son intérêt, le droit civil est subordonné à des considérations politiques ; l'éducation, la religion, la pensée, la justice, tout est dans la main de l'État. Il a une croyance et des principes qu'on ne discute pas.

Chez les Germains, l'Etat n'est qu'un pouvoir chargé de faire régner la justice et la paix, rien de plus ; le droit civil ne regarde que l'individu qui règle comme il l'entend sa croyance, l'éducation de ses enfants, sa famille, sa succession, sa commune, sa province.

Le droit criminel n'est qu'un règlement d'intérêts de famille à famille, tout au plus le crime donne-t-il droit à une indemnité pour la paix troublée.

L'intérêt public n'est pas quelque chose de distinct, c'est le résumé des droits particuliers. Ces intérêts, c'est le peuple lui-même qui les discute publiquement et qui décide ce qu'il faut faire.

La discussion commune, c'est pour ainsi dire le gouvernement germanique. Quand l'autorité est à tous, on gouverne pour la nation et non pas contre elle, quand l'autorité est un homme et une abstraction, il faut que cette autorité soit infaillible, indiscutable ; son prestige est détruit si l'on a raison contre elle. Le pouvoir seul a toujours raison officiellement.

Ces deux systèmes représentent de la façon la plus absolue : l'un l'égalité dans la servitude ; c'est-à-dire une fausse égalité ; l'autre l'inégalité dans la liberté.

Le second système seul s'accordait avec le christianisme, ce qui explique comment cette religion n'ayant pu mordre sur l'Empire fut un dissolvant pour l'État romain et le salut du monde nouveau; poison pour l'un, il devint un remède pour l'autre.

En un point cependant le christianisme étaitplus près du système romain. Il établissait l'égalité par excellence, l'égalité vraie, et non pas la fausse égalité avec l'esclavage, et en ce sens il était opposéau principe germanique.

C'est ainsi qu'il tient encore la balance entre les deux doctrines. Dans les pays qui ont gardé les idées romaines, il empêche la destruction complète de la liberté. même lorsqu'il est allié à l'Etat ; dans les pays germaniques, au contraire, il pousse à l'égalité, et le monde moderne, aujourd'hui oscille entre les idées romaines et germaniques.

L'ancienne Rome et l'Angleterre nous présentent ces deux systèmes dans leur perfection ; à nous maintenant de réfléchir, nous Français qui sommes partagés entre la centralisation, legs de l'ancienne monarchie, et ces idées de 1789 qui ne sont autre chose au fond que les idées anglaises, américaines ou germaniques.

Si un petit peuple comme les Germains a pu venir à bout de l'Empire romain. quelles seront parmi les nations modernes celles à qui appartiendra la puissance? ou plutôt quelles sont-elles ?

Ouvrez les yeux, Messieurs et regardez autour de vous, Puissance, richesse, moralité, tout est en proportion de la liberté. Où est la misère ? où est le socialisme ? où sont les révolutions ? Est-ce en Amérique ? Est-ce en Angleterre ? On annonce toujours que ces nations vont périr ; mais ce sont les prophètes qui passent et la liberté qui grandit.

Voilà, Messieurs, ce que nous enseigne l'histoire, voilà la loi qui ressort de nos études ; voilà les principes que, depuis douze ans je défends dans cette chaire comme le vrai critérium de la science, comme la règle de la vie.

Ce que je crois, et ce que je dis ici comme professeur, je le pense comme citoyen, comme homme, et mon ambition serait de faire passer cette conviction dans tous vos cœurs.

C'est là le seul triomphe que je désire ; je ne recherche pas les succès littéraires, je ne vous apporte pas de paroles étudiées. Nul langage ne me paraît trop simple pour exposer la vérité qui ne veut pas de voiles.

Mon seul désir, c'est d'éclairer votre esprit, c'est d'agrandir votre âme, c'est de vous attacher de plus en plus à la justice et à la liberté comme à la seule chose qui dure, la seule qui fasse le prix de la vie, la seule qui nous console au milieu des épreuves et de l'abandon.

Si j'ai pu vous donner des raisons nouvelles d'aimer ces deux sœurs inséparables, si en sortant d'ici vous vous sentez plus animés de généreuses affections, si quelque jour, séparés par la distance et le temps, vous vous rappelez qu'ici nous nous échaufflons par un amour commun, gardez-moi votre souvenir. Permettez-moi surtout de compter sur cette affection qui ne m'a jamais fait défaut.

« Un cours, me disait M. Guizot, est un dialogue où le professeur parle tout seul. » Il avait raison, il me semble que je vous entends, c'est votre sympathie qui m'encourage, c'est elle qui m'inspire ; ce sont vos sentiments que l'écho vous renvoie. Gardez-la-moi, cette amitié, c'est ma force quand je monte dans cette chaire, c'est mon honneur quand j'en descends.

1878-79. (*Première, deuxième et troisième leçons*)

Ces leçons, les dernières que l'on ait recueillies, n'étaient pas
entièrement rédigées; mais les notes de cours de M. Laboulaye ont paru présenter assez d'intérêt pour être placées presque sans modifications à la fin de ce volume.

Leçon d'ouverture (2 décembre 1878)

Messieurs,

Nous traiterons cette année *du droit constitutionnel*. Le mot droit se prend ici dans deux sens :

1° Comme synonyme de loi. Le droit civil, c'est
l'ensemble des lois civiles contenues dans le Code
civil et ailleurs, Le droit criminel se trouve dans
le Code pénal et le Code d'instruction criminelle.
Le droit commercial dans le Code de commerce, etc. ;

2° Mais le droit, c'est encore l'ensemble des idées
et des principes qui se sont incarnés dans les lois ;
ce qu'on peut appeler l'*esprit de la loi.*

Par exemple le Code civil ou Code Napoléon doit
sa supériorité non pas à sa rédaction mais aux
grands principes qu'il a fait passer dans la législa-

tion et par la législation dans la société. J'en citerai trois : La sécularisation de l'état civil, l'égalité dans la condition des personnes ; l'égalité entre les terres possédées; voilà pour le sens du mot *Droit.*

Nous avons ajouté *constitutionnel*, c'est-à-dire qui concerne la constitution. Qu'est-ce qu'une constitution au sens politique ?

Le mot est nouveau dans la langue française au moins en ce sens.

Nos pères parlaient des lois fondamentales de la monarchie française, du *domaine de la couronne*, mais jamais de constitution avant la dernière moitié du XVIII° siècle.

Quelles étaient ces lois fondamentales ? C'était l'hérédité monarchique ; la loi Salique ; la division des ordres, l'inaliénabilité du domaine de la cou- ronne, l'inamovibilité des offices.

Quand on ne parle pas des lois fondamentales, on invoque le *Droit public de France*. Nous avons sur ce sujet un livre curieux : *Les Maximes de droit pu- blic français*, paru à Amsterdam en 1775, anonyme. Les auteurs sont Aubry, Mey, Maultrot, avocats au Parlement de Paris, qui s'efforcent de tirer la liberté des remontrances du Parlement pendant trois siècles et des délibérations des états généraux. — Mais ils ne parlent pas de *constitution*; d'où vient donc ce mot constitution? Du latin et des usages romains:

Jus constituere, établir le droit, se disait du

peuple, du Sénat, et plus tard des empereurs. Nous en trouvons la définition dans Gaïus, I, 3 :

« Lex est quod *populus* jubet *atque constituit.* Plebiscitum quod plebs jubet atque *constituit.*

« Senatus consultum est quod senatus jubet *atque constituit.* Idque legis vicem obtinet quamvis fuerit quœsitum.

« *Constitutio* principis est quod imperator decreto vel edicto, vel epistola *constituit* neque unquam dubitatum est quin id legis vicem obtineat, *cum ipse imperator per legem* imperium accipiat. »

Constitution répond donc à notre ancien mot : Établissement (de saint Louis), ou Assise (de Jérusalem).

Des empereurs, le mot a passé dans l'Église. Les papes, en vertu de leurs primautés, rendirent des lois, ou *Constitutiones* (Bulles et Brefs), qui répondent aux décrets, aux édits, aux rescrits des empereurs:

Tout le monde a entendu parler de la Bulle ou *Constitution, Unigenitus Dei filius,* rendue en 1713 par le pape Clément XI contre le P. Quesnel, et qui troubla la France pendant le XVIII° siècle. Mais pour trouver le mot *constitution* employé dans le sens politique, il faut descendre jusqu'à l'*Esprit des lois,* 1748.

C'est la date de cette expression prise comme synonyme de forme de lois du Gouvernement.

Le mot est entré dans la langue, et on a parlé désormais, non plus de *l'ancien gouvernement de la France,* comme faisait le comte de Boulainvilliers en 1784, mais de la *constitution monarchique* comme l'historiographe Moreau en 1789, — et à la fin du siècle il n'est plus question que de constitution. — D'une part, on vante les constitutions américaines que Franklin a mise à la mode ; d'autre part, nous voyons le roi Louis XVI demander à être *éclairé* sur la *constitution* française.

Le mot a donc pris un sens défini :

1° C'est la loi du gouvernement, la loi qui organise les pouvoirs publics et qui garantit les libertés, individuelle, de conscience, de religion, de réunion, d'association ;

2° Cette loi doit être écrite, c'est ainsi qu'on nomme constitution après 1789, le pacte fait par l'Assemblée nationale avec la royauté. Puis vinrent, vous le savez, la Constitution de 1791, qui dura un an ; celle de 93, qu'on n'exécuta pas ; celle de l'an III, qui établissait deux chambres des Cinq-cents et des anciens.

C'est à cette époque que de Maistre publie ses Considérations sur la France et sur *le principe générateur des Constitutions*, il proclame que les constitutions se font toutes seules, par le progrès du temps et des circonstances et qu'une constitution écrite est une constitution morte. Mais il déclare en même temps que tous les peuples ont une constitution, et que la France en avait une à laquelle il faut revenir.

Ces théories de de Maistre ont eu un grand succès ; elles contiennent une part de vérité qui explique leur intérêt et une part de sophisme qui a fini par les tuer.

La querelle porte sur les mots, elle est purement verbale ; il suffit d'une définition pour la faire cesser.

Entend-on, par constitution, la forme politique d'un gouvernement, comme on entend par la constitution d'un individu son tempérament et sa complexion ? Assurément tous les peuples ont une constitution. Celle de Turquie est le pouvoir absolu du Sultan et la garantie des libertés publiques, c'est le caprice du maître. Mais c'est un raisonnement presque digne de la Palisse, que de parler d'une constitution dans ce sens-là.

La France avait-elle en 89, une constitution ? Sans aucun doute, ce n'était pas un pur despotisme. Il y avait la division des ordres qui réservait des privilèges au clergé et à la noblesse ; il y avait la liberté des mœurs publiques, une certaine douceur de gouvernement paternel ; il y avait le souvenir lointain des états généraux et enfin l'enregistrement des parlements ; tout un ensemble d'institutions imparfaites qui n'empêchaient ni l'arbitraire de la cour ni celui des bureaux.

Sans doute on pouvait tirer de l'histoire de belles paroles et de beaux exemples, comme on en pouvait tirer également des modèles d'arbitraire ; mais quelles garanties y avait-il pour l'individu ? Quelle part était faite à la nation dans son gouvernement ? Il n'y avait rien.

Des institutions que rien ne garantit et qu'on n'applique pas, ne forment pas une constitution.

Mais où de Maistre a raison, c'est quand il soutient que faire une constitution qui convienne à tous les temps, à tous les peuples, c'est tirer de son cerveau une toile d'araignée, ce n'est pas fonder une institution.

Il a raison encore une fois contre la philosophie du xviiie siècle; il a tort de repousser les prétentions légitimes de la nation qui demande à avoir une part sérieuse et bien réglée dans son gouvernement.

Est-il vrai maintenant qu'on ne peut pas écrire une constitution?

Oui, si l'on entend par *constitution* la façon d'être d'un pays, on *ne décrète pas les mœurs;* non, si l'on veut parler de la mise en écrit des lois qui organisent les pouvoirs publics, et les maintiennent dans des limites déterminées.

L'exemple de l'Amérique est là pour le prouver.

Et quant à l'Angleterre, si sa constitution repose sur des précédents, sur *la common law*, elle repose aussi en grande partie sur des lois écrites. *Le Bill des droits, la pétition des droits*, etc., et beaucoup plus qu'on ne le croit communément.

Au reste, ce besoin, cette nécessité d'écrire les lois fondamentales, personne n'a pu s'y soustraire. Louis XVIII a écrit la *Charte* (Ordonnance de réformation) et depuis lors toutes les monarchies en ont fait autant.

Totus mundus stultizat et vult habere novas Constituliones, disait un peu avant 1830, l'empereur d'Autriche François Ier.

La folie n'a fait que gagner depuis ce temps-là, et elle est devenue si générale qu'elle peut passer pour raison.

Mais cette question de constitution écrite nous permet de résoudre une difficulté qui s'est présentée plus d'une fois, surtout aux législateurs chargés de rédiger une constitution.

Qu'est-ce qui est constitutionnel et qu'est-ce qui ne l'est pas ?

Il y a là une question de pratique et une autre de théorie.

En fait, la Constitution établissant en général des procédures particulières, sacramentelles, quand il s'agit de l'amender ou de la réformer, il n'y a de constitutionnel que ce que l'acte même de la Constitution ou les lois organiques déclarent constitutionnel, comme il n'y a de criminel que ce que la loi punit comme crime.

En théorie on a eu longtemps la manie de mettre dans la constitution, comme dans une arche sainte ce qu'on voulait enlever à l'action du futur législateur.

Dans le projet de la constitution de 1848 on avait mis *le droit d'aller et de venir*, la nécessité des *trois lectures* pour la validité d'une loi, etc.

Aujourd'hui on est revenu à des idées plus saines ; et désormais il n'y a de constitutionnel que deux choses :

1° Ce qui touche à *l'organisation des pouvoirs publics* et à leurs rapports entre eux ;

2° Ce qui touche à la *garantie* des libertés publiques.

Prenez une constitution américaine, vous y trouverez ces deux points, conditions d'existence des gouvernements libres.

La Constitution de 1875 a réglé le premier point, elle a laissé de côté le second. Cela est fâcheux dans un pays qui n'a pas de tradition libérale. Il en résulte, par exemple, une grave incertitude sur l'étendue de la liberté religieuse; des doutes sérieux sur la liberté de réunion, d'association, etc.

Le système adopté par les Américains est à la fois plus sage et plus sûr, et il peut nous servir de modèle, car il comprend tout notre programme.

Ainsi, organisation des pouvoirs publics ;

Garantie des libertés publiques, c'est là ce qui compose le droit constitutionnel.

Qu'est-ce maintenant, Messieurs, que le droit constitutionnel comparé?

Autrefois, quand on considérait le droit d'un point de vue philosophique, comme une application d'un droit naturel, universel et plus ou moins chimérique, on se contentait de comparer les dispositions des constitutions; elles se rapprochaient plus ou moins d'un original ou d'un idéal que chacun portait dans sa tête.

Mais aujourd'hui la méthode historique a tout renouvelé. Chacune de ces dispositions a son histoire en France et ailleurs.

En France c'est historiquement que nous expliquons comment on en est venu à adopter certaines lois, celles, par exemple qui concernent la liberté de la presse.

Mais en Angleterre cette liberté a aussi son histoire ; c'est même d'Angleterre que nous est venu le jury comme juge de la presse ; et l'Angleterre, à son tour, n'est pas arrivée du premier coup à son régime actuel de liberté. Il nous faut donc connaître les phases qu'elle a traversées pour en faire notre profit.

Une autre grosse question, celle des dépenses publiques, du *budget* pour l'appeler par son nom, n'est pas réglée en France comme en Angleterre, mais elle a de l'analogie avec ce qui se passe aux États-Unis sans y être identique.

Rechercher les différences et les dissemblances qui existent entre ces peuples à cet égard et en donner les raisons, voilà un des objets du droit constitutionnel comparé.

Je prendrai un autre exemple, la juridiction du Sénat ; il est bon de savoir comment elle est réglée en Amérique où elle est purement politique, et de se demander notamment pourquoi la procédure à suivre par le sénat n'est pas réglée ; dans quels cas il y a contre lui recours en cassation, etc ?

Vous voyez déjà par ces brèves indications quel est l'intérêt de nos études ; on peut le faire ressortir plus clairement en disant d'abord que ces études sont la clef du droit tout entier : *jus privatum latet sub tutela juris publici*, ensuite qu'elles sont capitales pour tout homme politique? Et qui peut se promettre de n'être jamais sénateur, député, magistrat, préfet? Qui n'a son avis à donner, son parti à prendre comme électeur?

Quel citoyen n'est juré, ou contribuable? Quelle personne trouverait-on, surtout en France, qui ne tienne à sa liberté individuelle, religieuse, sociale ?

« Le droit constitutionnel, disait Rossi, est à la fois *l'histoire et le patrimoine de la nation*, le bien de tous, le droit de tous .»

Aussi, Messieurs, dans les pays libres, enseigne-t-on la Constitution aux citoyens.

Aux États-Unis, dans les écoles, on apprend aux enfants la Constitution de l'État particulier anquel ils appartiennent et celle des États-Unis, et tout le monde s'en applaudit.

En France, les études constitutionnelles se sont fondées sous la Restauration.

Le grand initiateur en a été Benjamin Constant dans son cours de *Politique constitutionnelle*. Les premiers propagateurs, Chateaubriand, dont on n'a pas oublié la *Monarchie selon la charte*, et Royer-Collard dans ses discours si remarquables, qui ont été recueillis par M. de Barante.

Mais il n'y a eu d'enseignement sur cette matière que depuis la royauté de Juillet.

Une chaire fut fondée à Paris en 1834 par M. Guizot. Je citerai quelques passages du rapport :

« L'objet et la forme de cet enseignement sont déterminés par son titre même. C'est l'exposition de la Charte et des *garanties individuelles*, comme des *Institutions politiques* qu'elle consacre.

« Ce n'est plus là pour nous un simple système philosophique, livré aux disputes des hommes, c'est une loi *écrite* reconnue, qui peut et doit être expliquée, commentée, aussi bien que la loi civile ou toute autre partie de notre législation.

« Un tel enseignement à la fois vaste et précis, fondé sur le droit public national et sur *les leçons de l'histoire*, susceptible de s'étendre par les *comparaisons* et les *analogies étrangères*, doit substituer aux erreurs de l'ignorance et à la témérité des notions superficielles, des connaissances fortes et positives. »

Le cours fut confié, vous le savez, à Pellegrino Rossi, constitutionnel éprouvé, exilé d'Italie, professeur et législateur en Suisse, esprit clair, fin et délié, doué de la prudence et du tact qui étaient nécessaires à cette époque.

Son cours, recueilli par M. Porée, fut publié en 1866. Nous n'avons là que le *squelette* de son enseignement, mais il est infiniment précieux parce qu'il nous donne un jalon exact, qui nous permet de mesurer le chemin parcouru.

Ce cours, fait par Rossi jusqu'en 1845, fut supprimé par l'Empire ; il est question aujourd'hui de le rétablir, serait-il utile, Messieurs ? Sans aucun doute, et voici pourquoi,

Nous n'apprenons en général la politique que dans les journaux ; or les journalistes sont excellents vulgarisateurs, mais médiocres théoriciens... parce que les passions jouent un trop grand rôle dans la politique ; on oublie trop souvent les principes, on n'en veut plus, surtout quand ils profitent à vos adversaires ; et le cardinal de Retz a écrit avec raison, que pour *rester* de son parti il fallait trop souvent *changer* d'opinion.

C'est dans la jeunesse qu'il convient de se donner des principes, qui plus tard vous gouvernent dans la vie et vous retiennent. Il est bon de connaître l'histoire de ces idées libérales qui ont été le désir, l'idéal des hommes de 1789, qui après 1814 rendirent à la France une grande influence morale et qui ont, peu à peu, transformé les monarchies européennes.

En étudiant la République constitutionnelle, nous aurons le même travail à faire ; pour être un bon gouvernement, il faut qu'elle soit la garantie de toutes les libertés. C'est dans l'étude des institutions que se forme le patriotisme vrai, raisonné, profond, et qu'on se débarrasse des faux enthousiasmes ou des dédains stériles.

Vous connaissez maintenant, Messieurs, l'esprit de mon cours. Alors même qu'on rétablirait à l'école de Droit, un cours de droit constitutionnel, le mien serait utile encore, car je me tiendrais moins dans la lettre de la loi, je remonterais davantage aux origines et à l'esprit de la Constitution, esprit que je dois connaître puisque j'ai vu la Constitution se faire sous mes yeux, et que j'ai été rapporteur de la loi des pouvoirs publics.

Ai-je besoin d'ajouter qu'un pareil enseignement n'a rien à faire avec les partis ? *La liberté et la justice leur profitent à tous et ne sont le monopole de personne.*

Ne cherchez donc jamais dans mes paroles, d'allusions aux événements du jour, je ne m'occupe que des principes, comme un médecin s'occupe de la maladie et des remèdes, sans s'inquiéter des fautes qui ont pu les rendre nécessaires.

Je vous dirai la raison historique et juridique de ce qui est ; le jugement vous appartiendra : ce ne sera peut-être pas le mien, nous garderons chacun notre liberté et le respect mutuel de nos opinions. J'ai confiance en vous, j'espère que vous aurez confiance en moi.

<hr>

1870-79 (*Seconde et troisième leçons*)

<hr>

Messieurs,

Nous avons vu ce que c'est qu'une constitution ; mais qui a le droit de faire ou de donner une constitution, et qui est obligé de lui obéir ?

Le pouvoir d'une constitution et de ceux qui la font est-il absolu ? ou l'individu, au contraire, a-t-il des droits contre le législateur, contre la majorité, contre la société ?

Question philosophique peut-être, mais en tous cas de la plus grande importance, car ce sont les idées qui gouvernent les hommes.

Qu'est-ce donc que l'individu ?

D'abord, un être *sensible et actif*, c'est-à-dire doué de sensibilité et d'activité comme l'animal, et qui a besoin pour vivre de boire et de manger, de se vêtir, d'avoir un logis, de faire vivre sa femme et ses enfants.

En second lieu, c'est un *être intelligent*, c'est-à-dire un être doué de mémoire et de jugement pour se rendre compte de ses sensations, en tirer des conclusions et agir en conséquence.

C'est aussi un être *raisonnable*, doué de raison, l'homme est le seul parmi les animaux qui songe à l'avenir et à la mort.

L'animal ne fait pas de prévisions et vit au jour le jour (excepté dans une certaine mesure l'abeille, le castor, la fourmi, etc.), mais l'oiseau, le bœuf, le mouton, meurent de faim, si l'hiver est rude, et si l'homme ne s'occupe pas de les faire vivre.

L'homme est encore un *être moral*.

L'homme est raisonnable, il s'aperçoit qu'il y a des choses bonnes et d'autres mauvaises ; il a le sentiment du bien et du mal ; il s'obéit à lui-même, il est *libre* de choisir entre le vice et la vertu, et ce choix est ce qui constitue sa moralité.

Il y a des écoles à la mode aujourd'hui qui nient

la liberté, le bien et le mal, le juste et l'injuste, le droit par conséquent ; nous verrons à quels résultats elles arrivent.

En attendant restons-en à l'opinion sur laquelle le monde repose depuis qu'il existe des sociétés humaines, c'est que l'homme peut librement faire le bien et éviter le mal. C'est le fondement de la morale, du droit et des constitutions.

L'homme est également un *être religieux*. Depuis l'origine des sociétés les hommes ont l'idée d'un pouvoir supérieur, d'une cause première. Chacun s'en fait une idée différente. Il y a loin de celui qui bat son fétiche impuissant à l'homme qui s'incline devant la suprême justice, et la suprême vérité. Mais on peut dire que sauf un certain nombre de philosophes, la majorité des hommes croit à un Dieu et à la rémunération du vice et de la vertu.

Enfin l'homme est un *être sociable*. Il est né pour vivre avec ses semblables. Il a l'instinct de la famille qui ne finit pas pour lui après la première éducation des enfants.

Il aime à se réunir avec ses semblables, et plus il est civilisé, plus il désire cette réunion.

On connaît le mot d'Aristote : la vie solitaire ne convient qu'à *un Dieu ou à une bête*, et vous savez que le régime cellulaire dans les prisons est insupportable aux Français.

Voilà, Messieurs, les qualités qui constituent l'individu. Qu'elles viennent de la race ou de l'éducation, peu importe ; puisqu'elles existent, c'est que l'homme les portait en germe, et qu'elles se sont développées, elles sont donc à lui.

Et notez qu'il ne faut pas considérer ces qualités isolément ; elles se tiennent et s'entr'aident.

Par exemple, l'homme est *sociable*, est-ce seulement comme une abeille ou une fourmi ? Non, il est encore sociable comme être intelligent, comme être raisonnable. Et la parole ou λόγος en est la preuve décisive.

Il est sociable comme être moral, car le sentiment du bien et du mal dans la société enfante le juste et l'injuste. *Ubi societas, ibi. jus.* En dehors de la société il n'y a pas de droit, si l'homme est seul, envers qui pourrait-il s'obliger ?

Il est encore sociable comme être religieux, et cela est évident ; car qu'est-ce qu'une *Église* sinon une *société de fidèles* établie pour adorer Dieu en commun.

L'homme est un être moral, mais il a besoin de la raison et de l'intelligence pour distinguer le *bien réel* de ce qu'*il croit être le bien*. La conscience n'est pas la science, et de très honnêtes gens ont fait de bonne foi beaucoup de mal, comme les Espagnols en Amérique, l'Inquisition, etc.

L'homme est un être *intelligent*, mais la moralité doit guider son intelligence qui autrement deviendrait un instrument des mauvaises passions.

Et maintenant cet être ainsi doué, pour qui vit-il ? Pour la société, pour un maître ou pour lui-même ? c'est la plus grave des questions. Tout le droit politique dépend de la réponse qu'on y fera.

Il semblerait que sur ce point capital les hommes auraient dû s'accorder depuis longtemps. Il n'en est rien, Messieurs, chaque siècle, chaque jour, chaque pays a sa réponse, et dans chaque pays même on est loin d'être d'accord.

Prenons l'ancienne monarchie française, je ne veux pas remonter plus haut.

Bossuet dans sa *Politique tirée de l'Écriture Sainte*, établit à l'aide de la Bible (qu'il n'interprète pas toujours exactement) que le gouvernement monarchique est le meilleur, que l'autorité royale est : *sacrée*, *naturelle*, *absolue*, mais qu'elle est *soumise à la raison*.

Quant aux sujets, ils *doivent* au souverain *une entière obéissance*, sinon *quand il commande contre Dieu*.

On doit aux princes, respect, fidélité, obéissance, le *service et le tribut*.

Les *sujets* n'ont à opposer à la violence des princes que des *remontrances respectueuses* sans mutinerie et sans murmures, et des *prières* pour leur conversion.

Allons-nous chercher dans ce système quels sont les droits de l'individu, Bossuet nous dit que le rôle du roi est celui d'un *pasteur* :

« C'est un droit royal de pourvoir aux besoins du peuple, qui l'entreprend au préjudice du prince, l'entreprend sur la royauté, *c'est pour cela qu'elle est établie* et *l'obligation d'avoir soin du peuple* est le fondement de *tous les droits* que les souverains ont sur leurs sujets. » (Bossuet, t. X, p. 340.)

Le travail est donc un droit *domanial et royal* (ceci est dit contre les prétentions féodales). Mais le roi se croit en droit, pour assurer à tous une vie heureuse, de régler le travail, la production du blé, la *culture de la vigne*, les métiers de toutes sortes, à plus forte raison la *culture de l'esprit*, la littérature et la science. Il doit empêcher qu'on *n'empoisonne son troupeau*, ou qu'on ne lui donne des habitudes de rébellion.

En ce point la royauté est soutenue et en quelque façon doublée par l'Église qui ne veut pas qu'on puisse toucher à l'éternelle vérité. C'est que la vérité au point de vue catholique est quelque chose d'absolu, d'invariable, et non pas seulement un symbole, un drapeau, autour duquel on se range.

Ainsi vérité, travail, vie de la société, tout dépend de la royauté. Le prince a des droits ; le sujet ou l'individu n'a que des devoirs. Quelle que soit la douceur du gouvernement, l'autorité n'en est pas moins absolue.

Il n'est pas question de libertés publiques, de droits individuels à garantir ; le but qu'on poursuit c'est l'*unité* : une foi, une loi, un roi ; par conséquent il n'y a pas de constitution.

Tel a été le droit commun de l'Europe jusqu'à la Réforme ; tel il est encore en Russie. Mais à partir du XVI° et du XVII° siècle on a commencé à revendiquer les droits de l'individu; c'était la conséquence directe de la Réforme. Si l'individu a des droits comme chrétien, il en a comme être intelligent et moral; le pouvoir des rois ne peut plus être absolu légitimement.

Au XVII° siècle, après la Révolution de 1688 en Angleterre, il parut un *Avis important aux réfugiés;* on y combattait au nom de l'Écriture et de la religion, la conduite des Anglais qui avaient chassé leur roi et celle des réfugiés français qui soutenaient la légitimité du prince d'Orange.

Comme réponse on publia en 1692 à Londres et à La Haye, un livre bien oublié aujourd'hui, mais des plus remarquable, intitulé:

Défense de la nation britannique où *les Droits de Dieu et de la Société sont clairement établis au sujet de la Révolution d'Angleterre.*

L'auteur est un réfugié français, le pasteur Abbadie, à qui l'on doit les *Preuves de la Religion chrétienne* et l'*Art de se connaitre soi-même.*

A quel titre, dit-il, les rois exerceraient-ils le pouvoir arbitraire ?

Comme pères ? Mais alors c'est un pouvoir qui a pour but la conservation de l'enfant. Comme conquérants ? Mais ils ont renoncé au droit de détruire, et ils se sont engagés à respecter la famille et la propriété.

Comme élus du peuple? Mais le peuple conserve son droit naturel sur les *six* choses qui lui appartiennent: ses biens, sa liberté, ses enfants, sa vie, son honneur ou sa réputation, sa conscience.

La royauté est un pouvoir suprême, mais non unique, qui doit se concilier avec la conservation des autres magistratures.

La loi de succession royale suppose le consentement de la nation, et l'engagement du roi de tout faire pour le bien de l'État.

En somme, les rois ont le pouvoir, la force, mais ils n'ont pas nécessairement le droit ; « autant vaudrait dire que les médecins ont un droit absolu sur leurs malades parce qu'ils *peuvent* les tuer ou les empoisonner. »

C'est donc bien du protestantisme qu'est sortie l'idée de liberté individuelle, de conscience , de pensée et de parole ; non pas assurément que ce fût le but de Luther, qui voulait simplement revenir à la primitive Église, ni celui de Calvin qui établit à Genève un gouvernement despotique ; vous connaissez tous la mort de Servet.

Non, mais une fois qu'une idée lancée dans le monde est acceptée par l'opinion, elle n'appartient plus à celui qui l'a lancée, elle donne toutes ses conséquences même imprévues.

En Hollande d'abord la liberté s'établit ; Spinosa y publia ses œuvres ; puis, les réfugiés français vinrent s'y établir sous Louis XIV. — Un peu plus tard, en Angleterre, après 1688, malgré des mesures trop rigoureuses contre les catholiques et les dissidents, la liberté individuelle devint toute-puissante ; grâce à l'*habeas corpus*, à la liberté de la presse, et ce gouvernement libre fit la grandeur de la nation anglaise.

En France, au xviiie siècle, le mouvement se fit par la philosophie, par Montesquieu, Voltaire, d'Holbach et Rousseau. — Mais ces écrivains n'eurent pas une idée nette *des droits de l'individu*, on pensait beaucoup moins à la liberté individuelle qu'à la destruction des privilèges, pendant qu'une évolution toute différente se produisait en Amérique où la liberté est sortie des églises dissidentes.

En 1776, lorsqu'on rédigea les constitutions des États, on y inséra partout une déclaration des droits.

On se plaignit ensuite qu'il n'y en eût point dans la Constitution fédérale, et on présenta, dans ce sens, des amendements. Les Américains tiennent, avant tout, à ces garanties individuelles :

Liberté des églises ; — liberté de la presse, de réunions, de pétition ; — liberté de la personne et du domicile ; — grand et petit jury ; — jugement public ; — liberté de la défense ; indemnité en cas d'expropriation, etc. — C'est là la base de leur constitution.

En France, il n'en fut pas de même et j'ai répété souvent quels inconvénients avait eu l'adoption des idées de Rousseau et du Contrat social : c'est l'idée antique. La liberté du peuple, c'est sa souveraineté.

Le pouvoir à Athènes était dans les mains d'une aristocratie peu nombreuse et qui ne connaissait ni la liberté religieuse, vous vous rappelez Socrate et Aristote; ni la liberté individuelle, le citoyen vivait pour l'État.

A Rome, il en fut de même, et toutes les théories de la Convention sont viciées par cette erreur empruntée à l'antiquité qu'on voulait transporter dans la France moderne.

Rousseau avait bien dit qu'un peuple qui choisit des représentants *abdique*, car, en effet, il n'a plus de garanties ; après lui la Convention voit dans la délégation qu'elle a reçu du peuple une transmission de la souveraineté et la souveraineté comprend tout.

L'Église supprimée, la liberté personnelle confisquée, le tribunal révolutionnaire institué sans garanties pour l'accusé, tout cela est régulier et semble légal, parce qu'on dit que c'est le peuple qui a tout fait et qu'il peut tout faire.

Messieurs, le dernier mot de cette doctrine, c'est le césarisme, c'est l'histoire d'Auguste et de Napoléon. On se demande un jour logiquement pourquoi ne pas déléguer tous les pouvoirs à un seul homme au lieu de sept cents, et César devient tribun perpétuel ; l'Empire, c'est la continuation de la République romaine, avec tous les pouvoirs concentrés dans une seule main ; Napoléon est le seul représentant du peuple français.

C'est là ce qu'on appelle la doctrine de l'école jacobine (sans le prendre dans le mauvais sens) et c'est par là qu'on a pu appeler l'Empereur un Robespierre à cheval.

C'est l'idée despotique que nous avons vu récemment dominer à Genève, et qui n'a pas là l'excuse de l'antiquité, car c'est un gouvernement régulier qui a une représentation nationale, une délégation des pouvoirs ; une abdication partielle du peuple.

L'esprit jacobin c'est un reste de l'âcre levain de la tyrannie. Les Jacobins sont partisans de la centralisation, de l'action universelle de l'État : et par là, sans le vouloir, ils se rattachent à l'Empire et à la monarchie de Louis XIV.

Avec la Restauration revinrent au jour les idées protestantes, non pas bien entendu comme protestantes, mais comme anglaises ; on s'occupa peu alors de l'Amérique, et beaucoup de l'Angleterre.

Remarquez que les deux apôtres de la nouvelle école libérale furent deux protestants suisses qui avaient vécu à l'étranger : Mme de Staël dans *ses Considérations sur la Révolution française* ; Benjamin Constant dans son cours de *Politique constitutionelle ;* ce dernier était de beaucoup le pluséclairé. Élevé à Édimbourg, mêlé à la vie allemande, il a vu le premier réveil des études historiques en Europe.

Partout l'individu est ce qui l'intéresse. Le gouvernement n'est qu'*une garantie* ; aussi demandait-il d'abord : pleine liberté religieuse ; liberté de la presse ; liberté individuelle ; inviolabilité des propriétés ; liberté commerciale ; liberté municipale.

Puis au-dessus, comme *garantie* de ces libertés, un gouvernement régulier ; des pouvoirs publics ; deux chambres ; des ministres responsables ; une autorité judiciaire indépendante.

Il écrivait en 1818, t. II, p. 71 : « La liberté, l'ordre, le bonheur des peuples sont le *but* des associations humaines ; les organisations politiques ne sont que des *moyens.* »

« Un républicain constitutionel est beaucoup

plus disposé à devenir un royaliste constitutionnel qu'un partisan de la monarchie absolue.

« Entre la monarchie constitutionnelle et la République, la différence est dans la forme. Entre la monarchie constitutionnelle et la République, la différence est dans le fond. »

De cette vérité, Messieurs, nous avons fait l'expérience, mais en sens inverse.

Benjamin Constant était en avance de son temps, depuis, vous le savez, le monde a marché dans la voie qu'il avait frayée.

Aujourd'hui deux écoles sont en présence, dont la diversité éclatera quelque jour ; car entre gens de bonne foi, il ne se peut pas que la différence des principes n'amène une différence de vue et de conduite. C'est peut-être en ce sens, que Mme de Staël disait : « Tout comprendre, c'est tout pardonner. » Mais pour un homme politique, on ne peut rester dans le vague entre l'école autoritaire et l'école libérale. Il y a là une vérité ou une erreur, c'est un choix à faire, seulement comme on l'a dit, pour accomplir son devoir, il faut le connaître.

Cherchez donc la vérité, Messieurs, suivant le mot de l'Évangile, et la Vérité vous affranchira.

FIN.

TABLE

—

1849. — Philosophie du droit

1857-58. — Histoire du droit français

1859-60. — Histoire du droit

1878-79. — Droit constitutionnel

(NOTES DE COURS)

Tours, Imp. Deslis frères, rue Gambetta, 6.